존 스토트의
산상수훈

The Message of the Sermon on the Mount (The Bible Speaks Today New Testament Series)
Text by John Stott

Copyright ⓒ Inter-Varsity Press, 1978, 1992, 2020.

Originally published under the title *Christian Counter-Culture* in 1978
First published as *The Message of the Sermon on the Mount* in 1984
Second edition with study guide in 1992
This revised edition published in 2020 by Inter-Varsity Press, a wholly owned subsidiary of The Society for Promoting Christian Knowledge, London, England, UK.

This Korean edition copyright ⓒ Word of Life Press, Seoul, 1983, 1999, 2011, 2024.
Published by arrangement of SPCK through rMaeng2, Seoul, Republic of Korea.
All rights reserved.

이 한국어판의 저작권은 알맹2를 통하여 SPCK와 독점 계약한 생명의말씀사에 있습니다.
신저작권법에 의하여 한국 내에서 보호받는 저작물이므로 무단전재와 무단복제를 금합니다.

존 스토트의 산상수훈

ⓒ 생명의말씀사 1983, 1999, 2011, 2024

1983년 8월 25일 1판 1쇄 발행
1997년 5월 20일   9쇄 발행
1999년 7월 5일 2판 1쇄 발행
2007년 1월 30일   4쇄 발행
2011년 7월 30일 3판 1쇄 발행
2020년 3월 13일   9쇄 발행
2024년 8월 27일 4판 1쇄 발행

펴낸이 | 김창영
펴낸곳 | 생명의말씀사

등록 | 1962. 1. 10. No.300-1962-1
주소 | 서울시 종로구 경희궁1길 6 (03176)
전화 | 02)738-6555(본사) · 02)3159-7979(영업)
팩스 | 02)739-3824(본사) · 080-022-8585(영업)

기획편집 | 유영란, 서지연
디자인 | 김혜진
인쇄 | 영진문원
제본 | 보경문화사

ISBN 978-89-04-16895-8 (03230)

저작권자의 허락 없이 이 책의 일부 또는 전체를
무단 복제, 전재, 발췌하면 저작권법에 의해 처벌을 받습니다.

The Message of the Sermon on the Mount

존 스토트의
산상수훈

구별된 모습으로 살아가라는 예수님의 가르침!

존 스토트 지음 | 정옥배 옮김

CONTENTS

저자 서문　　6
서론 | 다르게 살라는 가르침! (마 5:1-2)　　8

Chapter. 01　그리스도인이 지녀야 할 성품 (마 5:3-12)
역설의 신비, 팔복　　31

Chapter. 02　그리스도인의 선한 영향력 (마 5:13-16)
맛을 잃고 밖에 버려져 밟히는 소금　　73

Chapter. 03　그리스도인의 의, 완전한 율법 (마 5:17-20)
**너희 의가 바리새인보다 낫지 못하면
결코 천국에 들어가지 못하리라**　　93

Chapter. 04　그리스도인의 의, 분노와 음욕 (마 5:21-30)
노하지 말라, 보지 말라, 가지 말라　　113

Chapter. 05　그리스도인의 의, 결혼과 말 (마 5:31-37)
완악한 이혼과 진실하지 못한 맹세로 기만하지 말라　　129

Chapter. 06　그리스도인의 의, 궁극의 사랑 (마 5:38-48)
가장 큰 도전, 원수를 친구로 변화시키는 사랑　　149

Chapter. 07 그리스도인의 종교 행위, 구제와 기도와 금식 (마 6:1-6, 16-18)
위선자가 되지 말라, 보시는 분도 갚으시는 분도 하나님이시다   183

Chapter. 08 그리스도인의 기도 (마 6:7-15)
기계적이고 무의미한 기도를 멈춰라   211

Chapter. 09 그리스도인의 야망 (마 6:19-34)
자신을 위한 야망인가, 하나님을 위한 야망인가   229

Chapter. 10 그리스도인의 관계 (마 7:1-12)
아버지, 형제자매, 바깥에 있는 사람들을 향한 태도   263

Chapter. 11 그리스도인의 선택 (마 7:13-20)
넓은 길과 양털을 쓴 이리를 경계하라   293

Chapter. 12 그리스도인의 순종 (마 7:21-27)
아는 것을 행하는 자인가, 행하지 않는 자인가   311

결론 | 이 설교자는 누구인가? (마 7:28-29)   322
스터디 가이드   341
주   362
약어   366

저자 서문

산상수훈은 독특한 매력을 지녔다. 그 말씀은 예수님이 베푸신 가르침의 진수를 보여주며 선(善)의 매력을 깨닫게 한다. 그것은 우리의 초라한 성취를 부끄럽게 만들고 더 나은 세상을 꿈꾸게 한다.

먼저, 내가 산상수훈에 매혹되었다는 것, 아니 더 정확히 말해서, 그것을 설교한 분에게 매혹되었다는 것을 고백하고 싶다. 적어도 7년간 나는 끊임없이 산상수훈을 묵상해 왔다. 그동안 내 지성은 그 문제들을 가지고 씨름했으며 내 마음은 그 고귀한 이상으로 불타올랐다. 그래서 케임브리지 대학 학생들, 영국과 캐나다의 다른 학생 그룹들, 랭함 플레이스 올 소울즈(All Souls) 교회 교인들, 그리고 전 세계에서 1972년 케직 사경회(Keswick Convention)에 참석하러 온 열성적인 수천 명의 순례자에게 내 생각과 흥분된 마음을 나누었다.

많은 사람이 산상수훈에 대한 주석을 썼는데 나는 그중 25개의 주석을 연구했다. 이 책을 읽다 보면 내가 그 주석가들에게 많은 도움을 받았다는 것을 분명히 알게 될 것이다. 실제로 이 책 본문에는 그 주석들에서 따온 인용문들이 곳곳에 섞여 있다. 그렇게 인용한 이유는 우리가 전통을 더 귀중히 여기고, 스승들의 발 앞에 더 겸손히 엎드려야 한다고 생각하기 때문이다.

성경 본문에 주의 깊게 귀를 기울이게 하는 것이 이 책의 목표다. 나는 무엇보다 성경 본문이 말하도록, 조금 더 분명히 표현하면, 그리스도께서 그것을 다시 말씀하시도록, 그리고 지금 우리 세대에게 말씀하시도록 하고 싶었다. 그래서 산상수훈이 오늘날의 그리스도인들에게 제기하는 딜레마들을 진실하게 마주하고, 그것을 회피하지 않으려 애썼다. 예수님이 단순히 우리의 지성을 자극하기 위한 학문적 이론을 말씀하신 것이 아니기 때문이다.

산상수훈은 예수님이 우리의 순종을 기대하며 하신 말씀이라고 나는 믿는다. 만일 교회가 여기에 제시된 예수님의 기준과 가치관을 현실적으로 받아들이고 순종하며 산다면, 교회는 예수님이 바라신 대안 사회가 될 것이며, 세상에 진정한 기독교적 대항문화(Christian Counter-Culture)를 제공할 것이다.

원고를 읽고 유용한 제안들을 해 준 런던 스펄전 대학(Spurgeon's College) 신약학 강사 존 메일(John Maile)과 원고 타자를 쳐준 프란시스 화이트헤드(Francis Whitehead)와 비비엔 커리(Vivienne Curry)에게 감사를 전한다.

_ 존 스토트

서론 The Message of the Sermon on the Mount

다르게 살라는 가르침! (마 5:1-2)

산상수훈은 예수님의 가르침 가운데 가장 잘 알려져 있다. 그런데 사람들이 가장 이해하지 못하는 부분이기도 하며, 분명 가장 순종하지 않는 부분이기도 하다. 그것은 예수님이 말씀하신 선언서와 같다. 자신을 따르는 이들이 어떤 사람이 되기를 원하시고 어떻게 행동하기를 원하시는지 친히 설명하셨기 때문이다. 나는 '기독교적 대항문화(Christian Counter-Culture)'라는 표현만큼 그 설교의 의도를 더 잘 요약하거나, 그것이 현대 사회에 주는 도전을 더 분명하게 나타내는 단어는 없다고 생각한다. 그 이유는 이렇다.

1945년 제2차 세계 대전이 끝나고 세계는 순진한 이상주의에 사로잡혔다. 소름 끼치는 악몽이 끝난 후, 공통의 목표는 '재건'이었다. 6년간의 파괴와 참화는 과거지사가 되었고 남은 일은 협력과 평화가 넘치는 새로운 세상을 건설하는 것이었다. 하지만 이상주의가 있는 곳에는 반드시 환멸이 찾아온다. 그 이상을 공유하지 않는 사람들, 혹은 그 이상에 더 심한 반대를 하거나, 더욱더 심한 배신을 하는 사람들에 대한 환멸이다. 그리고 **지금 존재하는** 것에 대한 환멸은 **앞으로 될 수 있는** 것에 대한 이상주의를 계속 부추긴다.

우리는 수십 년 동안 환멸의 터널을 지나고 있는 것 같다. 새로 등장하는 세대마다 자기들이 물려받은 세상에 불만을 품는다. 때로 그 반응은 성의 없다고 말할 순 없지만 순진하다. 예를 들면, 베트남 참사는 꽃을 나누어 주면서 '전쟁이 아니라 사랑을!'이라고 외치던 사람들 때문에 종식된 것이 아니다. 그렇지만 그들의 항변이 그냥 묻히지 않았다.

오늘날에는 서구의 탐욕스러운 풍요함을 거부하는 사람들이 있다. 그런 풍요함은 자연 환경을 파괴하거나, 개발도상국을 착취하거나, 혹은 그 둘 다에 의해서 점점 더 커지는 듯하다. 그들은 검소하게 살고, 격식을 차리지 않는 간편한 옷차림을 하며, 맨발로 다니고, 낭비를 피함으로 그런 풍요함을 철저히 거부한다. 그들은 번드르르한 부르주아적 사교 활동 대신 진정한 사랑의 관계를 갈망한다. 반대로 비종교적 물질주의와 종교적 체제 순응주의에 모두 존재하는 피상성을 경멸한다. 그 이유는 이러한 사소한 것들보다 훨씬 더 대단한 '실재'가 있다는 것을 느끼기 때문이다.

게다가 그들은 명상, 마약, 혹은 섹스를 통해 이 포착하기 어려운 '초월적' 차원을 추구한다. 또한 과당경쟁이라는 개념 자체를 혐오하며, 그런 경쟁에 참여하는 것보다 거기서 손을 떼는 것이 더 고결한 일이라고 생각한다. 이 모든 것은 젊은 세대들이 현상에 적응하거나 일반 문화에 순응하지 못한다는 징후다. 그들은 불안하고 소외되어 있다.

어떤 그리스도인들은 이렇게 문화적 대안을 추구하는 것이 가장 희망적이고 심지어 흥미진진한 시대적 징후 가운데 하나라는 것을 발견한다. 그 가운데서 우리는 위로하시기 이전에 먼저 방해하시는 성령님의 활동을 보며, 그들이 추구하는 것이 언젠가 성취되려면 누구에게로 인도받아야 할지 알게 된다.

이러한 항변과 탐구의 분위기는 그리스도인들에게 소망을 불러일으키기도 하지만, 반면에 부끄러운 마음도 갖게 한다(또는 그래야 한다). 오늘날 젊은이들은 옳은 것(의미, 평화, 사랑, 실재)을 찾지만, 잘못된 곳에서 찾고 있기 때문이다. 그들이 가장 의지해야 하는 곳은 그들이 통상 무시하는 교회다.

그러나 그들이 교회에서 보는 것은 대항문화가 아니라 체제 순응이고, 그들의 이상을 구현하는 새로운 사회가 아니라 그들이 부인한 옛 사회의 또 다른 변형이며, 생명이 아니라 사망일 때가 너무 많다. 그들은 오늘날의 교회를 보며 예수님이 1세기 교회에 하신 말씀에 공감할 것이다. "네가 살았다 하는 이름은 가졌으나 죽은 자로다"(계 3:1).

우리는 이 비극이 얼마나 심각한지 절실히 보고 느껴야 한다. 교회가 세상에 순응하고 교회라는 공동체와 세상이라는 공동체가 사람들 눈에 다를 것이 없어 보인다면, 교회는 자신의 참된 정체성을 부정하는 것이기 때문이다. "너도 다른 사람들과 다를 바 없어!"라는 말만큼 그리스도인들에게 큰 상처가 되는 말이 또 어디에 있겠는가.

성경 전체에 드러난 본질적 주제는 이것이다. 하나님의 역사적 목적은 하나님 자신을 위해 백성을 불러내시는 것이고, 이 백성은 세상과 구별되어 하나님께 속하며 그분께 순종하는 '거룩한' 백성이 되고, 이 백성의 소명은 자신의 정체성에 충실한 것, 즉 모든 견해와 행동이 '거룩한' 또는 '다른' 존재가 되는 것이다.

하나님이 이스라엘 백성을 애굽의 종살이에서 구출하시고 언약을 통해 그들을 특별한 백성으로 삼으셨을 때, 바로 그 점을 말씀하셨다. "나는 여호와 너희의 하나님이니라 너희는 너희가 거주하던 애굽 땅의 풍속을 따르지 말며 내가 너희를 인도할 가나안 땅의 풍속과 규례도 행하지 말고 너희는 내 법도를 따르며 내 규례를 지켜 그대로 행하라 나는 너희의 하나님 여호와이니라"(레 18:2-4).

하나님이 그분의 백성에게 하신 이 명령은 그분이 그들의 하나님이라는 말로 시작하고 끝난다. 왜냐하면 하나님은 언약의 하나님이며, 그들은 특별한 그분의 백성이기 때문에 다른 사람들과 달라야 했기 때문이다. 그들이 따라야 하는 것은 하나님의 명령이지 주위 사람들의 기준이 아니었다.

그 후 오랜 세월 동안 이스라엘 백성은 자신들이 하나님의 특별한 백성임을 잊고 있었다. 발람의 말에 의하면 "이 백성은 홀로 살 것이라 그를 여러 민족 중의 하나로 여기지 않을"(민 23:9) 백성이었지만, 실제로는 계속 "그 이방 나라들과 섞여서 그들의 행위를 배우며"(시 106:35) 다른 민족들에게 동화되었다.

그래서 그들은 "모든 나라와 같이"(삼상 8:5) 그들을 다스릴 왕을 요구했다. 하나님이 바로 그들의 왕이라고 사무엘이 질책하여도 "아니로소이다 우리도 우리 왕이 있어야 하리니 우리도 다른 나라들같이 되"(삼상 8:19-20)자고 하며 그들의 고집을 꺾지 않았다.

군주제가 시작된 것보다 더욱 나쁜 것은 그들의 우상숭배였다. 그들은 "우리가 이방인 곧 여러 나라 족속같이 되어서 목석을 경배하리라"(겔

20:32)고 말했다. 그래서 하나님은 그들에게 계속 선지자들을 보내셨다. 그들이 어떤 존재인지 상기시키고 하나님의 길을 따르라고 호소하기 위해서였다. 하나님은 예레미야를 통해 "여러 나라의 길을 배우지 말라"(렘 10:2)고 말씀하셨으며, 에스겔을 통해서는 "너희는…애굽의 우상들로 말미암아 스스로 더럽히지 말라 나는 여호와 너희 하나님이니라"(겔 20:7)고 말씀하셨다. 하지만 그 백성은 하나님의 음성을 듣지 않으려 했다.

그리하여 이스라엘과 유다에 하나님의 심판이 임한 구체적 이유는 똑같았다. "하나님 여호와께 죄를 범하고…이방 사람의 규례를 행하였음이라…유다도 그들의 하나님 여호와의 명령을 지키지 아니하고 이스라엘 사람들이 만든 관습을 행하였"(왕하 17:7, 8, 19; 겔 5:7; 겔 11:12)기 때문이었다.

위의 말씀들은 산상수훈을 이해하기 위해 꼭 필요한 배경이다. 산상수훈은 마태복음에서 예수님의 공생애가 시작될 무렵에 등장한다. 예수님은 세례를 받고 시험받으신 직후, 구약 시대에 오랫동안 약속되었던 하나님의 나라가 바야흐로 시작되려 한다는 좋은 소식을 알리기 시작하셨다. 예수님은 그 일을 시작하러 오셨다. 그분과 함께 새 시대가 밝아 왔다. 그리고 하나님의 통치가 역사 속으로 들어왔다. 그분은 "회개하라 천국이 가까이 왔느니라"(마 4:17)고 외치셨다. 실로 "예수께서 온 갈릴리에 두루 다니사 그들의 회당에서 가르치시며 천국 복음을 전파"(마 4:23)하셨다.

그렇다면 산상수훈을 이러한 맥락에서 보아야 한다. 이 가르침은 하나님 나라에 속한 회개('메타노이아', 마음의 완전한 변화)와 의를 묘사한다. 즉,

인간의 삶과 공동체가 하나님의 자비로운 통치 아래에 있을 때 어떤 모습인지를 말해 준다.

그러면 그 공동체는 어떤 모습일까? 세상의 공동체와 무엇이 다를까? 예수님은 그분의 참된 제자들, 즉 하나님 나라의 시민들은 다른 사람들과 완전히 달라야 한다고 강조하셨다. 그들은 주위 사람들을 본받는 것이 아니라 예수님을 본받아야 했으며, 그래서 하늘 아버지의 진정한 자녀임을 입증해야 했다.

내가 보기에 산상수훈의 핵심 본문은 "그들을 본받지 말라"(마 6:8)다. 그것은 오래전 이스라엘에게 하신 "너희는…의 풍속을 따르지 말라"(레 18:3)는 하나님의 말씀을 곧바로 연상시킨다. 똑같은 명령인데, 즉 다르게 되라는 것이다. 그리고 산상수훈 처음부터 끝까지 이 주제가 상세히 설명되어 있다.

그들의 성품은 세상 사람들이 흠모하는 것과는 완전히 달라야 했다(팔복). 그들은 세상에 가득 찬 어둠 속에서 등불처럼 빛나야 했다. 그들의 의는 윤리적 행동에서나 종교적 헌신에서나 서기관과 바리새인의 의보다 더 나아야 했으며, 그들의 사랑은 이웃한 이교도들의 사랑보다 더 크고 그들의 야망은 이교도들의 야망보다 더 고상해야 했다.

산상수훈에서 기독교적 기준과 비기독교적 기준을 이처럼 대조하지 않은 단락은 단 하나도 없다. 그것은 산상수훈의 기초이며 하나로 묶어 주는 주제이기도 하다. 다른 모든 것은 그 대조를 변형한 것이다. 때로 예수님은 그분의 제자들을 이방인이나 이교 민족들과 대조시키신다. 이교도들은 서로 사랑하고 인사를 나누지만, 그리스도인들은 더 나아가 원수를 사랑해야 한다(마 5:44-47). 이교도들은 "중언부언하면서" 대충 기도하지만, 그리스도인들은 하늘에 계신 그들의 아버지께 자녀로서 겸손하고 사려 깊게 기도해야 한다(마 6:7-13). 이교도들은 그들 자신의 물질적 필요에 몰두하지만, 그리스도인들은 하나님의 통치와 의를 먼저 구해야 한다(마 6:32-33).

또 어떤 때는 제자들을 이방인들이 아닌 유대인들, 이교도들이 아닌 종교적인 사람들, 그 가운데 특히 '서기관과 바리새인들'과 대조시킨다. 예레미아스(Jeremias) 교수는 이들을 "상당히 다른 두 집단"으로 구분했다. "서기관들은 일정한 기간 동안 교육을 받은 신학 교사들인 반면, 바리새인들은 신학자가 아니라 공동체 각계각층의 경건한 평신도 집단"이라는 면에서 그렇다는 것이다.[1] 분명 예수님은 그리스도인의 도덕을 서기관들의 윤리적 궤변과 대조시키시고(마 5:21-48), 그리스도인의 헌신을 바리새인들의 위선적 경건과 대조시키신다(마 6:1-18).

이처럼 예수님을 따르는 사람들은 달라야 한다. 명목상의 교회와도 세속적인 세상과도 달라야 하며, 종교적인 사람들과도 비종교적인 사람들과도 달라야 한다. 산상수훈은 신약 전체에서 기독교적 대항문화를 가장 완전하게 묘사한 본문이다. 여기에는 기독교적 가치 체계, 윤리적 기준, 종교적 헌신, 돈과 야망과 생활방식과 관계망에 대한 태도가 담겨 있다. 그 모든 것은 비기독교 세계의 것들과는 완전히 상충한다. 이 기독교적 대항문화는 바로 하나님 나라의 삶이며, 실로 충만한 인간적 삶인 동시에 하나님의 통치 아래 사는 삶이다.

산상수훈에 대한 마태의 편집자적 서론을 보자. 짧지만 매우 인상적이다. 우리는 여기에서 마태가 산상수훈을 중요하게 생각했다는 것을 알 수 있다.

> 예수께서 무리를 보시고 산에 올라가 앉으시니
> 제자들이 나아온지라 입을 열어 가르쳐 이르시되(마 5:1-2).

예수님이 산에 올라가신 목적이 "갈릴리와 데가볼리와 예루살렘과 유대와 요단강 건너편에서" 그분을 따라온 "수많은 무리"(마 4:25)로부터 벗어나기 위함이었다는 것은 의심의 여지가 없다. 예수님은 공생애 초기 몇 달간 갈릴리 전역을 두루 다니시면서 "그들의 회당에서 가르치시며 천국 복음을 전파하시며 백성 중의 모든 병과 모든 약한 것을 고치"셨다. 그 결과 그분의 소문이 온 수리아에 퍼졌으며, 많은 사람이 예수님의 고침을 받기 위해 병자들을 데려왔다(마 4:23-24). 그래서 그분은 거기에서 벗어나셔야 했다. 조용히 기도할 기회를 확보하고, 또한 제자들을 보다 집중적으로 가르치시기 위해서였다.

예수님은 제자들을 가르치시기 위해 의도적으로 **산에 올라가신** 듯하다(고대와 현대의 많은 주석가가 주장하듯이). 시내산에서 율법을 받은 모세와, '팔복의 산' 곧 전통적으로 산상수훈을 주신 장소로 여겨지는 갈릴리 호숫가의 산에서 제자들에게 그 율법의 의미를 설명하신 예수님 자신을 대비시키기 위해서다. 왜냐하면 예수님이 모세보다 더 크고 그분의 메시지는 율법보다는 복음에 더 가깝지만, 그분은 옛 이스라엘의 열두 족장과 지파들에 대응하는 새 이스라엘의 핵심으로 열두 사도를 택했기 때문

서론 | 15

이다. 그분은 또한 자신이 선생이며 주님이라고 주장하셨으며, 모세 율법에 대한 권위 있는 해석을 하셨고, 새 계명들을 말씀하시며 순종을 기대하셨다. 그분은 심지어 나중에 제자들에게 (유대인의 규칙과 규율의 멍에를 졌듯이) 그분의 '멍에'를 지라고 하시며 그분의 가르침에 순종하라고 명하셨다(마 11:29-30).

어떤 학자들은 이러한 대비를 보여 주기 위해 대단히 정교한 도식을 만들었다. 예를 들어, 베이컨(B. W. Bacon)은 1918년에 마태가 의도적으로 그의 복음서를 "예수께서 이 말씀을 마치시고…"(마 7:28; 11:1; 13:53; 19:1; 26:1)라는 표현으로 끝나는 다섯 부분으로 구성했다고 주장했다. '마태의 다섯 책'이 '모세의 다섯 책'과 대응하고 그래서 일종의 신약 오경이 되도록 하기 위해서라는 것이다.[2]

오스틴 파라(Austin Farrar)는 다른 대응을 주장했다. 즉, 마태복음 5-7장은 출애굽기 20-24장을 본뜬 것이고, 팔복은 십계명과 대응하며, 출애굽기에 십계명의 해설과 적용이 나오는 것처럼, 산상수훈 나머지 부분은 그것에 대한 해설과 적용이라는 것이다.[3]

대비되는 점들을 찾아내려는 이러한 독창적인 시도들은 이해할 만하다. 신약의 많은 본문에서 예수님의 구원 사역을 새로운 출애굽으로(마 2:15), 그리스도인의 삶을 그 새 출애굽을 즐겁게 경축하는 것으로 말하기 때문이다. 하지만 마태복음은 명확하게 예수님을 모세에 비유하지 않는다. 그리고 산상수훈에 "새로운 율법, 새로운 시내산, 새로운 모세에 관한 **핵심**이 나와 있다는 것"[4] 이상은 주장할 수 없다. 어쨌든, 예수님은 랍비 혹은 법률 제정자의 자세를 취하고 **앉으셨으며**, 그분의 가르침을 듣기 위해 **제자들이 나아왔다.**

현대를 살아가는 독자가 산상수훈을 연구하다 보면 곧 마음속에 세 가지 기본적 질문이 생기게 된다. 이 질문들에 대한 만족할 만한 대답을 듣기 전에는 그 가르침을 잘 받아들이기 쉽지 않을 것이다. 첫째, 산상수훈은 진짜로 예수님이 하신 말씀인가? 그분이 정말 그것을 설교하셨는가? 둘째, 그 내용은 현대 시대에 적용할 만큼 적절한가 아니면 형편없이 시대에 뒤진 것인가? 셋째, 그 기준들은 실제로 도달할 수 있는 것인가 아니면 대체로 비실제적인 이상으로만 여겨야 하는가?

산상수훈은 진짜 예수님의 말씀인가?

산상수훈은 마태복음에만 나온다. 누가복음에 비슷한 설교가 나오지만, 그것은 '평지수훈'(눅 6:17-49)이라고 불리기도 한다. 누가는 예수님께서 기도하시러 '산으로 가신' 후에 '내려오신' '평지'에서 그 설교를 하셨다고 말한다(눅 6:12, 17). 하지만 장소가 다른 것 같다고 해서 주춤할 필요는 없다. '평지'는 평야나 골짜기가 아니라 산에 있는 평탄한 고원일 수도 있기 때문이다.

두 설교의 내용을 비교해 보면, 그 둘이 똑같지 않다는 사실이 단번에 드러난다. 마태의 설교는 107절로 되어 있는 데, 누가의 설교는 30절로 상당히 짧고 각각 상대에게 없는 자료를 포함하고 있다. 그런데 그 두 설교 사이에는 명백한 유사점들도 있다. 두 설교 모두 '복'으로 끝나며 두 건축자에 대한 비유로 끝난다. 그리고 중간에 황금률, 원수를 사랑하고 다른 뺨을 돌려 대라는 명령, 사람들을 비판하지 말라는 말씀, 눈 안의 대들보와 티에 대한 예, 나무와 그 열매에 대한 생생한 예시가 포함되어 있다. 이같이 공통되는 자료가 나오고, 처음과 끝부분이 같다는 사실은 그 둘이 같은 설교의 변형임을 시사한다.

하지만 그 두 설교 간의 관계는 무엇인가? 이렇게 유사점들과 차이점들이 있는 것을 어떻게 설명해야 하는가? 산상수훈이 어떤 의미에서든 특정한 때에 하신 '설교'가 아니라고 지금까지 많은 사람이 주장했다. 서로 관련이 있는 예수님의 가르침 몇 가지를 결합해서 하나로 모으는 것은 복음서 기자들의 잘 알려진 편집 관행이다. 가장 좋은 예는 예수님의 일곱 가지 비유 시리즈다(마 13장).

예를 들어, 데이비스(W. D. Davies)는 산상수훈을 "그저 다양한 기원을 가진 서로 관련 없는 말들을 모아 놓은 것일 뿐"이라고 말한다. 그리고 자료 비평, 양식 비평, 문학 비평에 관해 이야기한 후, 이렇게 결론을 내린다. "그래서 최근 이루어진 다양한 비평의 영향은 이 부분을…예수님의 실제 가르침에서 나온 서로 연관된 전체로 이해하려는 것이 과연 타당한지에 대해 의문을 제기한다."[5] 그는 소위 편집 비평이 대세가 되었음을 인정한다. 편집 비평은 적어도 복음서 저자들이 보존한 전승을 정리한 진짜 저자들이라고 믿는 쪽이다. 그런데 데이비스는 예수님의 원래 가르침이 산상수훈에 얼마나 많이 포함되어 있는가에 대해서는 여전히 회의적이다.

문학 비평에 어떻게 반응할지는 하나님에 대한 이해, 그리스도 안에 나타난 그분의 계시의 본질과 목적, 성령의 역사, 복음서 기자의 진리 이해 등에 관한 근본적인 신학적 전제들에 좌우된다. 내 개인적인 의견은 산상수훈의 내용을 예수님의 말씀으로 보지 않고 초대 교회가 만들어 낸 것이라고 보거나, 심지어 예수님이 다양한 상황에서 하신 말씀을 혼합해 놓은 것이라고 보는 견해는 모두 받아들이기 어렵다는 것이다. 왜냐하면 마태복음과 누가복음 둘 다 그 자료를 그리스도의 설교로 제시하며, 독자들에게 그렇게 이해시키려는 것으로 보이기 때문이다.

마태와 누가 둘 다 정확한 역사적 지리적 배경을 설명하면서, 그것이 예수님이 초기 사역 때 갈릴리에서 하신 설교이며, 그분이 그것을 "산 위에서" 혹은 "평지에서" 전하셨다고 말한다. 마태는 예수님이 말씀을 마치셨을 때 무리가 놀란 반응을 보였다고 기록한다. 무엇보다 그분의 말씀이 지닌 권위 때문이었다(마 7:28, 29). 그리고 마태와 누가, 둘 다 그 설교가 끝났을 때 예수께서 "가버나움으로 들어가시니라"고 말한다(마 8:5; 눅 7:1).

하지만 이 말이 그 두 복음서 기자가 전체 설교를 한 마디 한 마디 있는 그대로 전부 옮겨 놓았다는 의미는 아니다. 분명 그렇지 않다. 예수님이 아람어로 말씀하셨는데, 두 복음서는 모두 헬라어 번역본이기 때문이다. 게다가 앞에서 보았듯이 그들의 설교문은 다르다.

그 이유를 몇 가지로 설명할 수 있다. 공통의 자료에서 나온 것이든 각자 독자적인 자료에서 나온 것이든, 둘 다 그들이 개인적으로 선택하고 번역한 것을 기록했을 것이다. 아니면 누가는 상당 부분을 빼놓고 더 간략하게 요약한 반면, 마태는 설교 대부분은 아닐지라도 좀 더 많은 부분을 기록했을 것이다. 또는 원래 더 짧은 설교였으나 마태가 다른 문맥에서 진짜 예수님이 하신 말씀을 추가하고 확대하여 상세히 설명했을 수도 있다. 그래서 우리는 성령님이 그가 성경 내용을 선택하고 배열하는 일을 지도하셨다고 주장할 수 있다.

나는 브루스(A. B. Bruce) 교수가 1897년 그의 주석에 기록한 제안을 더 좋아한다. 그는 마태복음 5장부터 7장까지에 포함된 자료가 "어느 한 날이나 한 시간의 가르침이 아니라, 물러나 있던 기간의"[6] 가르침을 나타낸다고 생각했다. 그는 예수님이 산 위에 제자들을 모아 놓고 일종의 '여름 수련회'를 여셨을 것으로 추측한다. 그래서 그는 이 장들을 "우리 주님의 산상수훈(our Lord's Sermon on the Mount, 어거스틴이 처음 사용한 표현)"이라고 말하지 않고 "산에서의 가르침(the Teaching on the Hill)"이라고 불렀다.[7] 사실 마태복음에 기록된 산상수훈을 말로 설교하려면 겨우 10분 정도밖에 안 걸릴 것이다. 그러므로 복음서 기자들은 자신들이 압축하여 요약한 내용을 기록했을 것이다.

산상수훈은 적절한가?

산상수훈이 현대를 사는 우리의 삶에 적절한지 아닌지는 그 내용을 상세하게 검토해 보아야 판단할 수 있다. 다만 바로 알 수 있는 사실은 그것이 어떻게 구성되었든, 전체적으로 대단히 일관성이 있다는 것이다. 즉, 산상수훈은 예수님이 기대하시는 그분의 제자들, 곧 하나님 나라의 시민들이 취해야 할 행동을 나타낸다. 우리는 예수님 있는 그대로의 모습에서, 그분의 내적인 삶을 통해서, 그분의 마음과 동기와 생각을 통해서, 그리고 그분이 하나님 아버지와 함께 있는 은밀한 장소에서 진정한 제자의 모습을 발견할 수 있다. 또한 공적인 생활 영역에서, 그분과 다른 사람과의 관계를 통해 그분을 발견한다. 예수님은 자비를 보이시고 화평을 이루시며, 핍박을 받으시고 소금처럼 행동하시며, 자신의 빛을 비추시고 다른 사람(심지어 자기 원수들까지)을 사랑하고 섬기며, 무엇보다 하나님 나라가 확장되고 세상에 의를 이루도록 헌신하신다.

산상수훈을 간단히 분석해 보면, 이 시대를 사는 우리에게 그것이 얼마나 적절한지 알 수 있을 것이다.

그리스도인의 성품 (마 5:3-12)

팔복은 특히 하나님 및 사람들과의 관계에서 그리스도인이 지녀야 하는 성품과 행동의 여덟 가지 주요 특징과 이러한 자질들을 삶에서 보여 주는 사람들에게 임하는 하나님의 축복을 강조한다.

그리스도인의 영향 (마 5:13-16)

소금과 빛의 두 비유는, 그리스도인들이 팔복에 묘사된 그들의 독특한 특성을 유지할 때(그리고 오직 그럴 때만) 공동체에서 선한 영향력을 발휘한다는 것을 나타낸다.

그리스도인의 의 (마 5:17-48)

하나님의 도덕법에 대해 그리스도인은 어떤 태도를 보여야 하는가? 일부의 사람들이 주장하는 것처럼 그리스도인의 삶에서 율법이라는 범주 자체를 폐해야 하나?

그렇지 않다. 예수님은 율법과 선지자를 폐하러 오신 것이 아니라 그것을 완전하게 하러 오셨다고 말씀하셨다. 이어서 그분은 하나님 나라 안에서 크다고 일컬음을 받으려면 도덕적 가르침을 따라야 하며, 심지어 서기관과 바리새인의 의보다 더 큰 의가 없으면 하나님 나라에 들어가는 것이 불가능하다고 말씀하셨다(마 5:17-20). 그리고 나서 더 위대한 기독교적 의에 관한 여섯 가지 실례를 드셨다(마 5:21-48). 그것은 살인, 간음, 이혼, 맹세, 보복 그리고 사랑과 관련된 것이다. 이 주제들에 대한 각각의 대조("…하라는 것을 너희가 들었으나 나는 너희에게 말하노니…")에서 예수님은 서기관들의 안이한 전통을 거부하셨고, 구약 성경의 권위를 재차 단언하셨으며, 하나님의 도덕법이 지닌 완전하고 정확한 함축들을 끌어내셨다.

그리스도인의 경건 (마 6:1-18)

그리스도인들의 '경건' 혹은 종교적 헌신은 바리새인들의 위선적 과시나 이교도들의 기계적 형식주의를 닮아서는 안 된다. 그리스도인의 경건은 무엇보다 진실함, 하나님 아버지의 임재 가운데 사는 자녀의 성실함이라는 특징을 지녀야 한다.

그리스도인의 야망 (마 6:19-34)

그리스도인들이 피해야 하는 세상을 향한 태도는 종교적 형태를 띨 수도 있고 세속적 형태를 띨 수도 있다. 그러므로 그리스도인의 경건뿐 아니라 야망도 비그리스도인들과 달라야 한다. 특히 그리스도는 재물과 소유에 대한 우리의 태도를 변화시키신다. 하나님과 돈을 둘 다 섬기는 것은 불가능하다. 둘 중 하나를 택해야 한다. 세속적인 사람들은 먹을 것과 마실 것과 입을 것을 추구하는 일에 몰두한다. 그리스도인들은 이러한 자기중심적인 물질에 관한 염려들에서 자유로워야 하며, 대신 하나님의 통치와 의를 전파하는 일에 힘써야 한다. 즉, 우리의 최고 야망은 하나님의 영광이 되어야 하며, 우리 자신의 영광이나 심지어 우리 자신의 물질적 안녕이 되어서는 안 된다. 이것은 우리가 무엇을 '먼저 구하는가'의 문제다.

그리스도인의 관계 (마 7:1-20)

그리스도인들은 복잡한 관계망 속에 얽혀 있는데, 각 관계망은 그리스도와 우리의 관계를 기초로 한다. 일단 우리가 그리스도와 적절한 관계를 맺으면, 다른 모든 관계가 좋은 영향을 받을 것이다. 새로운 관계들이 만들어지며 옛 관계들이 변화된다. 그러므로 형제들을 비판하지 말고 그들을 섬겨야 한다(마 7:1-5). 또한 단호하게 복음을 거부한 사람들에게는 그 복음을 다시 전하려고 하지 말고(마 7:6), 하늘에 계신 우리 아버지께 계속 기도해야 하며(마 7:7-12), 사람들이 좁은 문과 협착한 길을 찾지 못하도록 방해하는 거짓 선지자들을 주의해야 한다(마 7:13-20).

그리스도인의 순종 (마 7:21-27)

산상수훈 전체에서 제기하는 궁극적인 문제는 설교자의 권위에 관한 것이다. 그리스도인이 단지 예수님을 '주님'이라고 부르거나(마 7:21-23) 그분의 가르침을 듣는 것(마 7:24-27)만으로는 충분하지 않다. 기본적으로 우리가 **진심을 담아** 말하고 가르침대로 **행동하는** 순종이 따라야 한다. 이러한 순종에 우리의 영원한 운명이 달려 있기 때문이다.

오직 그리스도를 주님으로 섬기는 사람이 진정으로 지혜로운 사람이다. 오직 그런 사람만이 자신의 집을 반석 위에 짓고 있기 때문이다. 그 집은 역경의 폭풍우나 심판의 폭풍우가 와도 무너지지 않을 것이다.

무리는 예수님의 가르침이 지닌 권위에 놀랐는데(마 7:28, 29) 이는 예수님을 따르는 모든 사람이 복종해야 하는 권위였다. 그러므로 예수님의 주되심은 그분이 산상수훈을 처음 설교하셨을 때와 마찬가지로, 원칙적으로나 상세한 적용에 있어서나 오늘을 사는 우리에게도 적절하다.

산상수훈은 실제적인가?

이 세 번째 질문은 실용주의자의 질문이다. 산상수훈의 이론적 적절성을 확신하는 것과, 그것이 실제로 효과가 있다고 확신하는 것은 전혀 다른 문제다. 그 기준들은 정말 달성할 수 있는 것일까? 아니면 우리는 멀리서 동경하면서 그것을 흠모하는 것으로 만족해야 하는가?

아마 대다수의 독자와 주석가는 인간의 사악한 실상을 바로 눈앞에서 보면서, 산상수훈의 기준들은 도달할 수 없는 것이라고 단언할 것이다. 그들은 그것이 이상적이고 고상하긴 하지만 실제적이지 않다고, 상상하기엔 매력적이지만 성취하기는 불가능하다고 말할 것이다. 인간의 자기중심적 이기주의를 아는데, 인간이 어떻게 온유할 수가 있는가? 또 인간의 절박한 성적 정욕을 아는데, 어떻게 그들이 음욕을 품고 바라보는 일을 참을 수 있단 말인가? 그리고 인간이 세상 염려에 사로잡혀 있는 것을 아는데, 어떻게 그들에게 염려하지 말라고 할 수 있단 말인가? 또 인간이 화를 잘 내는 경향이 있다는 것과 보복에 목말라 있다는 것을 안다. 그렇다면 어떻게 그들이 자기 원수를 사랑할 것을 기대할 수 있단 말인가?

그뿐만이 아니다. 가해자에게 다른 뺨까지 돌려대라는 요구는 개인이 도저히 감당하기 힘든 일일 뿐 아니라 사회의 건강까지 위협하게 되지 않을까? 사실 이런 식으로 또 다른 폭력을 불러들이는 것은 폭력을 막지 않고 오히려 방치할 뿐 아니라, 적극적으로 폭력을 조장하는 것이다. 이런 의미에서 산상수훈은 개인들에게나 공동체에나 실제적인 가치가 전혀 없어 보인다. 기껏해야 그것은 몽상가의 비실제적 이상주의를 나타낼 뿐, 절대 실현될 수 없는 꿈이다.

이러한 견해의 변형은 1892년에 요한네스 바이스(Johannes Weiss)가 처음으로 표현했고 후에 앨버트 슈바이처(Albert Schweitzer)가 대중화시킨 것인데, 예수님이 예외적 상황에 해당하는 예외적 요구를 하셨다는 것이다. 그들은 예수님이 역사의 종말이 바로 올 것으로 예상하셨다고 믿었기 때문에, 그분의 제자들에게 '중간기 윤리'를 제시하신 것이라고 주장했다. 그 윤리는 제자들에게 재산을 버리거나 원수를 사랑하는 것과 같은 전적인 희생을 요구했다. 그것은 오로지 그런 위기의 순간에만 적절한 희생이었다. 이 경우 산상수훈은 일종의 '계엄령'[8]이 된다. 따라서 중대한 긴급 상황일 때만 정당화될 수 있다. 분명히 일상적인 윤리는 아니라는 것이다.

반대 극단은 산상수훈이 당연히 참되고, 모든 종교에 공통적이며, 쉽게 따를 수 있는 윤리적 기준들을 표현한다고 입심 좋게 주장하는 피상적인 사람들이다. "나는 산상수훈을 따라 산다!"라고 그들은 말한다. 그렇게 말하는 사람들에게 보일 수 있는 가장 관대한 반응은, 그들이 평범하고 진부하다고 말하면서 자신 있게 무시하는 그 산상수훈을 사실은 읽어보지 않았을 것이라고 여기는 것이다.

그러나 레프 톨스토이(Lev Tolstoy)는 사뭇 달랐다(비록 그 역시 산상수훈은 사람들이 순종하도록 설교한 것이라고 믿었지만). 그는 자신이 지독한 실패자임을 알았다. 하지만 그는 예수님의 가르침은 실천할 수 있는 것이라는 믿음을 지니고 있었으며 그의 마지막 위대한 소설인 『부활』의 주인공 네흘류도프 공작(Prince Nekhlyudov)의 입을 빌어 자신의 확신을 표현했다.

일반적으로 약간 변장한 톨스토이 자신으로 네흘류도프 공작을 묘사한 것으로 알려졌다. 소설 끝부분에서 네흘류도프는 마태복음을 다시 읽는다.

대부분 과장되고 불가능한 요구들로 채워진 고상하고 추상적 사상들이 아니라, 단순하고 명료하며 실제적인 명령들, 순종하면(매우 실행 가능하기에) 완전히 새로운 인간 사회의 질서를 확립할 명령을 보았다. 이를 지킨다면, 그 사회에서는 네흘류도프를 그렇게 분노로 가득 채웠던 폭력이 저절로 중단될 뿐만 아니라, 사람들이 바라는 최대의 축복이 이루어질 것이다. 바로 이 땅에 하나님 나라가 임하는 것이다.…

네흘류도프는 낮게 타오르는 등잔불을 응시하며 앉아 있었다. 심장이 멈추는 듯했다. 우리가 영위하는 삶의 모든 가공할 혼란을 상기하면서, 그는 사람들이 이 계명들에 순종하는 법을 배운다면 세상이 어떤 모습일지 상상해 보았다. 그러자 그의 영혼에 오랫동안 느껴보지 못했던 엄청난 황홀함이 몰려왔다. 마치 오랜 갈망과 고통 끝에 갑자기 평화와 자유를 발견한 것과도 같았다.

그는 그날 밤에 잠을 자지 않았다. 그리고 복음서를 읽은 수많은 사람이 그랬듯, 자신이 전에도 읽었고 수없이 여러 번 설교를 통해 들었던 그 말씀의 완전한 의미를 처음으로 이해했다. 그는 그 책이 자기에게 계시한 모든 중대하고 소중하며 즐거운 소식을 스펀지가 물을 빨아들이듯 흡수했다. 그가 읽은 모든 것이 그에게 익숙해 보였다. 그리고 그가 오랫동안 알고 있었지만, 한 번도 완전히 이해하거나 진짜로 믿지 않았던 것을 확증해 주고 실재하는 것으로 만들어 주었다. 이제 그는 이해하고 믿었다.

그가 혼잣말을 했다. '먼저 하나님의 나라와 그의 의를 구하라 그리하면 이 모든 것을 너희에게 더하시리라. 하지만 우리는 분명히 이렇게 구하고 하나님이 더하시는 것들을 얻는 데 실패하고 말았어. 그렇다면 난 평생 이것을 추구해야 해. 한 가지 과업은 끝났고 다른 한 가지가 내 앞에 대기하고 있어.'

그날 밤, 네흘류도프에게 완전히 새로운 삶이 시작되었다. 그가 새로운 삶의 상황 속으로 들어갔기 때문이 아니라, 이후로 그에게 일어난 모든 일이 그에게 완전히 새로운 의미를 부여했기 때문이었다. 그의 이 새로운 삶의 장이 어떻게 끝날지는 나중에 가서야 알 수 있을 것이다.[9]

톨스토이는 이상과 현실 간의 긴장을 구체적으로 체험했다. 한편으로, 그는 산상수훈에 순종하는 것이 '충분히 가능한 일이라고' 확신했던 반면, 다른 한편으로, 자신이 제대로 그 일을 이루지 못한 것으로 보며 불가능하다고도 생각했다. 사실 양극단 모두 진리는 아니다. 산상수훈의 기준들은 모든 사람이 쉽게 도달할 수 있는 것도, 전혀 도달할 수 없는 것도 아니기 때문이다. 그 기준에 아무도 도달하지 못한다고 보는 것은 그리스도가 주신 산상수훈의 목적을 무시하는 것이다. 반대로 모든 사람이 그 기준에 도달할 수 있다고 보는 것은 인간이 가지고 있는 죄의 실상을 무시하는 것이다.

그 기준은 충분히 도달할 수 있다. 하지만 중생, 곧 예수님이 니고데모에게 하나님 나라를 보고 그 나라에 들어가는 데 필수 불가결한 조건이라고 말씀하신 그것을 경험한 사람들만 도달할 수 있다. 그분이 산상수훈에서 말씀하신 의는 내적인 의이기 때문이다. 그것은 말과 행동과 관계에서 외적으로 표현되지만, 여전히 본질적으로는 마음의 의다.

정말로 중요한 것은 사람이 마음속으로 무엇을 생각하는가, 어디에 마음을 고정하는가 하는 것이다(마 5:28; 6:21). 그런데 여기에 문제가 있다. 사람들은 본성상 '악하기' 때문이다(마 7:11). 악한 것들은 바로 사람의 마음에서 나오며(막 7:21-23) 입으로 말하는 것도 그 마음에서 나온다. 마치 나무가 그 열매를 결정하는 것과 같다. 해결책은 단 한 가지다. "나무를 좋게 만들면 열매가 좋아"(마 7:16-20; 12:33-37)지기에 반드시 중생해야만 한다.

중생의 필요성과 가능성에 대한 믿음만이 산상수훈을 읽을 때 어리석은 낙관주의나 가망 없는 절망감을 느끼지 않도록 지켜 줄 수 있다. 그래서 예수님은 제자들이자 하나님 나라의 시민이며 하나님 가족의 자녀인 사람들에게 산상수훈을 말씀하셨다(마 5:16, 48; 6:9, 32-33; 7:11).

예수님이 제시한 높은 기준들은 그런 사람들에게만 적절하다. 우리는 그리스도의 기준에 도달함으로써, 이 특권적 지위를 획득한 것이 아니다. 실로 획득할 수도 없다. 그분의 기준에 부합하거나 혹은 적어도 그 기준에 근접함으로써, 하나님의 값없는 은혜와 선물로 인해 우리가 어떤 존재가 될 수 있었는지를 증명할 수 있다.

The Message of the Sermon on the Mount

Chapter. 01

그리스도인이 지녀야 할 성품 (마 5:3-12)

역설의 신비, 팔복

누구든 나사렛 예수에 대해 들어본 적이 있고 그분의 가르침에 대해 조금이라도 아는 사람이라면 분명 산상수훈 시작부에 나오는 팔복을 잘 알고 있을 것이다. 팔복의 단순함과 사상의 심오함은 각 세대의 그리스도인들과 많은 사람을 매혹시켜 왔다. 팔복에 함축된 의미는 탐구하면 할수록 더 탐구할 것이 많아지는 듯하다. 그 풍부함은 무궁무진하며 그 깊이는 헤아릴 수 없다.

팔복에 나오는 각각의 복을 따로 살펴보기 전에, 먼저 팔복에 대한 세 가지 일반적 질문을 보자. 이 질문들은 거기에 묘사된 사람들과 권면하고 있는 자질들 그리고 거기에 약속된 축복들과 관련이 있다.

팔복에 묘사된 사람들

팔복은 그리스도인들의 균형 잡힌 다양한 성품을 제시한다. 여덟 개의 각기 다른 제자 집단이 어떤 집단은 온유하도록, 어떤 집단은 긍휼이 많도록, 또 어떤 집단은 핍박을 견디도록 개별적으로 다르게 부름을 받은 것이 아니다. 그보다는 한 집단에 속한 여덟 개의 자질로, 제자들이 모두 온유한 동시에 긍휼이 많으며 심령이 가난하고 마음이 청결하며 애통하고 주리며 화평케 하고 박해를 받는 자들인 것이다.

이러한 특징들을 보여 주는 사람들은 일반적인 그리스도인들과는 거리가 먼 소수의 영적 귀족들이 아니다. 팔복은 모든 그리스도인이 어떤 존재가 되어야 하는가에 대해 그리스도께서 직접 설명하신 것이다. 이 모든 자질은 그분을 따르는 모든 사람의 특징이 되어야 한다.

바울이 열거하는 성령의 아홉 가지 열매도 모든 그리스도인의 성품 안에서 함께 익어 가야 하는 것과 마찬가지로, 그리스도께서 말씀하시는 여덟 가지 복은 하나님 나라의 모든 시민에 대한 그분의 이상을 묘사한다. 성령께서 몸 된 그리스도의 다양한 지체들이 여러 모양으로 섬기도록 구비시키려고 나누어 주시는 은사들과는 달리, 동일한 성령께서 이 모든 기독교적 은혜가 우리 모두 안에서 작용하기를 원하신다. 우리는 이 모든 복을 갈망할 책임이 있다.

팔복에 권면된 자질들

마태복음에 나오는 팔복과 누가복음에 나오는 팔복의 용어가 불일치한다는 것은 잘 알려진 사실이다. 누가는 "너희 가난한 자는 복이 있나니"라고 기록한 반면, 마태는 "심령이 가난한 자는 복이 있나니"라고 기록했다. 또한 누가가 "지금 주린 자는 복이 있나니"라고 썼는데 마태는 "의에 주리고 목마른 자는 복이 있나니"라고 썼다.

그래서 어떤 사람들은 '누가복음에 나온 것이 진본이며, 예수님이 가난하고 굶주린 사람들에 대해 사회적 혹은 사회학적 판결을 내리셨고, 영양이 결핍된 사람들에게 양식을 그리고 낮은 계급의 사람들에게 하나님 나라의 부를 약속하셨으며, 마태는 원래 물질적 약속이었던 것을 영적인 것으로 바꾸었다'고 주장한다.

하지만 예수님이 모순된 말씀을 하신다고 믿거나, 복음서 저자들이 예수님이 그렇게 보이도록 엉성하게 만들었다고 믿지 않는 이상, 이것은 불가능한 해석이다. 마태가 앞 장에 서술한 예수님이 시험받으신 기사를 보면, 유대 광야에서 예수님은 돌을 떡으로 만드는 일을 거절하셨으며, 물리적 나라를 건설한다는 생각을 받아들이지 않으셨기 때문이다. 예수님은 사역하시는 내내 일관되게 같은 유혹을 물리치셨다.

오천 명을 먹이신 일로 무리가 와서 그분을 "억지로 붙들어 임금으로 삼으려" 했을 때, 예수님은 즉시 혼자 산으로 가셨다(요 6:15). 그리고 유대 지도자들이 예수님을 고소한 죄목이 조금이라도 맞는 말인지, 그리고 실제로 그분이 조금이라도 정치적 야망을 품었는지 빌라도가 예수님께 물었을 때, 그분의 대답은 명확했다. "내 나라는 이 세상에 속한 것이 아니니라"(요 18:36). 즉, 그분의 나라는 기원이 다르므로 성질도 다르다는 것이다.

이렇게 말한다고 해서 예수님이 물질적 빈곤과 굶주림에 무관심하셨다는 뜻은 아니다. 반대로 예수님은 궁핍한 사람들을 긍휼히 여기셨고, 주린 자를 먹이셨으며, 그분을 따르는 사람들에게도 그렇게 하라고 말씀하셨다. 하지만 그분의 나라에서 말하는 축복은 주로 경제적 유익이 아니었다.

예수님은 물질적인 필요를 즉시 해결해 주시지 않으셨을 뿐 아니라, 훗날 천국에서는 그것을 주겠다고 약속하시면서 그전까지 가난한 사람들이 '복되다'고 말씀하신 것도 아니었다. 물론 경우에 따라 하나님이 가난을 영적 축복의 수단으로 사용하실 수도 있고 부요함이 축복에 방해가 될 수도 있다.

하지만 그렇다고 해서 가난 자체가 예수님이 축복하시는 바람직한 조건이라는 것이 아니다. 팔복의 첫 번째 축복을 근거로 교회가 대중들의 가난을 묵인하거나, 소유를 포기하겠다고 서원한 수도자들이나, 사람들의 자발적 가난을 칭찬하는 것은 잘못하는 것이다. 그리스도는 지금도 일부 사람들을 가난한 삶으로 부르시기도 하지만, 이 복을 통해 그분의 부르심을 들었다는 말은 어폐가 있다.

예수님이 팔복에서 말씀하시는 가난함과 굶주림은 영적 상태를 뜻한다. 그분이 복되다고 선포하시는 사람들은 "**심령이 가난한 자**"와 "**의에**

주리고 목마른 자"들이다. 그리고 그것으로 보아 그분이 언급하시는 다른 특질들 역시 영적인 것이라고 추론해도 괜찮을 것이다. 분명 예수님이 사용하신 아람어 단어는 누가복음에 나온 것처럼 단순히 '가난한'이라는 말이었을 수도 있을 것이다. 하지만 '가난한 자', 즉 하나님의 가난한 자들은 구약에서 이미 분명하게 규정된 집단이었으며, 마태가 '심령이 가난한 자'라고 한 것은 맞는 번역이었을 것이다. '가난한 자'는 가난에 시달리는 사람들이라기보다는 하나님께 그들의 믿음과 소망을 둔 (부분적으로는 그들이 궁핍하거나 짓밟혔거나 억압당했거나 다른 방식으로 고통받은) 경건한 사람들이었다.

팔복에 약속된 축복

각 자질은 그러한 특성을 보이는 사람이 '복되다'고 선포되기 때문에 권면으로 다가온다. '마카리오스'(makarios)라는 헬라어는 '행복한'이라는 의미가 될 수 있고 실제로 그런 의미로 쓰인다. 그래서 몇몇 주석가는 그것을 인간의 행복에 대한 예수님의 처방이라고 설명한다.

내가 아는 가장 독창적인 해석은 뉴욕 유니언 대학(Union College) 심리학과 어니스트 리곤(Ernest M. Ligon) 교수가 그의 책 『그리스도인의 성격 심리학』(*The Psychology of Christian Personality*)[1]에서 말한 것이다. 그의 견해에 따르면 팔복은 "예수님의 행복 이론이다."[2] 팔복은 윤리적 의무라기보다는 "여덟 가지 기본적인 감정적 태도를 나타내는 시리즈다. 어떤 사람이 자기 환경에 그런 마음으로 반응한다면 그의 삶은 행복해질 것이다."[3] 그는 "정신 건강을 위한 기본 공식"[4]을 발견할 것이기 때문이다.

특히, 리곤 박사에 따르면, 산상수훈은 믿음과 사랑의 힘, 즉 "실험적 믿음"과 "아버지의 사랑"의 힘을 강조한다. 이 두 원리는 "강력하고 건강한 인격"을 개발하는 데 반드시 필요하다.[5] 두려움의 혼란은 믿음으로, 파괴적 분노는 사랑으로 극복할 수 있을 뿐 아니라, "열등감과 그것의 많은 부산물"은 황금률로 극복할 수 있다.[6]

이러한 해석을 전적으로 틀렸다고 치부해 버릴 필요는 없다. 우리가 어떻게 참으로 인간이 될 수 있는지에 대해 우리 창조주보다 더 잘 아는 이는 아무도 없기 때문이다. 그분이 우리를 만드셨기에 우리가 어떻게 하면 가장 효과적으로 작동하는지 아신다. 우리는 하나님의 도덕법을 순종함으로써 자기 자신을 발견하고 성취한다. 그리고 모든 그리스도인은 체험을 통해 거룩함과 행복이 밀접한 관련이 있다는 것을 안다.

그럼에도 불구하고, '마카리오스'를 '행복한'이라고 번역하는 것은 심각한 오해를 불러일으킨다. 행복은 지극히 주관적인 상태인데, 예수님은 이 사람들에 대해 객관적인 판단을 하고 계시기 때문이다. 예수님은 그들이 어떻게 느낄지(행복한지)가 아니라, 하나님이 그들을 어떻게 생각하시며 그 때문에 그들이 어떤 사람들인지 선포하신다. 그들은 '복이 있다'고 말이다.

이 복은 무엇인가? 각각의 복 후반부에 명료하게 설명한다. 그들은 하늘나라를 소유하고 땅을 기업으로 받는다. 애통하는 자들은 위로받고 굶주린 자들은 배부르게 된다. 그리고 그들은 긍휼을 얻고 하나님을 보며, 하나님의 아들이라 일컬음을 받는다. 또 그들이 받을 하늘의 상은 크다.

이 모든 축복은 한 데 결합되어 있다. 여덟 가지 특질이 모든 그리스도인을 (적어도 이상적으로는) 설명하는 것처럼, 팔복은 모든 그리스도인에게 주어진다. 각 경우에 약속된 특정한 복이 특정한 자질에 적절한 것임은 사실이다. 동시에, 분명 땅을 유업으로 받지 않고는 하나님 나라를 유업으로 받을 수가 없고, 배부름을 얻지 않고는 위로를 받을 수 없으며, 하나님의 자비를 받고 그분의 자녀라 일컬음을 얻지 않고는 하나님을 볼 수가 없다. 여덟 가지 특질이 합해져서 하나님 나라의 시민이 갖는 책임을 구성하며, 팔복은 그 시민의 특권을 형성한다. 하나님의 통치를 누린다는 것은 바로 이런 의미다.

이 복들은 현재에 받는 것인가, 아니면 미래에 받게 될 것인가? 개인적으로 나는 그 대답이 '둘 다'일 수밖에 없다고 생각한다. 하지만 어떤 주석가들은 그 복이 미래의 것이라고 주장했으며, 팔복의 '종말론적' 성질을 강조했다. 분명 마지막 복의 후반부는 박해받는 자들에게 하늘에서 큰 상이 있을 것이라고 약속한다. 그리고 이것은 미래의 것임이 분명하다(마 5:11). 또한 분명한 것은 첫 번째 복과 여덟 번째 복에서만 그 복이 현재시제로 되어 있다는 것이다. "천국이 그들의 것임이라"(마 5:3, 10). 그리고 심지어 그때에도 이 동사는 어쩌면 예수님이 아람어로 말씀하실 때는 나오지 않았을지도 모른다.

다른 여섯 개의 복은 단순미래 시제로 된 동사를 포함한다("…할 것임이요"). 그럼에도 불구하고, 예수님의 나머지 가르침에서 하나님 나라는 우리가 '지금 받거나', '유업으로 받거나', '들어갈' 수 있는 현재의 실상이라는 것을 분명하게 알 수 있다. 마찬가지로, 우리는 '지금 긍휼히 여김을 받거나' '위로를 받을' 수 있고, '지금 하나님의 자녀가 될 수' 있으며 '이생에서 우리의 굶주림이 채워질' 수 있고, '갈증이 해소'될 수 있다.

예수님은 그분의 제자들에게 현재 누릴 수 있는 모든 복을 약속하셨다. '하나님을 볼 것이라'는 약속은 마지막에 천국에서 하나님을 직접 보는 '지복직관(至福直觀, beatific vision)'(고전 13:12; 히 12:14; 요일 3:2; 계 22:4)을 말하는 것처럼 들릴 수 있고, 분명 그것을 포함기도 한다. 그러나 우리는 이미 이생에서 그리스도의 형상을 통해(요 14:9), 그리고 영적인 눈으로(요일 3:6; 요삼 11) 하나님을 볼 수 있다. 그뿐 아니라 이생에서 "땅을 기업으로 받기" 시작한다. 우리가 그리스도 안에 있으면 "생명이나 사망이나 지금 것이나 장래 것이나 다"(고전 3:22-23), 모든 만물이 이미 우리의 것이기 때문이다.

그래서 팔복에 나오는 예수님의 약속들은 현재와 미래에 모두 성취된다. 우리는 지금 첫 열매를 누리고 있고 완전한 수확은 앞으로 올 것이다. 태스커(Tasker) 교수가 정확하게 지적했듯이, "미래 시제는…단순히 그것의 미래성만이 아니라 확실성도 강조한다. 예를 들면 애통하는 자는 참으로 위로를 받게 되리라는 것처럼 말이다."[7]

이어서 예수님이 약속하신 '복'에 대한 또 다른 질문을 하게 만든다. 이는 피할 수 없는 질문이기도 하다. 팔복은 복음과 양립될 수 없는, 인간의 공로와 선행에 의한 구원의 교리를 가르치는가? 예를 들어, 예수님은 긍휼히 여기는 자는 긍휼히 여김을 받을 것이며 마음이 청결한 자는 하나님을 볼 것이라고 말씀하시지 않는가? 그리고 이것은 우리가 긍휼을 보임으로 긍휼을 얻을 것이며 마음이 청결하게 됨으로 하나님을 볼 수 있는 시각을 얻는다는 것을 의미하지 않는가?

어떤 해석자들은 담대하게도 산상수훈을 살짝 기독교화된 형태의 구약 율법 및 유대교 윤리에 불과한 것으로 설명하려 애썼다. 랍비 예수, 율법 수여자 예수가 계명을 말하고, 순종을 기대하며, 거기에 반응하는 사람들에게는 구원을 약속한다는 것이다.

그러나 첫 번째 팔복은 행위가 아닌 은혜에 의한 구원을 선포하는데, '심령이 가난한 자', 즉 영적으로 너무 가난해서 공로로 드릴 것 없는 자들에게 하나님의 나라를 약속한다.

그렇다면 예수님이 팔복에서 사용하신 표현들과 산상수훈 전체에서 의에 대해 강조하신 것을 어떻게 설명할 수 있는가? 산상수훈이 일종의 '새 율법'으로, 옛 율법과 마찬가지로 두 가지 종교적인 목적을 가지고 있다는 것이 올바른 대답인 듯하다. 루터는 그 두 목적을 분명하게 이해하고 있었다.

첫째, 사람이 혼자 힘으로는 하나님을 기쁘시게 할 수 없다는 것을 비그리스도인에게 보여 주고 (율법을 순종할 수 없기 때문에), 그래서 의롭다 칭함을 받기 위해 그리스도께 나아오게 한다. 둘째, 하나님을 기쁘시게 하기 위해서 어떻게 살아야 하는지 '의롭다 칭함을 받기 위해 그리스도께 나아온 그리스도인'에게 보여 준다. 더 간단히 말하면, 종교개혁자들과 청교도들이 요약했듯이, 율법은 우리가 의롭다 칭함을 얻도록 우리를 그리스도께로 보내며, 그리스도는 우리가 거룩하게 되도록 다시 우리를 율법으로 보낸다.

산상수훈을 읽을 때 사람들 대부분이 위에 언급한 첫 번째 인상을 받는다는 것은 의심의 여지가 없다. 보통 사람들은 그것을 읽으며 절망에 빠진다. 그들은 거기서 우리가 도저히 도달할 수 없는 이상을 본다. 어떻게 이런 마음의 의를 개발하고, 다른 뺨을 돌려 대며 원수를 사랑할 수 있단 말인가? 그건 불가능하다.

그것은 그 누구도 도저히 순종할 수 없는 내적인 의의 법이기 때문이다. 그렇기 때문에 그것은 우리를 정죄하기만 할 뿐이고 그리스도의 죄 사함을 필수 불가결한 것으로 만든다.

이것이 산상수훈의 목적 중 하나라고 말할 수 있지 않을까? 예수님이 명확하게 그렇게 말씀하시지 않은 것은 사실이다. 이미 말했듯이 첫 번째 복의 내용을 제외하면 말이다. 하지만 옛 율법 못지않게 새 율법 전체에도 그런 의미가 함축되어 있다.

종교개혁자 마틴 루터는 산상수훈의 두 번째 목적에 대해서는 더욱더 분명하게 말한다. "그리스도는 이 산상수훈에서 어떻게 그리스도인이 되는지에 대해서는 전혀 말씀하지 않는다. 오직 이미 그리스도인이고 은혜의 상태에 있는 사람이 아니라면 결코 행할 수 없는 행위와 열매에 대해서만 말씀하신다."[8]

산상수훈 전체는 실제로, 복음을 받아들임, 회심과 중생에 대한 체험, 성령의 내주하심을 전제로 한다. 그것은 거듭난 그리스도인이 어떤 사람들인지 (또는 어떤 사람이 되어야 하는지) 서술한다. 그래서 팔복은 하나님께서 그러한 성품을 가진 사람들에게 은혜의 선물로 주시는 (공로에 대한 보상이 아닌) 복을 제시한다.

예레미아스 교수는 산상수훈이 "초대 기독교 교리문답"으로 사용되었기 때문에 이 설교를 들은 사람들이 이미 그리스도인이었다고 주장한다. "먼저 복음이 전파되었다. 그리고 그 복된 소식에 감동을 받아 회심해야 했다."[9)]

그래서 산상수훈은 "이미 죄 사함을 받은 사람들, 큰 대가를 치르고 진주를 발견한 사람들, 혼인 잔치에 초대받은 사람들, 예수님에 대한 믿음으로 새로운 피조물에 속한 사람들 그리고 새로운 하나님의 세상에 속한 사람들에게 말씀한" 것이다.[10)] 그렇다면 이런 의미에서 "산상수훈은 율법이 아니라 복음이다."

예레미아스는 이어서 그 둘의 차이점을 분명히 하기 위해 "기독교 윤리"라는 용어를 피하고 그 대신 "삶으로 나타난 믿음"이라고 말해야 한다고 주장한다. "그래야 하나님의 요구보다 하나님의 선물이 먼저 주어진다는 것을 분명하게 말할 수 있기" 때문이다.[11)]

헌터(A. M. Hunter) 교수가 이 문제를 신약 전체의 맥락에서 살펴본 것이 우리에게 도움이 될 것이다. "신약은 초대 교회의 메시지가 언제나…신학적 측면과 윤리적 측면이라는 두 측면을 갖고 있었다는 것을 분명하게 밝힌다. 첫째로 복음, 곧 사도들이 전파한 것과, 둘째로 계명들, 곧 복음에서 나온 것으로 사도들이 복음을 받아들인 사람들에게 가르쳤던 것들이다. 복음은 하나님이 은혜로 그리스도를 통해 사람들을 위해 베푸신 것에 대한 선포였다. 계명은 하나님이 그분의 은혜를 입은 사람들에게 요구하시는 것에 대한 진술이었다."[12]

사도 바울도 보통 그의 서신들을 이런 식으로 나누었다. 먼저 교리적인 부분이 등장하고 그다음에 실제적인 부분이 이어진다. 헌터는 이어서 "하지만 바울이 그렇게 하는 것은 주님이 전에 하신 일을 따르는 것일 뿐이다. 예수님은 그분 및 그분의 사역과 함께 하나님 나라가 임했음을 선포하셨을 뿐만 아니라, 또한 제자들에게 그 나라의 도덕적 이상을 제시하셨다."

팔복과 관련된 이 세 가지 서론적 요점을 요약하면, 여기 묘사된 사람들은 일반적인 그리스도인들이라고 말할 수 있을 것이다. 적어도 이상적으로는 그렇다. 여기서 권하는 자질들은 영적 자질들이다. 그리고 여기 (노력하지 않고 값없이 얻은 선물로) 약속된 축복은 하나님의 통치라는 영광스럽도록 포괄적인 축복이다. 그것은 지금 맛보고 후에 완성되는 것으로, 땅과 하늘의 유업, 위로, 만족과 긍휼, 하나님을 보는 것과 하나님의 아들이 됨을 포함한다.

이제 팔복을 상세하게 살펴볼 준비가 되었다. 지금까지 팔복을 다양하게 분류하려는 시도들이 있었다. 그것들은 분명 임의로 만든 목록이 아니라, 크리소스톰의 말로 하면, "일종의 황금 사슬이다"(시 209). 아마도 가장 단순한 구분은, 처음 네 개를 그리스도인과 하나님과의 관계를 묘사하는 것으로, 그리고 다음 네 개는 다른 사람들과 그리스도인들과의 관계와 의무를 묘사하는 것으로 보는 구분일 것이다.

심령이
가난한 자 (3절)

구약이 이 복을 해석하는 데 필요한 배경을 제공한다는 것은 이미 언급한 바 있다. 처음에 '가난하다'는 말은 문자 그대로, 물질적으로 궁핍하다는 의미였다. 하지만 궁핍한 사람들은 하나님 외에는 피난처가 없기 때문에(습 3:12) 점차 '가난함'은 영적인 의미를 함축하게 되었으며, 겸손하게 하나님을 의지하는 것과 동일시되었다. 그래서 시편 기자는 자신이 궁핍함에 처하여 하나님께 부르짖는 "이 곤고한 자(this poor man)"라고 말하며 "여호와께서 들으시고 그의 모든 환난에서 구원하셨도다"(시 34:6)라고 말한다.

구약에서 말하는 '가난한 자'는 괴롭힘을 당하며 자신을 구원할 수 없는 사람이기 때문에 하나님께서 구원해 주실 것을 기대하는 동시에, 한편으로 자신이 하나님께 주장할 것이 아무것도 없음을 깨닫는 사람이다. 이사야서에서는 이러한 영적 가난함을 특별히 권한다. 하나님은 "물을 구하되 물이 없어서 갈증으로 혀가 마른" "가련하고 가난한 자"를 위해 "헐벗은 산에 강을 내며 골짜기 가운데에 샘이 나게" 하시고 "광야가 못이 되게 하며 마른 땅이 샘 근원이 되게" 하겠다고 약속하신다(사 41:17-18).

'가난한 자'는 또한 "심령에 통회하며 떠는 자"를 말한다. "지극히 존귀하며 영원히 거하시며 거룩하다 이름하는 이"이신 하나님이 그들을 돌보시며 그들과 함께 거하기를 기뻐하신다(사 57:15; 66:1-2). 여호와의 기름 부음 받은 자는 구원의 좋은 소식을 그런 사람들에게 전할 것이다. 그것은 예수님이 나사렛 회당에서 의식적으로 성취하신 예언이었다. "주 여호와의 영이 내게 내리셨으니 이는 여호와께서 내게 기름을 부으사 가난한 자에게 아름다운 소식을 전하게 하려 하심이라"(사 61:1; 눅 4:18; 마 11:5). 게다가 부자들은 주위의 이교도들과 타협하는 경향이 있었다. 여호와께 계속 신실했던 사람들은 가난한 사람들이었다. 그래서 부와 세속성, 가난과 경건함은 공존했다.

그러므로 "심령이 가난한" 것은 하나님 앞에서 우리의 영적 가난함, 실로 영적 파산 상태를 인정하는 것이다. 우리는 하나님의 거룩한 진노 아래 있는 죄인들이며, 하나님의 심판을 받아 마땅한 존재이기 때문이다. 드릴 것이 아무것도 없고, 내세울 구실도 없으며, 하늘의 은총을 살 만한 것도 우리에게는 전혀 없다.

> 내 손에 아무것도 드릴 것 없어
> 오직 주님의 십자가에만 매달립니다.
> 벌거벗은 나,
> 주님께서 옷 입혀 주시기를 바라며 나아옵니다.
> 의지할 곳 없어 주님의 은혜를 기대합니다.
> 더러운 나, 샘으로 달려갑니다.
> 구주여, 나를 씻어 주소서,
> 그리 아니하시면 내가 죽겠나이다.

이것이 심령이 가난한 자들의 고백이다. 우리는 예수님의 비유에 나오는 세리처럼 시선을 아래에 두고 "하나님, 죄인에게 자비를 베푸소서!"라고 외치는 수밖에는 없다. 오로지 그런 사람들에게만 하나님 나라가 주어진다. 구원을 가져오는 하나님의 통치는 전적으로 과분한 것이며 동시에 절대적으로 값없이 주어지는 선물이기 때문이다. 그것은 어린아이처럼 의존하는 겸손함으로 받아야 한다.

예수님은 산상수훈 첫 부분에서 하나님 나라에 대한 모든 인간적 판단과 모든 민족주의적 기대를 부정하신다. 하나님 나라는 부자가 아니라 가난한 사람들에게 주어진다. 힘 있는 사람이 아니라 힘없는 사람들에게, 자신들의 용감함으로 그것을 획득할 수 있다고 자랑하는 군사들이 아니라, 그것을 받아들일 만큼 충분히 겸손한 어린아이들에게 주어진다.

예수님이 살던 당시 하나님 나라에 들어온 사람들은 자신들이 부유하고 공로가 많다고 생각하여 하나님께 감사한 바리새인들이 아니었다. 또한 피와 칼로 하나님 나라를 설립할 것을 꿈꾸던 열심당원도 아니었다. 거기 들어간 사람들은 세리와 창녀, 인간 사회에서 거부당한 사람들, 자신들이 너무 가난해서 드릴 것도 이룰 것도 아무것도 없다는 것을 아는 사람들이었다. 그들이 할 수 있는 것이라곤 하나님께 자비를 구하는 것뿐이었다. 그리고 하나님은 그들의 부르짖음을 들으셨다.

아마 후대에 같은 진리를 가장 잘 보여 주는 예는 라오디게아 교회일 것이다. 요한은 영광을 받으신 그리스도로부터 그들에게 편지를 보내라는 지시를 받았다. 그는 그들의 득의양양한 말을 인용하면서, 그 말에 대한 자신의 평가를 추가한다. "네가 말하기를 나는 부자라 부요하여 부족한 것이 없다 하나 네 곤고한 것과 가련한 것과 가난한 것과 눈먼 것과 벌거벗은 것을 알지 못하는 도다"(계 3:17). 이 가시적 교회는 모든 기독교적 신앙고백에도 불구하고 전혀 기독교적이지 않았다. 오히려 자기만족에 빠지고 피상적인 교회로 (예수님에 따르면) 눈멀고 벌거벗은 거지들로 구성되어 있었다. 하지만 비극적인 사실은 그들이 그것을 인정하지 않으려 한다는 것이다. 그들의 심령은 가난하지 않고 부유했다.

오늘날에도 하나님 나라를 받기 위한 필수 조건은 심령의 가난을 인정하는 것이다. 하나님은 여전히 부자를 빈손으로 보내신다(눅 1:53). 스펄전(C. H. Spurgeon)이 표현했듯이, "하나님 나라에서 높아지는 사람은 스스로 낮아지는 사람이다."[13]

애통하는 자
(4절)

우리는 두 번째 복을 "불행한 사람은 행복하나니"라고 번역할 수 있다. 이 복이 가진 놀랄 만한 역설에 이목을 집중시키기 위해서다. 대체 어떤 슬픔이기에 그것을 느끼는 사람들에게 그리스도의 복이 주는 기쁨을 가져다줄 수 있단 말인가? 전후 문맥을 보면 여기에서 위로를 받을 것이라고 약속받는 사람들은 주로 사랑하는 사람을 잃어버리고 애통하는 사람이 아니라, 그들의 결백함, 그들의 의 그리고 그들의 자존심을 잃어버려서 애통하는 사람들이다. 그리스도께서 말씀하시는 것은 사별의 슬픔이 아니라 회개의 슬픔이다.

이것은 영적 축복의 두 번째 단계다. 심령이 가난하고 그 사실을 인정하는 것과, 그것을 슬퍼하고 애통하는 것은 전혀 별개다. 좀 더 신학적인 말로 하면, 고백과 통회는 전혀 별개다.

그렇다면 예수님의 말씀에 따라, 그리스도인의 삶은 온통 기쁨과 웃음으로만 충만하지 않다는 것에 주목할 필요가 있다. 어떤 그리스도인들은, 특히 그들이 성령에 충만해 있다면, 만면에 웃음을 띠고 계속해서 활기차고 기운찬 모습을 지녀야 한다고 상상하는 듯하다. 이 얼마나 비성경적인가? 그렇지 않다. 누가복음에 나오는 산상수훈을 보면 예수님은 이 복에 엄숙한 화의 말을 덧붙이신다. "화 있을진저 너희 지금 웃는 자여"(눅 6:25). 실제로 '기독교인의 눈물'이라는 것이 있지만, 우리 가운데 그런 눈물을 흘려 본 사람은 너무나 적다.

예수님은 다른 사람들의 죄, 심판과 죽음이라는 냉혹한 결과를 보시며, 그리고 그분을 영접하지 않고 회개하지 않는 성을 보시며 우셨다. 성경 시대 경건한 사람들이 그랬던 것처럼, 우리 역시 세상의 악을 보며 울어야 한다. 시편 기자는 하나님께 "그들이 주의 법을 지키지 아니하므로 내 눈물이 시냇물같이 흐르나이다"(시 119:136)라고 고백했다. 에스겔은 하나님이 신실한 사람들을 일컬어 "(예루살렘) 가운데에서 행하는 모든 가증한 일로 말미암아 탄식하며 우는 자"(겔 9:4)라고 말씀하시는 것을 들었다. 그리고 바울은 거짓 교사들이 당시의 교회들이 문제를 일으키는 것에 대해 "내가 여러 번…이제도 눈물을 흘리며 말하노니 여러 사람들이 그리스도의 십자가의 원수로 행하느니라"(빌 3:18)라고 썼다.

하지만 우리가 다른 사람들의 죄에 대해서만 눈물을 흘려야 하는 것은 아니다. 우리 자신의 죄도 있고 그것에 대해서도 눈물을 흘려야 하기 때문이다. 그런 죄들로 인해 슬픔에 빠져 본 적이 한 번도 없었는가? 크랜머(Cranmer)가 1662년 성찬 예식 때 교인들에게 "우리는 우리의 여러 죄와 악함을 인정하고 또한 몹시 슬퍼합니다"라고 말하게 한 것은 과장이었는가? 에스라가 "하나님의 성전 앞에 엎드려 울며"(스 10:1) 기도하며 죄를 자복한 것은 잘못된 것이었는가? 바울이 "오호라 나는 곤고한 사람이로다 이 사망의 몸에서 누가 나를 건져내랴"라고 탄식하고, 죄에 빠져 있는 고린도 교회에 "어찌하여 통한히 여기지 아니하는가"라고 쓴 것이 잘못이었는가(롬 7:24; 고전 5:2; 고후 12:21)?

그렇지 않다. 우리 복음주의 그리스도인들이 은혜를 너무 중시하다 보니 때로는 죄를 가볍게 여기는 게 아닌지 우려된다. 우리 자신의 죄에 대해서는 아무리 슬퍼해도 지나치지 않다. 우리는 기독교적 회개인 "하나님의 뜻대로 하는 근심"을 더 많이 경험해야 한다(고후 7:10). 18세기 아메리카 인디언들에게 선교했던 민감하고도 그리스도를 닮은 데이비드 브레이너드(David Brainerd)가 그랬다. 그는 1740년 10월 18일 일기에 이렇게 썼다. "아침 경건 시간에 내 영혼은 완전히 녹아 버렸으며, 나의 엄청난 죄성과 비열함으로 인해 통렬하게 애통했다." 이런 눈물은 하나님께서 그분의 병에 담으시는 거룩한 물이다(시 56:8).

그렇게 자신의 죄성에 대해 통곡하며 애통하는 자들은 그들의 비탄을 경감시켜 줄 유일한 위로, 곧 하나님이 값없이 주시는 은혜를 받을 것이다. "모든 위로 가운데 가장 큰 위로는 죄를 뉘우치며 애통하는 모든 죄인에게 선포되는 죄의 사면이다."[14] 구약 선지자들에 따르면, '위로'는 메시아의 직무 중 하나가 될 것이다. 그분은 "마음이 상한 자를 고칠 위로자"가 될 것이다(사 61:1, 40:1). 이 때문에 시므온과 같은 경건한 사람들이 "이스라엘의 위로"(눅 2:25)를 기다리고 고대했다고 한다. 그리고 그리스도께서는 우리의 상처에 기름을 부으시고 병든 우리의 양심에 평화를 말씀하신다.

그렇지만 아직은 죄로 인해 온 세상에 퍼져 있는 고난과 사망의 황폐함을 보며 애통할 수밖에 없다. 그리스도의 위로는 영광의 최종 단계에서만 완성될 것이기 때문이다. 오직 그때가 되어야 죄가 더 이상 없고 "하나님께서 그들의 눈에서 모든 눈물을 씻어 주실"(계 7:17) 것이기 때문이다.

온유한 자
(5절)

헬라어 형용사인 '프라우스(praüs)'는 '점잖은', '겸손한', '사려 깊은', '예의 바른', 또한 이러한 자질들에 필수 불가결인 절제를 행하는 것 등을 의미한다. 우리는 주님을 "온유하고 온순하며 유순한 예수님"으로 묘사하는 이미지를 보면 당연히 멈칫하게 된다. 주님을 연약하고 유약한 모습으로 만들어 버리기 때문이다. 그렇지만 그분은 자신을 "마음이 온유하고(praüs) 겸손하니"라고 묘사하셨으며, 바울은 그분의 "온유와 관용(gentleness)"을 말했다(마 11:29; 고후 10:1; 슥 9:9). 하지만 그 온순함은 어떠한 것인가? 어떠하기에 그것을 가진 사람은 복이 있다고 선언하는가?

팔복에서 '온유한 자'가 죄에 대해 애통하는 자들 및 의에 주리고 목마른 자들 사이에 나온다는 사실에는 중요한 이유가 있을 듯하다. 그리스도께서 제자들에게 요구하시는 특정한 형태의 온유함은 분명 이런 순서와 관련되어 있을 것이다.

나는 로이드 존스(Lloyd-Jones) 박사가 '이 온유함은 다른 사람들에 대한 겸손하고 온순한 태도를 나타낸다고 강조한 것'이 옳다고 생각한다. 그러한 태도는 우리 자신을 제대로 평가할 때 가질 수 있다. 로이드 존스 박사는 하나님 앞에서 자신에게 솔직해져서 우리가 하나님 보시기에 죄인임을 인정하는 것은 비교적 쉽다고 지적한다. 그는 이어서 이렇게 말한다. "하지만 다른 사람들이 **나에 대해** 그렇게 말하도록 허용하는 것은 얼마나 더 어려운가! 나는 본능적으로 그것에 대해 분개한다. 우리는 누구나 다른 사람이 우리를 정죄하도록 허용하기보다는 우리 자신을 정죄하는 편을 더 좋아한다."[15]

예를 들어, 나는 교회에서 공동 회개문(General Confession)을 암송하고 나 자신을 '가련한 죄인'이라고 부를 수 있다. 그런 건 전혀 문제가 아니다. 그런 일은 손쉽게 해낼 수 있기 때문이다. 그런데 만일 누군가가 예배 후 내게 다가와 나를 가련한 죄인이라고 부른다면, 그의 코를 한 대 쳐주고 싶어진다! 다시 말해, 자신이 방금 하나님 앞에서 인정한 나의 모습을 다른 사람들이 생각하거나 말하는 것은 허용할 준비가 안 되어 있다. 여기에 본질적인 위선이 있다. 온유함이 없는 곳에는 늘 그런 위선이 있기 마련이다.

로이드 존스 박사는 이에 대해 감탄할 정도로 잘 요약했다. "온유함은 본질적으로 자신에 대한 참된 견해다. 그것은 다른 사람들과 관련된 태도와 행동으로 표현된다…진정으로 온유한 사람은 하나님과 사람이 자신을 그렇게 좋게 생각해 줄 수 있고 그렇게 잘 대해 줄 수 있다는 것에 대해 참으로 놀라는 사람이다.[16] 그런 태도는 다른 사람들을 대할 때마다 온순하고 겸손하며 민감하고 인내심 있게 만들어 준다.

이 "온유한 자는 땅을 기업으로 받을 것"이라고 예수님은 덧붙이신다. 그런데 사실 우리는 그 반대라고 예상한다. 우리는 '온유한' 사람들은 아무 성과도 얻지 못할 것이라고 생각한다. 모든 사람이 그들을 무시하거나 아니면 함부로 다루고 발로 짓밟기 때문이다. 생존 투쟁에서 성공하는 사람은 대개 거칠고 위압적인 사람들이기에 약골들은 궁지에 빠지고 실패한다.

심지어 이스라엘의 자녀들도 그들의 유업을 위해 싸워야 했다. 그들의 하나님 여호와께서 그들에게 약속의 땅을 주셨는데도 말이다. 그런데 우리가 그리스도 안에서 영적 유업에 들어가기 위한 조건은 힘이 아니라 온유함이다. 이미 보았듯이, 우리가 그리스도의 것이면 모든 것이 우리의 것이기 때문이다(고전 3:22).

구약 시대에 악인들이 승리하는 것처럼 보일 때 거룩하고 겸손한 사람들은 바로 그러한 확신을 가지고 있었다. 이는 시편 37편에 매우 적절하게 표현되어 있다. 예수님은 팔복에서 바로 그것을 인용하고 계신 듯하다. "악을 행하는 자들 때문에 불평하지 말며…온유한 자들은 땅을 차지하며…주의 복을 받은 자들은 땅을 차지하고…여호와를 바라고 그의 도를 지키라 그리하면 네가 땅을 차지하게 하실 것이라 악인이 끊어질 때에 네가 똑똑히 보리로다"(시 37:1, 11, 22, 34; 사 57:13, 60:21).

이와 동일한 원리가 오늘날에도 적용된다. 불경한 사람들은 자랑하고 자기 직권을 남용할지 모르지만, 진짜 재산은 그들의 손을 빠져나가 버린다. 다른 한편, 온유한 사람들은 비록 사람들에게 재산과 권리를 빼앗길지 모르지만, 그들은 그리스도와 함께 살고 다스린다는 것이 무엇인지 알기 때문에 그리스도께 속한 땅을 누리고 심지어 '소유할' 수 있다. 그리고 "새롭게 되는" 날에 그들이 유업으로 받을 "새 하늘과 새 땅"이 있을 것이다(마 19:28; 벧후 3:13; 계 21:1).

그래서 그리스도의 길은 세상의 길과 다르며, 모든 그리스도인은 설사 그가 바울처럼 "아무것도 없는 자"라 해도, 그럼에도 자신을 "모든 것을 가진 자"라고 말할 수 있다(고후 6:10).

의에 주리고 목마른 자
(6절)

일찍이 동정녀 마리아의 노래인 '마리아의 찬가(Magnificat)'에서는 심령이 가난한 자와 주린 자를 연관시키며, 둘 다 복되다고 선언했다. 하나님은 "**주리는** 자를 좋은 것으로 배불리셨으며 **부자**는 빈손으로 보내셨"(눅 1:53)다고 했다. 이 일반적 원리가 여기에서 특화된다. 하나님이 만족시키시는 주리고 목마른 사람들은 "의에 주리고 목마른" 사람들이다. 그런 영적 굶주림은 모든 하나님의 백성이 지닌 특징이다. 그들의 최고의 야망은 물질적인 것이 아니라 영적인 것이다. 그리스도인들은 재산 추구에 몰두하는 이교도들과 같지 않다. 그들이 "먼저 구하"기로 한 것은 하나님 나라와 그 의다(마 6:33).

성경에서 의는 적어도 세 가지 측면을 가지고 있다. 법적, 도덕적, 사회적 측면이다.

첫 번째 측면인 법적 의는 칭의, 즉 하나님과 올바른 관계다. 바울은 후에 유대인들이 "자신의 의를 세우려고" 힘썼으며 그리스도 자신인 "하나님의 의에 복종하지 아니하였노라"(롬 9:30-10:4)고 썼다. 어떤 주석가들은 여기서 말하는 의가 바로 그런 의미라고 생각했다. 하지만 그럴 가능성은 거의 없다. 예수님은 이미 그분에게 속한 사람들에게 말씀하고 계시기 때문이다.

두 번째 측면인 도덕적 의는 하나님을 기쁘시게 하는 성품과 행동의 의다. 예수님은 팔복을 말씀하신 뒤에 이어서 이 그리스도인의 의를 바리새인들의 의와 대조시키신다(20절). 후자는 규칙들에 외적으로 복종하는 것이었다. 전자는 마음과 뜻과 동기의 내적 의다. 우리는 이것에 주리고 목말라야 한다.

하지만 '의'라는 성경적 단어가 단지 한편으로는 하나님과의 올바른 관계를 의미하고 다른 한편으로는 성품과 행동의 도덕적 의를 의미한다고 생각한다면 잘못이다. 성경적 의는 사적이고 개인적인 일 이상의 것이기 때문이다. 그것은 세 번째 측면인 사회적 의도 포함한다. 그리고 사회적 의는 율법과 선지자들에게서 배운 대로 사람들이 억압에서 해방되기를 구하는 것과 함께, 시민의 평등권, 법정의 정의, 사업상 거래의 정직함, 가정과 가족 간의 존중을 증진하는 것이다. 이처럼 그리스도인들은 의로우신 하나님을 기쁘시게 하려고 인간 공동체 전체에서 의에 주리는 일에 헌신한다.

마음에서 나온 건전한 영적 욕구보다 그리스도인의 삶에서 더 큰 진보의 비결은 없을 것이다. 성경은 몇 번이고 되풀이해서 주린 자들을 향한 약속들을 말한다. 하나님은 "사모하는 영혼에게 만족을 주시며 주린 영혼에게 좋은 것으로 채워 주신다"(시 107:9). 우리의 성장이 더디면, 그것은 우리의 욕구가 시들해졌기 때문일까? 과거의 죄에 대해 애통하는 것만으로는 충분치 않다. 우리는 또한 미래의 의에 대해서도 주려야 한다.

이생에서 우리의 주림은 절대 완전히 충족하지 못할 것이다. 또한 우리의 갈증도 완전히 해소되지 못할 것이다. 팔복이 약속한 만족을 주는 것은 사실이다. 그러나 우리는 다시 주릴 것이다. 심지어 누구든지 주님이 주시는 물을 마시면 "영원히 목마르지 아니할" 것이라는 예수님의 약속조차, 우리가 계속 그 물을 마실 때에만 성취된다(요 4:13-14, 7:37). 이미 도달했다고 주장하며 미래의 발전보다는 과거의 경험에 의지하는 사람들을 조심하라!

팔복에 포함된 모든 자질과 마찬가지로, 굶주림과 목마름은 (심령의 가난함, 온유함, 애통함과 마찬가지로) 예수님의 제자들의 영속적 특징이다. 우리는 하늘나라에 이르러서야 비로소 "다시는 주리지도 아니하며 목마르지도 아니할" 것이다. 오직 그때에만 우리 목자이신 그리스도께서 우리를 "생명수 샘으로" 인도하실 것이기 때문이다(계 7:16-17).

게다가 하나님은 심판의 날을 약속하셨다. 그날에는 의가 승리하고 악이 타도될 것이며, 그 후에는 "의가 있는 곳인 새 하늘과 새 땅"(벧후 3:13)이 있을 것이다. 또한 우리는 의가 최종적으로 정당화되기를 고대하고 있으며, 이는 어긋나지 않을 것이다.

되돌아보면, 처음 팔복 중 초반의 네 가지 복은 거침없는 논리로 영적 진전을 나타내는 것을 볼 수 있다. 각 단계는 다음 단계로 이끌며 앞에서 나온 단계를 전제한다.

첫째, 우리는 "심령이 가난해야" 한다. 하나님 앞에서 완전히 전적으로 영적 파산 상태임을 인정해야 한다는 것이다.

둘째, 그 원인인 우리의 죄들(sins)에 대해, 또한 우리의 타락한 본성의 부패함에 대해, 그리고 세상에서 죄와 사망이 다스리는 것에 대해서도 "애통해야" 한다.

셋째, 우리는 "온유해야" 한다. 다른 사람들에 대해 겸손하고 온순하며, 우리의 영적 가난함(우리가 인정하고 그것에 대해 몹시 슬퍼한)에 따라 하나님뿐 아니라 다른 사람들에 대해서도 행동해야 한다.

넷째, 우리는 "의에 주리고 목말라야" 한다. 우리의 죄를 고백하고 애통해하고, 하나님과 사람들 앞에서 우리 자신에 대한 진리를 인정한다 해도, 그것을 그냥 놔둔다면 무슨 소용이 있는가? 죄에 대한 고백은 반드시 의에 대한 주림으로 이어져야 한다.

팔복 후반부(마지막 네 개의 복)에서는 하나님께 대한 태도에서 다른 사람들에 대한 태도로 더욱 방향을 바꾸는 듯하다. 분명 "긍휼히 여기는" 사람들은 사람들에게 긍휼을 보이며, "화평하게 하는" 사람들은 서로 화목을 추구하고, "박해를 받는" 사람들은 사람들에 의해 박해를 받는다. 그러므로 "마음이 청결"이 나타내는 진실함은 다른 사람들에 향한 우리의 태도와 관계와도 관련이 있다.

긍휼히 여기는 자
(7절)

'긍휼'은 도움이 필요한 사람들을 불쌍히 여기는 마음이다. 리처드 렌스키(Richard Lenski)는 편리하게 그것을 '은혜'와 구분한다.

> '엘레오스(eleos, 긍휼)'라는 명사는…언제나 우리가 고통, 불행함,
> 비탄함 등 죄의 결과들을 어떻게 보는지와 관련된 단어다.
> 그리고 '카리스(charis, 은혜)'는 죄와 죄책감 자체에 관련된 단어다.
> 전자는 구제하고 치료하고 도우며,
> 후자는 죄를 용서하고 깨끗하게 하며 회복시킨다.[17]

예수님은 제자들이 어떤 사람들에게 긍휼을 보여야 하는지에 대해서는 자세히 말씀하지 않으신다. 선한 사마리아인이 강도의 공격을 받은 나그네에게 '긍휼을 보인' 것처럼 재난을 당한 사람들을 염두에 두신 것

인지, 아니면 예수님이 늘 불쌍히 여기셨던 주리고 병들고 버림받은 사람들을 생각하고 계신지, 또는 우리에게 잘못해서 정의의 처벌이 필요하지만, 긍휼에 따라 용서를 받아야 하는 사람들을 생각하고 계시는지는 알 수 없다.

사실 상세히 설명하실 필요는 없었다. 우리 하나님은 긍휼이 많으신 하나님이시며, 끊임없이 긍휼을 보이신다. 그러므로 그 나라의 시민들 역시 긍휼을 보여야 한다.

물론 세상은 (적어도 세상이 그 본성에 충실할 때) 긍휼을 보이지 않는다. 교회 역시 세속화되었을 때는 종종 그렇다. 세상은 사람들의 고통과 재난에서 자신을 차단하기를 더 좋아한다. 게다가 세상은 보복이 더 즐겁다고 생각하며, 반대로 죄를 용서해 주는 것은 재미가 없다고 생각한다.

그런데 긍휼을 보이는 사람들은 긍휼을 발견한다. "긍휼히 여기는 자는 얼마나 복이 있는가 그들에게 긍휼이 보일 것이다"(NEB). 같은 진리가 다음 장에 되풀이되어 나타난다. "너희가 사람의 잘못을 용서하면 너희 하늘 아버지께서도 너희 잘못을 용서하시려니와"(마 6:14). 이것은 우리가 긍휼에 의해 긍휼을, 죄 사함에 의해 죄 사함을 받을 자격을 갖추기 때문이 아니라, 회개하지 않으면 하나님의 긍휼과 죄 사함을 받을 수 없으며, **다른 사람들의** 죄에 대해 긍휼을 보이지 않는다면 **자기** 죄를 회개했다고 주장할 수 없기 때문이다.

자신이 죄 사함 받았다는 것을 아는 감동으로만 우리가 다른 사람들의 죄를 용서해 주는 것이 가능하다. 우리 자신이 기꺼이 죄를 용서해 줄 준비가 되어 있는 것만큼 우리가 죄 사함받다는 것을 분명하게 입증해 주는 것은 없다. 이러한 것들은 불가분 함께 결합되어 있다. 이는 예수님이 말씀하신 '무자비한 종의 비유'에서 보여 주신 것과 같다(마 18:21-35). 팔복의 맥락에서 다시 해석하면, '긍휼히 여기는' 자는 '온유한' 자다. 온유하게 되기 위해서는 **우리가** 죄인이라는 것을 다른 사람들에게 인정해야 하기 때문이다. 긍휼히 여긴다는 것은 다른 사람들을 불쌍히 여긴다는 것이다. 우리뿐 아니라 **그들** 역시 죄인이기 때문이다.

마음이 청결한 자
(8절)

"마음이"라는 말은 예수님이 어떤 종류의 청결을 말씀하시는지 즉시 분명하게 보여 준다. "심령이"라는 말이 어떤 종류의 가난을 의미하는지 나타냈던 것과 마찬가지다. "심령이 가난한 자"는 물질적으로만 가난한 자들과는 달리 영적으로 가난한 사람들이다. 그렇다면 "마음이 청결한 자"는 어떤 사람들과 구분되는가?

일반적인 해석에 따르면 마음의 청결함은 내적 청결함, 의식적 더럽힘과 대조되는 도덕적 더럽힘으로부터 깨끗하게 된 사람들의 특징으로 보아야 한다는 것이다. 그리고 이에 대한 좋은 성경적 전례가 있다. 특히 시편에 그런 전례가 나와 있다. "손이 깨끗하며 마음이 청결"하지 않고는 그 누구도 여호와의 산에 오르거나 그분의 거룩한 곳에 설 수 없다고 인식되었다.

그래서 다윗은 그의 주님이 "중심이 진실함을" 바라신다는 것을 알고 "내게 지혜를 은밀히 가르치시리이다"라고 고백하며 "하나님이여 내 속에 정한 마음을 창조하소서"라고 기도할 수 있었다(시 24:3-4; 51:6, 10; 시 73:1; 행 15:9; 딤전 1:5).

예수님은 바리새인과 논쟁을 하실 때 이 주제를 택하여 그들이 외적, 의식적 정결함에만 치중하는 것을 책망하셨다. "너희 바리새인들은 지금 잔과 대접의 겉은 깨끗이 하나 너희 속에는 탐욕과 악독이 가득하도다." 그들은 "회칠한 무덤 같으니 겉으로는 아름답게 보이나 그 안에는 죽은 사람의 뼈와 모든 더러운 것이 가득"했다(눅 11:39; 마 23:25-28).

루터는 특유의 실제적인 표현으로 내적 청결함과 외적 청결함을 구분했다. 그는 마음의 청결을 의식의 더러움과 대조시켰을 뿐 아니라 또한 실제 물리적인 더러움과도 대조시켰다. "그리스도는…청결한 마음을 갖기를 원하신다. 비록 외적으로는 부엌이나 들에서 힘들고 단조로운 일을 오래 해서 시커멓고, 그을고, 때 묻고, 온갖 더러운 일을 하는 사람일지 모르지만 말이다."[18]

또한 "비록 평범한 노동자, 구두 수선가, 혹은 대장장이가 먼지와 역청 등으로 뒤덮여 더럽고 냄새가 난다 해도…그래서 그가 외적으로는 고약한 냄새를 풍긴다 해도 내적으로 그는 하나님 앞에서 청결한 향을 풍긴다. 그는 마음속으로 하나님 말씀을 깊이 생각하고 그것에 순종하기 때문이다."[19]

내적으로 도덕적인 것을 이처럼 강조하는 것은, 그것이 외적이고 의식적이고 육체적인 것과 대조되든, 단지 규칙을 잘 지키는 의가 아니라 마음의 의를 요구하는 산상수훈 전체와 일맥상통한다. 그럼에도 불구하고, 다른 복들이 나오는 문맥에서 보면 "마음의 청결함"은 어떤 의미에서는 우리의 관계를 말하는 듯하다.

더욱 정확히 말해서, 일차적으로 그 말은 진실함을 뜻한다. 이미 앞에서 인용한 시편 24편에서, "손이 깨끗하고 마음이 청결한" 사람은 "뜻을 허탄한 데(우상) 두지 아니하며 거짓 맹세하지 않는 자"(4절)다. 즉, 그는 하나님과의 관계에서나 사람과의 관계에서나 거짓이 없다. 그래서 마음이 청결한 사람들은 "전적으로 진실하다"(JBP). 그들의 삶은 온통 공적인 것이건 사적인 것이건 하나님과 사람 앞에서 투명하다. 그들의 생각과 동기를 포함해서 그들의 마음 자체가 순수하며, 교활하거나 더러운 것이 섞이지 않고 청결하다. 위선과 속임수는 그들에게 용납이 되지 않으며 그들에게는 간교함이 없다.

하지만 우리 중에 겉과 속이 한결같은 삶을 살며 공공연히 그런 삶을 사는 사람이 얼마나 되는가! 우리는 상황에 따라 다른 가면을 쓰고 다른 역할을 맡고 싶은 유혹을 받는다. 이것은 현실이 아니라 연기이며, 위선의 진수다. 어떤 사람들은 온통 거짓말로 얼기설기 엮어서 그 가운데 어떤 부분이 사실이고 어떤 것이 꾸며낸 것인지 알 수가 없다. 오로지 예수 그리스도만 절대적으로 마음이 청결하여 전혀 간교함이 없으시다.

마음이 청결한 사람들만이 하나님을 볼 것이다. 지금은 믿음의 눈으로 하나님을 보고 이후로는 그분의 영광을 볼 것이다. 완전히 진실한 사람들만이 눈부신 환상을 견딜 수 있기 때문이다. 그 환상의 빛 속에서 속임수의 어둠은 사라지고 그 불에 모든 협잡은 타 버린다.

화평하게 하는 자
(9절)

마음의 청결 다음으로 화평하게 하는 것에 대해 생각하는 것이 당연하다. 갈등의 가장 빈번한 원인 가운데 하나는 음모인데, 모든 참된 화목에는 개방성과 진실성이 반드시 필요하기 때문이다.

이 복에 따르면, 모든 그리스도인은 공동체 안에서나 교회 안에서나 화평하게 하는 자가 되어야 한다. 예수님이 후에 자신이 "화평이 아니요 검을 주러 왔노라"고 말씀하신 것은 사실이다. 그분은 "사람이 그 아버지와, 딸이 어머니와, 며느리가 시어머니와 불화하게 하려고" 오셨다. 사람의 원수는 "자기 집안 식구"가 되도록 하기 위해서다(마 10:34-36). 그리고 이 말의 의미는 그분이 오신 결과 자연히 충돌이 일어나리라는 것(심지어 가정 안에서도) 그리고 그리스도께 합당한 존재가 되려면 우리는 가장 가깝고 가장 소중한 사람들보다 더 주님을 사랑하고 가장 우선으로 여겨야 한다는 것이다(마 10:37).

하지만 예수님과 사도들의 가르침을 보면, 우리는 절대 갈등을 추구하거나 갈등의 원인이 되어서는 안 된다. 반대로 우리는 화평을 위해 부름받았기 때문이다. 우리는 적극적으로 화평을 "구해야" 한다. 우리는 "모든 사람과 더불어 화평하기 위해" 모든 노력을 기울여야 한다. 그리고 우리가 할 수 있는 한 "모든 사람과 더불어 화목"해야 한다(고전 7:15; 벧전 3:11; 히 12:14; 롬 2:18).

그런데 화평하게 하는 것은 하나님의 일이다. 화평은 화목을 의미하며, 하나님이 화평과 화목의 창시자이시기 때문이다. 실제로 사도 바울은 이 복에서 우리에 대해 사용된 바로 그 동사를 하나님께서 그리스도를 통해 하신 일에 적용한다. 그리스도를 통해 하나님께서는 "그의 십자가의 피로 **화평을 이루사** 만물⋯이 그로 말미암아 자기와 화목되게 하기를" 기뻐하셨다. 그리고 그리스도의 목적은 "이 둘(즉 유대인과 이방인)로 자기 안에서 한 새 사람을 지어 **화평하게** 하시는" 것이었다(골 1:20; 엡 2:15).

그러므로 화평하게 하는 사람이 받는 특별한 복이 "하나님의 아들이라 일컬음을 받을 것임이요"라는 것은 놀라운 일이 아니다. 이어서 예수님이 말씀하신 것처럼(마 5:44-45), 그들은 사람들을 하나님의 사랑으로 사랑하면서 그들의 하나님 아버지께서 하신 일을 하려고 애쓰기 때문이다. 말썽을 일으키는 자는 마귀다. 하나님은 화목을 좋아하시며 그분의 독생자를 통해 하신 것처럼 이제 그분의 자녀들을 통해 화평하게 하는 일에 열중하고 계시다.

이것은 '화평'이라는 말과 '진정시킴'이라는 말이 동의어가 아니라는 사실을 떠올리게 한다. 하나님의 화평은 아무 대가나 치르고 얻어진 화평이 아니다. 그분은 엄청난 대가를 치르시고 심지어 독생자의 생혈이라는 대가까지 치르시어 화평을 이루셨다. 우리 역시, 그분보다는 못하지만, 화평하게 하는 일이 희생을 요하는 일임을 발견한다.

디트리히 본회퍼(Dietrich Bonhoeffer)는 우리가 '값싼 은혜'[20]라는 개념에 친숙해지게 해 주었다. '값싼 화평' 역시 있다. 그런데 화평이 없는데 '화평, 화평' 하고 선포하는 것은 그리스도의 증인이 하는 일이 아니라 거짓 선지자들의 일이다.

고통을 통해 화평을 얻는 예는 많다. 우리 자신이 다툼에 휘말릴 때, 우리가 상처를 입힌 사람들에게 사과하는 고통이나 우리에게 상처를 준 사람에게 경고해야 하는 고통이 있을 것이다. 때로는 죄를 지은 사람이 회개하기까지 그 사람에 대한 용서를 거부해야 하는 괴로운 고통이 있다. 물론 값싼 화평은 값싼 용서로 살 수 있다. 하지만 참된 화평과 참된 용서는 희생을 요하는 보물이다. 하나님은 우리가 회개할 때만 우리를 용서하신다. 그리고 예수님은 우리도 똑같이 하라고 말씀하셨다. "만일 네 형제가 죄를 범하거든 경고하고 회개하거든 용서하라"(눅 17:3). 어떤 상처를 받았을 때 상대방이 그것을 인정하지도 유감으로 생각하지도 않는데 어떻게 그것을 용서할 수 있겠는가?

또는 우리가 개인적으로 어떤 논쟁에 휘말리지는 않았지만, 사이가 나빠지고 불화하는 두 사람이나 집단을 화해시키려 애쓰는 경우도 있다. 이 경우에는 들어주는 고통, 편견을 제거하는 고통, 서로 반대되는 견해를 둘 다 이해하고 공감하려고 애쓰는 고통, 오해나 배은망덕 혹은 실패의 위험을 감수하는 고통이 있을 것이다.

화평하게 하는 일의 다른 예로는 분열된 교파와 교회를 재결합하는 일과 전도하는 일이 있다. 한편으로는 교회들을 연합시키려 애쓰고, 다른 한편으로는 죄인들을 그리스도께로 데려오려 애쓰는 것이다. 이 둘 모두에서 참된 화목이 값싼 화평으로 전락할 수 있다. 교회의 가시적 연합은 그리스도인들이 마땅히 추구해야 할 일이다. 하지만 교리를 희생하면서까지 연합을 추구하지 않는 경우에만 그렇다. 예수님은 그분의 백성이 하나가 되기를 기도하셨다. 그러나 또한 그들이 악에 빠지지 않게 보존되고 진리 안에 있기를 기도하셨다.

그리스도께서 우리에게 교리와 행동 모두 정결함 없이 무조건 연합하라고 명령하신 것은 아니다. '값싼 재결합'이 있다면, '값싼 복음 전도'도 있다. 즉, 제자도라는 대가 없이 복음을 선포하는 것, 회개 없는 믿음을 요구하는 것이다. 이러한 것들은 금지된 지름길이다. 그것은 전도자를 사기꾼으로 바꿔 버린다. 그것은 복음을 값싸게 만들고 그리스도의 대의를 훼손한다.

의를 위하여 박해를 받은 자
(10-12절)

예수님이 화평하게 하는 것을 이야기하신 직후에 박해로, 화해의 일에서 적대감에 대한 경험으로 넘어가는 것이 이상하게 보일지 모른다. 하지만 우리가 아무리 화해하려 애써도 우리와 화평하게 살기를 거부하는 사람들이 있다. 화해하려는 시도가 다 성공하는 것은 아니다. 사실 어떤 사람들은 우리를 반대하는 일에, 특히 우리에게 '욕하거나' 비방하는 일에 주도적으로 앞장선다. 우리의 결점이나 특이한 성격 때문이 아니라, "의를 위한" 것 때문에(10절) 그리고 "나로 말미암아"(11절) 그런 것이다. 즉, 그들은 우리가 주리고 목말라하는 "의"(6절)를 싫어하기 때문에, 그리고 우리가 따르고자 하는 그리스도를 거부하기 때문이다. 박해는 절대 조화로울 수 없는 두 개의 가치 체계 간의 충돌이다.

예수님은 그분의 제자들이 박해를 받을 때 어떻게 반응하기를 기대하셨는가? 12절에 나와 있다. **"기뻐하고 즐거워하라!"** 우리는 불신자처럼 보복해서도 안 되며, 어린아이처럼 부루퉁해서도 안 된다. 또 개처럼 자기 연민에 빠져서 상처를 핥아서도 안 되고, 금욕주의자처럼 그저 씩 웃고는 참고 견뎌서도 안 된다. 더구나 자기 학대에 빠진 사람처럼 그것을 즐기는 척해서는 더욱 안 된다. 그렇다면 어떻게 해야 하는가? 그리스도인이라면 마땅히 기뻐해야 하는 것처럼 기뻐하며, 심지어 "기뻐하고 뛰놀아야" 한다(눅 6:23). 왜 그런가?

부분적으로는 예수님이 덧붙이신 것처럼 **"하늘에서 상이 크기"** 때문이다(12절). 이 땅에서는 모든 것을 잃어버릴지 모르지만, 하늘에서는 모든 것을 유업으로 받을 것이다. 하지만 공로에 대한 보상으로 받는 것은 아니다. "보상에 대한 약속은 값없이 주어지는 것이기 때문이다."[21] 또 부분적으로는 박해가 진정함의 표시, 기독교적 진정성의 증표이기 때문이다. "너희 전에 있던 선지자들도 이같이 박해하였느니라"(12절). 우리가 오늘날 박해를 받는다면, 우리는 고상한 유산에 참여하는 것이다.

무엇보다도 우리가 기뻐해야 하는 주된 이유는 우리가 "나로 말미암아"(11절), 즉 주님께 충성하고, 진리와 의에 대한 주님의 기준에 충성해서 고난을 받는 것이기 때문이다. 분명 사도들은 이 교훈을 잘 알고 있었다. 공회 앞에서 매를 맞고 위협을 당하고 나서 "사도들은 그 이름을 위하여 능욕 받는 일에 합당한 자로 여기심을 기뻐하면서 공회 앞을 떠나"갔기 때문이다(행 5:41). 우리가 알아야 하듯, 그들은 "상처와 고통이 명예로운 훈장"[22]이라는 것을 알았다.

박해에 대한 이 말이 다른 것과 마찬가지로 복이라는 사실을 주목해야 한다. 실로 그것은 이중적 복이라는 특성을 보인다. 예수님은 다른 일곱 가지 복과 마찬가지로 먼저 그것을 3인칭으로 진술하신다("의를 위하여 박해를 받은 자는 복이 있나니", 10절). 그리고 나서 2인칭 직접 화법으로 반복하신다("너희를 욕하고 박해…할 때에는 너희에게 복이 있나니", 11절). 모든 복은 모든 그리스도인 제자가 어떤 존재가 되어야 하는지를 묘사하므로, 우리는 멸시받고 거부당하고 비방과 박해를 당하는 상태도, 마음이 청결하고 긍휼히 여기는 것만큼이나 그리스도의 제자에게 통상적으로 나타나는 표시라는 결론을 내리게 된다. 모든 그리스도인은 화평하게 하는 사람이 되어야 하며 동시에 반대를 예상해야 한다.

의에 주린 사람들은 그들이 열망하는 의 때문에 고난을 받을 것이다. 예수님은 이곳에서도 그리고 다른 곳에서도 그렇게 말씀하셨다. 그분의 사도인 베드로와 바울도 마찬가지였다(요 15:18-25; 벧전 4:13-14; 행 14:22; 딤후 3:12). 어느 시대에나 늘 그랬다.

그러므로 우리는 반기독교적 적대감이 점점 커지는 것에 놀라서는 안 되며, 반대로 그런 적대감이 커지지 않는다면 놀라야 한다. 누가가 기록하는 상호 보완적 화를 기억할 필요가 있다. "모든 사람이 너희를 칭찬하면 화가 있도다"(눅 6:26). 핍박이 참된 선지자의 운명인 것처럼, 보편적 인기는 거짓 선지자들의 운명이었다.

디트리히 본회퍼보다 고난의 불가피성을 더 잘 이해한 사람은 없을 것이다. 그는 나치 체제에 대해 한 치의 흔들림 없이 기독교적 적대감을 표현했다. 그로 인해 그는 투옥과 고문의 위협을, 그리고 가족에게까지

닥치는 위협을 겪고, 결국은 죽임을 당했다. 그는 1945년 4월 플로센부르크(Flossenburg) 강제 수용소에서 하인리히 힘러(Heinrich Himmler)의 직접 명령을 받고 처형되었다. 수용소가 해방되기 불과 며칠 전이었다. 그렇게 그는 자신이 언제나 믿고 가르친 것을 성취했다.

> 그렇다면 고난은 참된 제자도의 증표다.
> 제자는 그의 선생보다 위에 있지 않다.
> 그리스도를 따른다는 것은 '파시오 파시바(passio passiva)',
> 고난을 받아야 하기 때문에 고난을 받는다.
> 그 때문에 루터는 고난을 참된 교회의 증표 중 하나로 보았고
> 아우크스부르크 신앙고백(Augsburg Confession)을 준비하면서
> 기초한 제안서 중 하나에서 교회를 '복음을 위해 핍박받고
> 순교 당하는' 사람들의 공동체로 규정한다. …
> 제자도는 고난받는 그리스도께 충성하는 것을 의미한다.
> 그렇기 때문에 그리스도인들도 고난받도록 부르심을 받은 것은
> 전혀 놀라운 일이 아니다.
> 사실상 그것은 기쁨이며 그리스도가 주신 은혜의 표시다.[23]

팔복은 그리스도의 제자들에 대해 포괄적으로 묘사한다. 먼저 자기 심령의 가난함을 인정하고 그것을 애통해하면서 하나님 앞에 홀로 무릎 꿇는다. 이 행위는 그를 모든 관계에서 온유하게 혹은 온순하게 만들어 준다. 또 그는 정직하기 때문에 다른 사람들이 그를 생각할 때도 그 자신

이 하나님 앞에서 고백한 모습 그대로 생각하도록 허락한다. 그렇지만 그는 자신의 죄성을 절대 묵인하지는 않는다. 그는 의에 주리고 목말라 하면서 은혜와 선행으로 자라기를 간절히 원한다.

그다음, 그는 공동체 내에서 다른 사람들과 함께 있는 모습으로 나타난다. 그는 하나님과의 관계 때문에 사회에서 뒷걸음치지 않으며, 또한 세상의 고통과 격리되어 있지도 않다. 반대로, 그 한복판에 있으면서 역경과 죄에 난타당한 사람들에게 긍휼을 보여 준다. 그의 모든 태도와 관계는 투명할 정도로 진실하며, 화평하게 하는 자로서 건설적인 역할을 하려 애쓴다. 하지만 그의 노력에 대한 감사의 말은 듣지 못하고, 오히려 그가 나타내는 의와 그가 일체감을 느끼는 그리스도 때문에 반발에 부딪히고, 비방을 받고, 모욕을 당하고, 박해를 받는다.

그것이 '복 있는' 사람, 즉 하나님의 인정을 받고 인간으로서 충족감을 느끼는 사람의 모습이다.

그런데 예수님의 이런 모든 가치관과 기준은 세상에서 흔히 받아들여지는 가치관 및 기준들과 정면으로 충돌한다. 세상에서 복 있다고 말하는 사람들은 가난한 자가 아니라, 물질적 영역에서든 영적 영역에서든 부자들이다. 악을 심각하게 받아들여 그것에 대해 애통하는 사람들이 아니라, 태평스럽고 아무 걱정 없는 사람들이다.

그리고 온유하고 온순한 사람들이 아니라 강하고 자신만만한 사람들이며, 주린 사람들이 아니라 배부른 사람들이고, 다른 사람들의 일에 개입하여 '긍휼히 여기는 일'이나 '화평하게 하는 일' 같은 공상적 박애주의에 시간을 들이는 사람들이 아니라, 자기 일에만 신경 쓰는 사람들이다.

또한 정직을 타협하려 들지 않는 마음이 청결한 사람들이 아니라, 필요하다면 정직하지 못한 수단을 사용해서라도 목적을 달성하는 사람들이고, 박해를 받는 사람들이 아니라 안전하고 인기 있으며 편안하게 사는 사람들이다.

프리드리히 니체(Friedrich Niertzsche)만큼 산상수훈의 '온유함'을 싫어한 사람도 드물 것이다. 그는 루터교 목사의 아들이고 손자였지만, 학생 시절 기독교를 거부했다. 그의 책『적그리스도』[24]는 가장 격렬한 반기독교적 논쟁이며, 그가 정신 분열을 앓기 전 해인 1888년에 쓴 것이다. 그는 자신의 자전적 책인『이 사람을 보라』(Ecce Homo)에서 그 호칭을 과감히 자신에게 적용했다. 그 책에서 그는 "좋은" 것은 곧 "권력의 느낌, 권력에 의지, 사람 안에 있는 권력 자체를 고조시켜 주는 모든 것"이라고 규정하며, "나쁜" 것은 "약함에서 나오는 모든 것"이라고 규정한다.[25] 따라서 "어떤 악보다 더 해로운 것은 무엇인가?"라는 자신의 질문에 대해 그는 "제대로 조직되지 못하고 약한 것에 대해 적극적으로 공감하는, 바로 기독교"[26]라고 대답한다.

그는 기독교를 힘의 종교 대신 연민의 종교라고 본다. 그래서 "불건전한 현대에서 기독교적 연민보다 더 불건전한 것은 없다"고 말한다.[27] 그는 "하나님에 대한 기독교적 개념, 곧 병든 자들의 하나님, 영으로서의 하나님"이라는 개념을 경멸한다. 그것은 "강하고, 용감하며, 능란하고, 자랑스러워하는 모든 것"이 제외된 개념이다.[28] "신약 전체에서 우리가 존중해야 하는 인물은 단 **한 명뿐**"이라고 그는 단언한다. 그 인물은 로마 총독 본디오 빌라도다.[29] 이에 반해, 예수는 "십자가의 하나님"이며,

기독교는 "인류의 가장 큰 불행"이라고 비난한다.[30] 그가 그런 독설을 퍼붓는 이유는 분명하다.

예수님이 칭찬하신 이상적인 인간은 어린아이다. 그분은 니체가 권하는 '초인' 개념을 전혀 지지하지 않으셨다. 그래서 니체는 예수님의 가치 체계 전체를 거부했다. "나는 기독교를 **정죄한다**"라고 그는 썼다. "기독교 교회의 부패성에 영향을 받지 않은 것은 하나도 없다. 그것은 모든 가치를 부정적 가치로 만들었다."[31] 그 대신 (그의 책 마지막 말에서) 그는 "모든 가치의 재평가"[32]를 요구했다.

하지만 예수님은 니체나 그의 추종자들, 혹은 무의식중에 니체의 권력 철학을 조금이라도 받아들인 사람에게 맞추어 그분의 기준들을 타협하지는 않으신다. 팔복에서 예수님은 비기독교적인 세계와 그 사고방식에 근본적인 도전을 가하시며, 전적으로 다른 그분의 가치관을 택할 것을 제자들에게 요구하신다. 틸리케(Thielicke)가 말하듯이, "누구든 예수님과 교제를 시작하는 사람은 가치관의 변화를 경험해야 한다."[33]

본회퍼(그는 니체와 같은 루터교 전통에서 자라났다)는 이것을 그리스도인의 삶이 지닌 '비범함'이라고 불렀다. 그는 "팔복으로 제자들과 세상 사람들 간의 간격은 넓어지며, 제자들은 세상 사람들에게서 나오라는 점차 더 명백한 부르심을 받는다"라고 썼다. 그것은 애통하는 자들이 복되다는 말에서 특히 명확해진다.

> 예수님은 세상과 장단을 맞추는 것, 혹은 세상의 기준에
> 적응하는 것을 거부하라는 의미로 말씀하신다.

그런 사람들은 세상에 대해, 세상의 죄에 대해,
세상의 운명과 운에 대해 애통한다.
세상은 축제일을 지키지만, 그들은 한쪽에 물러서 있다.
그리고 세상은 '할 수 있을 때 장미꽃 봉오리를 모으라'고
노래하지만, 그들은 애통한다.
그들은 사람들이 배 위에서 즐겁고 유쾌하게 지낼 때
배가 가라앉기 시작하는 것을 본다.
세상은 진보와 권력과 미래를 꿈꾸지만,
제자들은 종말과 마지막 심판과 하나님 나라의 도래를 묵상한다.
세상은 그런 수준까지 오를 수가 없다.
그래서 제자들은 세상에서 이방인, 환영받지 못하는 손님,
그리고 평화를 깨는 사람이다.
세상이 그들을 거부하는 것도 이상한 일이 아니다![34]

그런 인간적 가치관의 역전은 성경적 신조의 기본이다. 성경에 나오는 하나님의 방식들은 사람들에게는 뒤죽박죽 혼란스럽게 보인다. 하나님은 겸손한 자를 높이시고 교만한 자를 낮추시며, 첫째를 꼴찌라고 부르시고 꼴찌를 첫째라고 부르시며, 종을 위대하다고 여기시고, 부자를 빈손으로 보내시며, 온유한 사람이 그분의 후사라고 단언하신다. 이렇게 세상의 문화와 그리스도의 대항문화는 서로 충돌을 일으킨다. 간단히 말해, 예수님은 세상이 가장 불쌍히 여기는 사람들을 경축하시고, 세상에서 거부당한 사람들을 '복되다'고 칭하신다.

The Message of the Sermon on the Mount

Chapter. 02

그리스도인의 선한 영향력 (마 5:13-16)

맛을 잃고 밖에 버려져 밟히는 소금

팔복이 예수님의 제자들이 지닌 본질적 성품을 묘사한다면, 소금과 빛의 비유는 세상에 미칠 그들의 선한 영향력을 나타낸다.

하지만 그리스도인들이 세상에서 건전한 영향력을 발휘할 수 있다는 개념 자체가 우리를 깜짝 놀라게 만든다. 팔복에 묘사된 사람들이 이렇게 거칠고 치열한 세상에서 도대체 어떤 영향력을 행사할 수 있을까? 가난하고 온유한 자들, 애통하며 긍휼을 베푸는 자들, 그리고 전쟁이 아니라 화평을 이루려 애쓰는 자들이 어떤 지속적인 유익을 행할 수 있는가? 그저 밀려드는 악의 물결에 그들이 압도되지 않을까? 유일한 열정이라곤 의에 대한 욕구뿐인 사람들, 유일한 무기라고는 마음의 청결함뿐인 그들이 무엇을 이룰 수 있는가? 그런 사람들은 뭔가를 이루기엔 너무 연약하지 않은가? 특히 그들이 세상의 작은 소수집단이라면?

예수님은 분명히 이러한 회의주의에 빠지지 않으셨다. 오히려 그 반대였다. 세상은 교회를 박해할 것이다(마 5:10-12). 하지만 그런 세상을 섬기는 것이 교회의 부르심이다(마 5:13-16).

믿을 수 없는 말처럼 들릴지 모르지만, 예수님은 소수의 팔레스타인 시골뜨기에게 그들이 **세상의** 소금과 **세상의** 빛으로서 멀리까지 영향력을 미쳐야 한다고 말씀하셨다. 또한 사복음서 가운데 가장 유대적인 이 복음서에 온 세상에 대해 언급되어 있고, 그리스도의 제자들이 전 세계적으로 선을 행할 능력이 있다고 암시되어 있다는 것도 놀라운 하나님의 섭리다.

예수님은 그들의 영향력이 어떤 것인지 말씀하시기 위해 두 가지 비유를 드신다. 아무리 가난해도 어느 가정이든 소금과 등불을 사용했으며, 그것은 지금도 마찬가지다. 예수님 자신도 분명 어렸을 때 자기 어머니가 부엌에서 소금을 사용하고 해가 지면 등불에 불을 붙이는 것을 종종 보셨을 것이다. 소금과 빛은 없어서는 안 되는 가정 필수품이었다. 몇몇 주석가는 그 무엇도 "소금과 빛"[1]보다 더 유용한 것은 없다는 플리니(Pliny)의 말을 인용한다.

이 두 비유의 배후에 있는 공통된 기본 진리는 교회와 세상이 서로 다른 별개의 공동체라는 것이다. 한쪽에는 '세상'이 있고 다른 한쪽에는 세상의 빛인 '너희'가 있다. 두 공동체('그들'과 '너희')가 서로 관련되어 있는 것은 사실이지만, 그 관련성은 그들이 별개라는 사실에 있다. 오늘날처럼 교회와 세상의 구분을 흐리게 하고 모든 인류를 무차별적으로 '하나님의 백성'이라고 부르는 것이 신학적으로 유행인 시대에는 이것을 분명히 주장하는 것이 중요하다.

게다가 그 비유들은 두 공동체에 대해 이것을 말해 준다. 한쪽인 세상은 분명 자기 소유의 빛이 없는 어두운 곳이다. 그래서 빛을 비추려면 외적인 빛의 원천이 필요하다. 세상은 "언제나 그 빛을 밝히는 계몽(enlightenment)에 관해 이야기한다."[2] 하지만 세상이 자랑하는 많은 빛은 사실 어둠이다.

세상은 또한 끊임없이 타락하는 경향을 보여 준다. 세상은 아무 맛이 없는데 그리스도인들이 그것을 맛있게 만들어 줄 수 있다는 말이 아니라 세상이 썩어 가고 있다는 말이다. 세상은 자신이 썩는 것을 스스로 막을 수가 없다. 오직 외부에서 집어넣은 소금만이 그 일을 할 수 있다.

다른 한쪽인 교회는 이중적인 역할을 하며 세상에 있다. 사회적 부패를 저지하기 위한, 혹은 적어도 방해하기 위한 소금으로서, 그리고 어둠을 일소하기 위한 빛으로서 있다.

두 비유를 보다 더 상세히 살펴보면, 의도적으로 서로 유사한 순서로 표현되어 있는 것을 보게 된다. 각 경우 예수님은 먼저 단언하신다. "너희는 세상의 소금이라," "너희는 세상의 빛이라." 그다음 추가 조항으로 그 단언을 좌우하는 조건(소금은 그 짠맛을 유지해야 하고, 빛은 반드시 비치도록 해야 한다)을 덧붙이신다. 소금이 그 짠맛을 잃으면 아무 쓸모가 없다. 빛이 감추어져 있으면 도무지 소용없게 된다.

세상의 소금
(13절)

예수님은 단도직입적으로 단언하신다. "너희는 세상의 소금이니." 이것은 각 공동체가 자신의 본분에 충실할 때, 세상은 썩은 생선이나 고기처럼 부패하지만, 교회는 그 세상의 부패를 저지할 수 있다는 의미다.

물론 하나님은 공동체 안에 다른 억제하는 영향력들도 두셨다. 하나님이 친히 일반 은총으로 특정한 제도들을 설립하셨다. 그 제도들은 사람의 이기적인 경향들을 억제하고 사회가 무질서 상태에 빠져들지 않도록 막아 준다. 그 가운데 주된 것이 국가(법을 만들고 시행할 권위를 지닌)와 가정(결혼과 가정생활을 포함한)이다. 이 제도들은 공동체에 건전한 영향력을 발휘한다.

그럼에도 불구하고 하나님은 죄악에 물든 사회 속에서 가장 강력한 억제 수단인 그분에게 사람들이 구속받고, 중생하며, 의로운 백성이 되도록 하신다.

하지만 소금의 효력은 조건적이다. 먼저 그것은 짠맛을 지니고 있어야 한다. 그런데 엄밀히 말해서, 소금은 절대 짠맛을 잃어버릴 수가 없다. 염화나트륨은 대단히 안정된 화학적 화합물로, 거의 모든 공격을 견디는 내성이 있다. 그런데 소금이 불순물들과 섞이면 오염될 수 있으며, 그렇게 되면 쓸모없고 심지어 위험해지기도 한다. 게다가 탈염 소금은 거름, 즉 퇴비 더미에도 적합하지 않다.

데이비드 터크(David Turk)에 따르면 당시 일반적으로 '소금'이라고 불렸던 것은 사실은 염화나트륨도 포함하지만, 또한 다른 많은 것도 포함한 흰 가루(아마 사해 근처에서 나온)였다. 당시에는 정련소가 없었기 때문이라는 것이다. 이 가루 중 염화나트륨은 아마도 가장 녹기 쉽고 가장 쉽게 씻겨 없어지는 성분이었을 것이다. 남은 흰 가루는 여전히 소금처럼 보였고 소금이라고 불렸지만, 사실 소금 맛이 나지도 않았고 소금의 작용도 하지 못했다. 그것은 그저 길바닥의 먼지에 불과했다.

그리스도인도 마찬가지다. 예수님은 다른 곳에서 "너희 속에 소금을 두라"고 말씀하셨다(막 9:50). 그리스도인이 소금이 된다는 것은 팔복에 묘사된 그리스도인의 성품을 나타내는데, 예시된 대로 그 행위와 말이 온전히 헌신된 기독교적 제자도를 의미한다(눅 14:34-35; 골 4:6).

그리스도인이 영향력을 발휘하려면, 그리스도를 닮은 모습을 계속 지니고 있어야 한다. 소금이 자신의 짠맛을 계속 지니고 있어야 하는 것과 마찬가지다. 그리스도인들이 비그리스도인들에게 동화되어 세상의 더러움에 오염되면, 그들은 영향력을 잃어버린다. 그리스도인들이 사회에 속하여 그 사회에 영향력을 발휘하려면, 세상 사람들과 똑같이 되는 것이 아니라 달라야 한다.

로이드 존스 박사도 이 점을 강조한다.

> 복음의 영광은 교회가 세상과 절대적으로 다를 때
> 변함없이 세상의 주의를 끈다는 것이다.
> 아마도 처음에는 그 메시지를 매우 싫어할 테지만,
> 바로 그럴 때 세상은 교회의 메시지에 귀를 기울이게 된다.[3]

만일 우리 그리스도인들이 비그리스도인들과 구별되지 않는다면, 우리는 아무 쓸모가 없다. 우리도 짠맛을 잃은 소금처럼 "밖에 버려져 사람에게 밟히게 될 뿐"이다. 브루스(A. B. Bruce)는 이렇게 해석했다. "사회의 구조자였다가 길바닥의 흙으로 전락한다는 것은 얼마나 엄청난 추락인가!"[4)]

세상의 빛
(14-16절)

예수님은 두 번째 비유 도입부에서 같은 방식으로 단언하신다. "너희는 세상의 빛이라." 그분이 나중에 "나는 세상의 빛이니"(요 8:12, 9:5)라고 말씀하신 것도 맞다. 유추해 보면, 우리 역시 그리스도의 빛을 비추면서 세상에서 밤하늘의 별처럼 빛나고 있다(빌 2:15). 나는 비그리스도인들이 우리가 가진 빛의 비밀과 원천을 발견하고 싶은 마음에 우리에게 와서 이렇게 물어본다면 얼마나 멋질까 하고 가끔 생각한다.

반짝반짝 빛나는 작은 별,
네가 누구인지 정말 궁금해!

예수님은 이 빛이 우리의 '착한 행실'이라고 분명하게 말씀하신다. 그분은 일단 그들이 **너희 착한 행실을 보게** 하라 그러면 그들이 **하늘에 계**

신 너희 아버지께 영광을 돌릴** 것이라고 말씀하셨다. '착한 행실'이란, 그리스도인이 그리스도인이기 때문에 말하고 행하는 모든 것, 그의 기독교적 신앙이 외적으로 눈에 보이도록 드러나는 모든 증거를 포함하는 일반적인 표현인 듯하다.

빛은 보통 성경에서 진리를 상징하므로, 그리스도인이 비추는 빛에는 분명 말로 하는 증거가 포함되어야 한다. 그래서 하나님의 종이 "이방의 빛"이 되리라는 구약 예언은 세상의 빛이신 그리스도 자신 안에서뿐 아니라, 또한 그리스도를 증명하는 그리스도인들에 의해서도 성취되었다고 나온다(사 42:6, 49:6; 눅 2:32; 행 26:23, 13:47). 전도는 우리의 빛이 비치고 우리의 하나님 아버지가 영광을 받으시는 '착한 행실' 중 하나로 여겨져야 한다.

루터가 이것을 강조한 것은 옳았다. 하지만 배타적으로 해석한 것은 잘못이었다고 생각한다.

> 마태는 사람들이 서로를 사랑하는 마음으로 해야 하는
> 평범한 행실은 염두에 두고 있지 않다. …
> 그보다 그는 주로 올바로 가르치는 것, 믿음을 강조하는 것,
> 어떻게 믿음을 강화하고 보존하는지 보여 주는 것과 같은
> 독특한 기독교적 행실에 대해 생각하고 있다.
> 이것이 우리가 정말로 그리스도인인지를 시험한다.

그는 이어서 그의 주석에서 십계명의 첫 번째 판과 두 번째 판, 즉 하

나님께 대한 우리의 의무와 이웃에 대한 의무를 표현하는 계명을 구분한다. "우리가 지금 말하고 있는 행실은 하나님의 영광과 그분의 이름과 그분의 말씀에 관련된 처음 세 개의 대 계명에 관한 것이다."[5]

진리를 믿고 고백하며 가르치는 것 역시 우리가 성령에 의해 중생했음을 입증하는 '착한 행실'임을 기억해야 한다(요 6:28-29; 고전 12:3; 요일 3:23-24, 5:1). 하지만 착한 행실을 이러한 것들로 제한해서는 안 된다.

'착한 행실'이란, 믿음의 행실뿐 아니라 사랑의 행실이기도 하다. 그것은 하나님께 대한 우리의 충성을 표현할 뿐 아니라, 또한 다른 사람들에 대한 우리의 관심 역시 표현한다.

실로 '행실'이라는 말의 일차적 의미는 실제적이고 눈에 보이는 긍휼의 행동들이 되어야 한다. 예수님은 사람들이 이것을 볼 때 하나님께 영광을 돌릴 것이라고 말씀하셨다. 그 행실들은 우리가 선포하는 하나님의 사랑에 대한 복된 소식을 구체적으로 표현하기 때문이다. 만일 그 행실들이 없으면 우리의 복음은 신빙성을 잃게 되고 우리 하나님은 영광을 잃으신다.

소금과 마찬가지로, 빛도 그런 단언 다음에 하나의 조건이 나온다. "**너희 빛이…사람 앞에 비치게 하라.**" 소금이 짠맛을 잃어버릴 수 있다면, 우리 안에 있는 빛은 어두워질 수 있다(마 6:23).

하지만 우리는 우리 안에 있는 그리스도의 빛이 비치도록, 그래서 사람들이 그것을 볼 수 있도록 해야 한다. 우리는 골짜기에 숨어 있어서 그 빛이 보이지 않는 동네 같아서는 안 되고, 빛이 사방 몇 킬로 떨어진 곳에서도 분명하게 보이는 (숨기지 못할) **산 위에 있는 동네** 같아야 한다.

또한 우리는 세례 요한이 그랬던 것처럼 "켜서 비추이는 등불"(요 5:35) 같아야 한다. 집 안의 눈에 잘 띄는 곳에 두어서 집 안 **모든 사람에게 비치도록** 해야 하고, '음식물 담아 두는 통 아래'(NEB)나 '양동이 아래'(JBP) 두어서는 안 된다. 거기 있으면 아무 도움도 되지 못한다.

즉, 예수님의 제자로서 우리가 아는 진리나 우리가 누구인가에 대한 진리를 감추어서는 안 된다. 우리 아닌 다른 존재인 체해서는 안 되며, 기꺼이 우리가 믿는 기독교가 모든 사람에게 보일 수 있게 해야 한다. "보이지 않는 곳으로 도주하는 것은 부르심을 부인하는 것이다. 자신을 숨기고자 하는 예수님의 공동체는 더 이상 그분을 따르는 것이 아니다."[6]

그보다 우리는 참된 그리스도인이 되어야 한다. 팔복에 묘사된 삶을 공개적으로 살며, 그리스도를 부끄러워하지 않아야 한다. 그러면 사람들은 우리와 우리의 착한 행실을 볼 것이며, 우리를 봄으로써 하나님께 영광을 돌릴 것이다.

그들은 우리가 우리된 것이 하나님의 은혜라는 것, 우리의 빛이 그분의 빛이라는 것, 우리의 행실은 우리 안에서 우리를 통해 행하시는 그분의 행실이라는 것을 인식할 수밖에 없을 것이다. 그래서 그들은 빛을 담고 있는 등불이 아니라, 그 빛을 찬양하게 될 것이다. 그들은 하나님 아버지가 낳으신, 가족이라서 닮은 모습을 보이는 자녀들이 아니라, 바로 하늘에 계신 우리 아버지께 영광을 돌릴 것이다. 심지어 우리를 욕하는 사람들조차 그들이 우리를 박해하는 원인인 바로 그 의 때문에 하나님께 영광을 돌리지 않을 수 없을 것이다(마 6:10-12).

배울
교훈들

예수님이 사용하신 빛과 소금의 비유는 세상에서 우리 그리스도인들이 지닌 책임에 대해 많은 것을 가르쳐 준다. 특히 세 가지 교훈을 들 수 있다.

**그리스도인들과 비그리스도인들,
교회와 세상 간에는 근본적인 차이가 있다.**

어떤 비그리스도인들은 겉모습만 그럴듯하게 기독교 문화로 치장한다. 반면에, 믿는다고 고백하는 어떤 그리스도인들은 비그리스도인들과 구분이 어렵다. 그들의 비그리스도인적 행동이 그리스도인이라는 이름을 부인하는 것이다. 하지만 본질적 차이는 여전히 있다. 둘은 물과 기름처럼 다르다고 말할 수 있다. 예수님은 둘이 빛과 어둠처럼 다르고, 소금과 부패 및 변질처럼 다르다고 말씀하셨다. 이러한 차이를 말살하려 하거나 심지어 최소화하려 하면 우리는 하나님에게도, 우리 자신에게도, 심지어 세상에도 도움이 되지 못한다.

이것이 산상수훈의 기본적인 주제다. 산상수훈은 그리스도인들은 **다르다**는 가정에 근거하고 있으며, 우리에게 다르게 **되라**고 명령한다. 아마 오랜 세월 변화무쌍하게 이어져 내려온 교회 역사에서 가장 큰 비극은 기독교적 대항문화를 개발하는 대신 끊임없이 당대의 문화에 순응하려 했다는 사실일 것이다.

이 구분이 우리에게 부여하는 책임을 받아들여야 한다.

두 비유에서 단언과 조건을 결합하면, 우리의 책임이 확연히 드러난다. 각 단언은 헬라어 문장에서 '너희'라는 강조 대명사로 시작된다. 마치 '오직 너희만이 세상의 소금이고 세상의 빛이다'라고 말하는 것과 같다. 그리고 이어서 거침없는 논리와 함께 조건이 따라 나온다.

이러므로 너희는 단순히 너희가 섬기도록 부름을 받은 세상을 실망시키지 말아야 할 뿐만 아니라, 너희 본연의 모습이 되어야 한다. 너희는 소금이다. 그러므로 너희의 짠맛을 유지해야 하며 그리스도인 특유의 풍미를 잃어버려서는 안 된다. 너희는 빛이다. 그러므로 너희의 빛이 비치도록 해야 하며, 죄에 의해서든 타협에 의해서든 게으름에 의해서든 두려움에 의해서든, 어떤 식으로든 그 빛을 감춰서는 안 된다.

하나님이 우리를 어떤 존재로 만드시고 어디에 두셨는가를 알고 그리스도인의 책임을 감당하라는 이 부르심은, 특별히 현대 사회에서 좌절감을 느끼는 젊은이들에게 의미를 준다. 그들은 인간 공동체의 문제들은 너무나 큰 데 반해 자신들은 너무나 작고, 너무 연약하며, 너무 비효율적인 것처럼 느낀다.

그렇다면 우리는 자신들이 '제도'에 억압당하고 있다고, 현대 테크노크라시(technocracy: 과학 기술 분야 전문가들이 권력을 행사하는 정치 및 사회 체제-역주)라는 기계에 의해 짓밟히고 있으며, 자신들이 통제하지 못하고 오히려 통제를 받는 정치적 사회적 경제적 힘으로 압도되었다고 느끼는 사람들에게 어떤 메시지를 전해 줄 수 있는가? 그들은 자신들의 힘으로는 변화시킬 수 없는 상황의 희생자라고 스스로 느낀다. 바로 이러한 좌절의 토양에서 폭력적 체제 전복에 헌신한 혁명가들이 자라나고 있다.

그런데 바로 그와 똑같은 토양에서 예수님의 혁명가들이 일어날 수 있다. 그들은 똑같이 혹은 심지어 그보다 더 헌신 된 행동주의자이지만, 예수님의 사랑과 희락과 화평의 혁명을 전파하는 데 헌신한 사람들이다. 그리고 이 평화 혁명은 어떠한 폭력 프로그램보다 더 급진적이다. 그 기준이 썩지 않는 것이기 때문이기도 하고 구조뿐 아니라 사람들도 변화시키기 때문에 그렇다.

우리는 무엇을 할 수 있는가? 그리스도의 복음이 지닌 힘에 대한 확신을 잃어버렸는가? 그렇다면 루터의 말을 들어보라. "주님의 말씀 한마디면 나는 모든 권세와 칼과 총을 가지고 있는 사람들보다 더 담대하게 자랑할 수 있다."[7]

우리는 절대로 무력하거나 무능하지 않다! 우리에게는 예수 그리스도, 곧 그분의 복음과 이상과 권세가 있으며, 예수 그리스도는 이 더럽고 부패한 세상이 필요로 하는 모든 소금과 빛이기 때문이다. 그렇다고 해도 우리는 우리 안에 소금을 가지고 있어야 하며, 우리의 빛이 비치게 해야 한다.

그리스도인의 책임을 이중적으로 보아야 한다.

"소금과 빛은 한 가지 공통점이 있다. 그것들은 자신을 내어주고 소비한다. 그래서 모든 종류의 자기중심적 종교성과는 반대다."[8]

그럼에도 불구하고, 그것들이 기여하는 바는 서로 다르다. 사실상 효과는 상호보완적이다. 소금의 기능은 대체로 소극적인데 그것은 부패를 방지한다. 반대로 빛의 기능은 적극적인데 그것은 어둠을 밝게 비춘다.

그래서 예수님은 자기 제자들에게 세속적인 공동체에 이중의 영향력을 발휘하라고 명하신다. 공동체의 부패를 저지하여 소극적인 영향력을, 그리고 그 어둠에 빛을 비추어 적극적인 영향력을 발휘하라는 것이다. 악이 퍼지는 것을 막는 것과 진리, 아름다움과 선함이 퍼지는 것을 증진하는 것은 별개이기 때문이다.

그리스도인이 세상에서 선교할 때 (오늘날 많은 신자를 당혹스럽게 만드는) 복음전도와 사회적 활동 간의 적절한 관계를 그 두 비유를 통해 살펴보는 것이 옳을 듯하다. 우리는 세속적인 공동체에서 빛과 소금이 되도록 부르심을 받았다.

먼저 소금이 되라는 우리의 소명을 생각해 보라. 사도 바울은 로마서 첫 장 끝부분에서 사회가 악을 사랑하는 마음 때문에 자신들이 본성적으로 아는 진리를 억누를 때 무슨 일이 일어나는지 냉혹하게 묘사한다.

그 사회는 타락한다. 가치관과 기준이 꾸준히 퇴보하여 마침내 완전히 타락하게 되는 것이다. 사람들이 하나님에 대해 자신들이 아는 것을 거절할 때, 하나님은 그들의 왜곡된 개념과 곡해된 열정에 그들을 그대로 내버려두시고, 결국 사회가 하나님과 모든 선한 사람에게 악취를 풍기게 하신다.

하나님은 그리스도인들을 세속적인 세상에 두셔서 이 과정을 지체시키도록 하셨다. 그분은 우리가 세상에 침투하기를 원하신다. 그리스도인의 소금은 교회라고 하는 우아한 소금 통에 편안하게 남아 있어서는 절대 안 된다. 소금을 고기에 문질러 배어들게 하듯이 우리는 세속적인 공동체에 자신을 문질러 배어들게 해야 한다. 그 공동체가 부패하지 않도록 하기 위해서다.

사회가 실제로 부패할 때, 그리스도인들은 경건한 혐오로 단념해 버리고 비기독교 세계를 책망하는 경향이 있다. 하지만 그보다는 우리 자신을 책망하는 편이 옳다. 소금에 절이지 않은 고기가 썩는 것을 비난할 수는 없는 일이기 때문이다. 고기는 스스로 어떻게 할 수가 없다. 우리가 던져야 할 진짜 질문은 '소금은 어디 있는가?' 하는 것이다.

예수님은 갈릴리 해변 인근에서 사람들을 가르치고 계셨다. 남쪽으로 160킬로도 안 되는 곳에서 요단강은 또 다른 바다인 염해로 흘러 들어간다. 그 바다는 너무 짜서 죽어 있다. 그리고 서쪽에는 사해 공동체가 살고 있었다.

수년 전 우연히 그들의 두루마리 장서들이 발견되었을 때 세상은 깜짝 놀랐다. 그들은 에세네파 공동체로, 악한 세상에서 물러나 은둔하던 사람들이었다. 그들은 자신들을 '빛의 아들들'이라고 불렀다. 하지만 그들은 자신들의 빛을 비추기 위해 아무런 조처도 취하지 않았으며, 고립된 거주지에 숨긴 그들의 소금은 근처 바닷가의 퇴적물처럼 아무 쓸모도 없었다. 예수님은 그들에 대해 어떻게 생각하고 계셨을까?

실제로 세상의 소금이 된다는 것은 무엇을 의미할까? 우선 그리스도인들은 악을 정죄하는 일에 좀 더 용감하고 거침이 없어야 한다. 분명 정죄는 부정적인 것이다. 하지만 소금의 활동은 그런 부정적인 것이다. 그리스도인들의 분명한 항변이 없을 때, 공동체 내의 기준들이 완전히 낮아진다. 루터는 이 점을 중시하면서, 복음이 참으로 전파될 때 비난과 선포도 따른다는 것을 강조한다.

> 소금에 절이면 쓰라리다.
> 그들은 우리를 쓰라리게 만드는 사람들이라고 비난하지만,
> 마땅히 그렇게 되어야 하며,
> 그리스도께서는 소금으로 계속 쓰라리게 하라고 명하셨다.…
> 복음을 전파하고 사람들을 돕기 원한다면,
> 소금을 그들의 상처에 박박 문질러,
> 문제의 이면을 보여 주고 옳지 않은 것을 비난해야 한다.…
> 진짜 소금은 참된 성경 해설이다.
> 그것은 온 세상을 고발하며,
> 그리스도를 믿는 단순한 믿음 외에는
> 아무것도 그것을 견딜 수 없다.[9)]

헬무트 틸리케는 참된 기독교적 증거가 필연적으로 날카로운 혹은 '쓰라린' 특질을 가진다는, 이와 동일한 주제를 다룬다. 아래에 있는 그의 말을 살펴보자.

> 어떤 그리스도인들은 세상의 꿀단지가 되려는
> 야망을 갖고 있는 것처럼 보인다.
> 그들은 사랑의 하나님이라는 너무나 편한 개념으로
> 삶의 쓰라림을 누그러뜨려 달콤하게 만든다.…

하지만 예수님은 '너희는 세상의 설탕'이라고 말씀하지 않으셨다.
그분은 '너희는 세상의 소금'이라고 말씀하셨다.
소금은 쓰라리게 한다.
그리고 다른 것이 섞이지 않은 순수한 하나님의 심판과
은혜의 메시지는 언제나 쓰라린 것이다.[10]

그리고 이같이 거짓되고 악한 것을 정죄하는 것과 동시에, 우리는 이웃에게나 대학에서나, 직장이나 사업장에서, 혹은 매스컴을 포함한 국가적 삶의 더 넓은 영역에서 참되고 선하며 품위 있는 것을 담대히 주장해야 한다.

그리스도인의 소금은 말뿐 아니라 행동에 의해서도 효력을 발휘한다. 우리는 하나님이 악을 억제하고 선을 장려하기 위한 사회적 구조로 가정과 국가를 만드셨다는 것을 이미 보았다. 그리고 그리스도인들은 이 구조들이 보존될 뿐 아니라 정의롭게 운용되도록 살필 책임이 있다.

그리스도인의 사회적 책임을 그저 병든 사회의 희생자들을 돕는 것이라고만 해석하고, 그런 희생자들이 생겨나고 있는 구조를 변화시키기 위해서는 아무 일도 하지 않는 경우가 너무 많다. 의사들이 환자의 치료에만 관심을 갖는 것이 아니라, 예방 의학과 공중 보건에도 관심을 갖는 것처럼, 우리도 예방적 사회 의학과 더 높은 도덕적 위생 기준이라 할 수 있는 일에 관심을 가져야 한다.

역할이 아무리 작아도, 우리는 더 나은 사회적 구조를 만들어 내고자 애쓰는 일에서 손을 뗄 수 없다. 이를테면, 입법과 법 시행 과정에서 정의를 보장하는 것, 개인의 자유와 존엄성, 소수집단을 위한 민권과 사회적·인종적 차별 폐지 등이다. 우리는 이러한 것들을 멸시하지도, 그것들에 대한 책임을 회피하지도 말아야 한다. 이러한 일들은 자기 백성을 향하신 하나님의 목적의 일부다. 그리스도인들이 양심적인 시민이 될 때 공동체 내에서 소금과 같이 행하는 것이다.

프레데릭 캐더우드 경(Sir Frederick Catherwood)이 『혁명은 변화인가?』(*Is Revolution Change?*)에 기고한 글에서 표현한 대로, "사회를 개선하려 애쓰는 것은 세속성이 아니라 사랑이다. 사회에서 손을 씻는 것은 사랑이 아니라 세속성이다."[11]

그런데 타락한 인간들이 최악의 상태가 되지 않도록 막으려면, 바리케이드 이상의 것이 필요하다. 그들에게는 중생, 복음을 통한 새로운 생명이 필요하다. 그래서 우리의 두 번째 소명은 "세상의 빛"이 되는 것이다. 복음의 진리는 빛이다. 그 빛은 약한 진흙 등불 안에 담겨 있지만, 우리의 연약함을 통해 더 뚜렷이 밝게 빛난다. 우리는 복음을 전파하고 복음에 합당한 삶의 방식을 형성하라는 부름을 받았다(빌 1:27).

우리는 소금과 빛이 되라는 두 가지 소명, 그리스도인의 사회적 책임과 복음전도의 책임을 마치 둘 가운데 하나를 선택해야 하듯 서로 대립시켜서는 절대 안 된다. 우리는 다른 하나를 희생해서 둘 중 하나를 과장하거나, 둘 중 하나를 비방해서도 안 된다. 둘 다 상대의 대체물이 될 수 없다. 세상은 둘 다 필요로 한다. 세상은 상해 있으며 소금이 필요하다. 세상은 어두우며 빛이 필요하다. 우리 그리스도인의 소명은 둘 다가 되는 것이다. 예수 그리스도께서 그렇게 말씀하셨다. 그리고 그것으로 충분하다.

우리는 빛이 될 뿐 아니라 소금이 되라는 소명을 회피해서는 안 된다. 그렇지 않으면 예수님이 결합하신 것을 분리하는 죄를 짓게 될 것이다.

팔복에 나오는 그리스도인의 성품과 소금과 빛 비유에 규정된 그리스도인의 영향력은 서로 유기적으로 관련되어 있다. 우리의 영향력은 우리의 성품에 따라 달라진다. 하지만 팔복은 극도로 높고 까다로운 기준을 제시한다.

그러므로 이 장의 결론으로 그 두 단락을 모두 되돌아보고, 예수님이 주신 의를 행하게 하는 유인을 살펴보는 것이 도움이 될 것이다.

첫째, 이것은 우리 자신이 복을 받는 길이다. 팔복은 하나님이 '복이 있다'고 선언하시는 사람들, 그분을 기쁘시게 하고 그들 자신이 성취를 발견하는 사람들이 누구인지 말해 준다. 참된 복은 오직 선함에서 발견된다.

둘째, 이것은 세상을 가장 잘 섬길 방법이다. 예수님은 팔복을 따라 사는 자들이 세상의 소금과 빛이 되는 엄청난 특권들을 제시하신다.

셋째, 이것은 하나님이 영광을 받으시는 길이다. 사역 초창기였던 당시에 예수님은 그곳에서 자기 제자들에게 그들의 빛을 비추게 해서 사람들이 그들의 선한 행실을 보게 한다면, 하나님께서 영광을 받으실 것이라고 말하신다. 사역이 끝날 무렵, 다락방에서 그분은 동일한 진리를 비슷한 말로 표현하신다. "너희가 열매를 많이 맺으면, 내 아버지께서 영광을 받으실 것이요 너희는 내 제자가 되리라"(요 15:8).

그렇다면 이것이 선하고, 그리스도를 닮은 삶이며, 기독교적 대항문화의 대단히 바람직한 모습이다. 그것은 우리 자신에게는 복을, 다른 사람들에게는 구원을, 그리고 궁극적으로 하나님께는 영광을 가져온다.

The Message of the Sermon on the Mount

Chapter. 03

그리스도인의 의, 완전한 율법 (마 5:17-20)

너희 의가 바리새인보다 낫지 못하면 결코 천국에 들어가지 못하리라

지금까지 예수님은 그리스도인의 성품에 대해 말씀하셨고, 또한 이 성품을 나타내고 그것이 '착한 행실'로 열매를 맺을 때 세상에 미치게 될 영향력에 대해 말씀하셨다. 이어서 주님은 이 성품과 이 착한 행실들을 '의'라는 견지에서 더 자세히 규정하신다. 예수님은 자신이 앞에서 두 번 언급한 의, 곧 제자들이 그것에 주리고(마 5:6) 그것 때문에 고난을 받는(마 5:10) 그 의는 하나님의 율법에 복종하는 것이며, 그러면서 서기관들과 바리새인들의 의보다 더 나은 것이라고 설명하신다(마 5:20). '착한 행실'은 순종하는 행위다.

주님은 산상수훈을 3인칭으로 된 팔복으로 시작하셨다("심령이 가난한 자는 복이 있나니"). 그리고 이어서 2인칭을 사용하셨고("너희는 세상의 소금이라") 이제 권위 있는 일인칭으로 바꾸시면서 **"진실로 너희에게 이르노니"**(마 5:18) 혹은 **"내가 너희에게 이르노니"**(마 5:20)라는 독특하고 교의적인 표현을 처음으로 사용하신다.

이 단락은 대단히 중요하다. 단순히 기독교적 의에 대한 정의가 나와서가 아니라, 그것이 신약과 구약의 관계, 복음과 율법의 관계에 대해 밝혀 주기 때문이기도 하다. 이는 두 부분으로 나뉘는데, 첫 부분은 '그리스도와 율법'에 대한 것이고(마 5:17-18) 두 번째는 '그리스도인과 율법'에 대한 것이다(마 5:19-20).

그리스도와 율법

(17-18절)

예수님은 한순간이라도 자신이 **율법이나 선지자를 폐하러** 온 줄로 생각하지 말라는 말로 시작하신다. 즉, 구약 전체나 구약의 어떤 부분이라도 폐하지 않는다는 것이다(마 7:12). 예수님이 이렇게 말씀하시는 것으로 보아, 실제로 그런 생각을 하는 사람들이 있었던 것 같다. 예수님의 공생애는 시작된 지 얼마 안 되었지만, 이미 동시대 사람들은 구약에 대한 예수님의 태도에 불안해했다.

아마 안식일 논쟁은 아주 이른 시기에 터져 나왔을 것이다. 마가는 안식일에 이삭을 자른 것과 손 마른 사람을 고치신 것을 열두 제자를 임명하기 전에 말한다(막 2:23-3:6). 예수님의 사역 초기부터 사람들은 **그분의 권위**에 깊은 인상을 받았다. "이는 어찜이냐 권위 있는 새 교훈이로다 더러운 귀신들에게 명한즉 순종하는도다"(막 1:27)라고 그들은 말했다. 그렇기 때문에 많은 사람이 그분의 권위와 모세 율법의 권위가 어떤 관계인지 묻는 것은 당연했다.

그들이 보기에 서기관은 율법에 복종하는 것이 분명했다. 그들은 '율법 교사'였기 때문이다. 그들은 율법 해석에 전념했으며, 그들이 인용한 권위 외에 아무런 권위도 주장하지 않았다. 하지만 예수님의 경우는 그 점이 그렇게 분명하지 않았다. 예수님은 자신의 권위를 가지고 말씀하셨다. 그분은 옛날 어떤 선지자나 당시 서기관이 전혀 사용하지 않았던 표현을 즐겨 사용하셨다. 그분은 대단히 인상적인 말씀을 하실 때 "진실로 내가 너희에게 이르노니"라는 말로 시작하시는 경우가 몇 번 있었다. 그분의 이름으로, 자신의 권위로 말씀하신 것이다.

그렇다면 그분의 이 권위는 무엇이었는가? 그분은 신성한 율법인 하나님의 말씀에 대항해서 자신을 하나의 권위로 제시하신 건가? 어떤 사람들이 보기엔 그랬다. 그래서 그들의 질문(그들이 입 밖에 내서 말한 것이건 속으로만 생각하고 있는 것이건)에 대해 이제 예수님이 명료하게 대답하신다. **"내가 율법이나 선지자를 폐하러 온 줄로 생각하지 말라."**

방식은 좀 다르지만, 사람들은 오늘날에도 여전히 예수님과 모세의 관계, 신약과 구약의 관계에 대해 묻는다. 예수님은 곤경에 선뜻 맞서 그 문제에 대해 명확하게 밝히셨기에, 우리도 그분이 하신 것같이 부끄러워할 필요가 없다. 그분은 율법과 선지자를 무시하거나 **폐하러** 오신 것도 아니며, 무의미하고 문자적인 방식으로 그것들을 지지하시는 것도 아니라, 그것들을 **완전하게** 하러 오셨다.

'완전하게 하다'라고 번역된 동사(플레로사이, plērōsai)는 문자적으로는 '채우다(to fill)'라는 의미이며, 크리소스톰이 표현했듯이, "그분의(그리스도의) 말은 율법이나 선지자를 폐하는 것이 아니라 거기에서 끌어낸 것이며 그것을 채우는 것이다."[1] 이 말이 내포한 광범위한 의미를 파악하기 위해, "율법과 선지자," 즉 구약이 다양한 종류의 가르침을 포함하고 있다는 사실을 기억해야 한다. 예수 그리스도와 이 가르침들과의 관계는 다르지만, '완전하게 하다'란 뜻이 그 모든 것을 포괄한다.

첫째, 구약은 **교리적 가르침**을 담고 있다. 보통 '율법'으로 번역되는 '토라'는 실제로는 '계시된 교훈'을 의미한다. 그리고 구약은 하나님과 사람과 구원 등에 대해 교훈한다. 모든 위대한 성경 교리가 거기에 있다. 그런데 그것은 단지 부분적인 계시였을 뿐이다. 예수님은 자신의 인격과 가르침과 역사를 통해 그것을 '완전하게 하셨다'(히 1:1-2). 라일(Ryle) 감독은 그것을 이렇게 요약했다. "구약은 봉오리 상태의 복음이며 신약은 완전히 만개한 복음이다. 구약은 잎사귀 때의 복음이며 신약은 낟알이 꽉 들어찬 상태의 복음이다."[2]

둘째, 구약은 **앞일에 대한 예언**을 담고 있다. 메시아 시대를 고대하는 부분이 많으며, 말로 그분에 대해 예언하거나 예표로 예시한다. 하지만 그것은 순전히 예상일 뿐이다. 예수님은 그 모든 것을 "완전하게 하셨다." 예언된 것이 예수님 안에서 일어났다는 의미에서 그렇다. 그분이 공생애를 시작하실 때 처음으로 한 말은 "때가 찼고…"(막 1:15)였다.

여기에서 "내가…**온 것이**"라는 그분의 말은 같은 진리를 암시한다. 거듭 반복해서 그분은 성경이 자신을 증명한다고 주장하셨으며, 마태는 "이 모든 일이 된 것은 주께서 선지자로 하신 말씀을 이루려 하심이니…"(마 1:22)[3]라는 표현을 반복하면서 다른 어떤 복음서 기자들보다 이것을 더 강조한다. 그리고 절정은 그분이 십자가에서 죽으신 것이었다. 거기에서 구약의 모든 의식 제도, 곧 제사장직과 제사 제도를 완벽하게 성취하신다. 그리고 의식들은 중단되었다. 하지만 칼빈이 잘 말했듯이, "그 의식들을 실행하는 것만 폐하였을 뿐이다. 그것의 의미는 더 온전히 확증되었다."[4] 의식들은 장래 일의 '그림자'에 불과했다. '몸'은 그리스도의 것이다(골 2:17).

셋째, 구약은 **윤리적 교훈들**, 혹은 하나님의 도덕법을 담고 있다. 하지만 종종 오해를 받거나 사람들이 불순종하는 경우가 더 많다. 예수님은 우선 그것에 순종하심으로 "완전하게 하셨다." 그분은 "율법 아래에" 나셨으며 "모든 의를 이루기"로 결심하셨기 때문이다. 이는 예수께서 세례 요한에게 이미 말씀하셨다(갈 4:4; 마 3:15). 본회퍼는 이 점에 대해 "그분은 하나님의 계명에 아무것도 더하지 않으셨다. 그 계명을 이행하시는 것을 더했을 뿐이다"[5]라고 썼다.

예수님은 자신이 그 계명들을 순종할 뿐만 아니라, 순종이 제자들에게 어떤 영향을 미칠지 설명하신다. 그분은 서기관들이 제시하는 율법에 대한 피상적인 해석을 거부하고, 참된 해석을 제공하신다. 그분의 목적은 율법을 바꾸는 것이 아니다. 하물며 그것을 파기하는 것은 더욱 아니다. 그분의 목적은 "원래 율법이 주장하고자 했던 의미를 완전히 깊이 있게 드러내는 것"[6]이다. 그리하여 그분은 "하나님의 의가 요구하는 급진적 요구들을 선포함으로써 그것을 성취한다."[7] 앞으로 보겠지만, 예수님은 마태복음 5장 나머지 부분에 몇 가지 예를 제시함으로써 바로 이 점을 강조하신다.

기독교 역사상 모든 세대마다 율법에 대한 그리스도의 태도에 적응하지 못하는 사람들이 있었다. 2세기의 유명한 이단인 말시온(Marcion)은 신약에서 구약을 언급한 부분들을 빼고 신약을 다시 썼는데, 그는 우리가 지금 다루는 이 본문도 빼 버렸다.[8] 그의 몇몇 추종자는 한술 더 떠서 감히 동사들을 맞바꿔 그 의미를 거꾸로 뒤집어 버리기까지 했다. 그러면 그 문장은 이렇게 된다. "내가 율법이나 선지자를 완전하게 하러 온 줄로 생각하지 말라 완전하게 하러 온 것이 아니요 폐하려 함이라!"

오늘날, 그들의 반열에 선 사람들은 '그리스도인에게 율법의 범주 자체가 폐하여졌다고' (그리스도께서 율법을 폐하러 오신 것이 아니라고 말씀하셨음에도 불구하고) 주장한다. 그들은 사랑의 법 외에는 어떠한 율법도 더는 그리스도인들을 구속하지 못하며, 사실 사랑하라는 명령만이 유일한 절대적 기준이라고 단언한다. 그들에 관해서는 나중에 더 다루기로 하자.

지금은 이 구절(마 5:17)이 구약에 대한 예수님의 태도가 파괴와 불연속성의 태도가 아니라, 오히려 건설적이고 유기적인 연속성의 태도임을 강조하는 것으로 충분하다. 예수님은 그분의 입장을 '폐지'가 아닌 '성취'라는 한 단어로 요약하셨다.

사도 바울은 같은 진리를 매우 분명하게 가르쳤다(행 26:22-23). "그리스도는 율법의 마침"(롬 10:4)이라는 그의 진술은 우리가 이제 마음대로 율법에 불순종해도 된다는 말이 아니라, 오히려 정반대를 의미한다(롬 8:4). 즉, 우리가 하나님께 받아들여지는 것은 율법에 순종함으로써가 아닌 그리스도를 믿는 믿음으로 말미암은 것이며, 사실상 율법 자체는 이 복된 소식을 증명한다는 의미다(롬 3:21). 예수님은 그분이 오신 목적은 율법을 완전하게 하려 함이라고 말씀하신 후, 이어서 원인과 결과를 제시하신다. 그 원인은 율법의 영속성이 성취되기까지라는 것이며(마 5:18), 그 결과 하나님 나라의 시민들은 반드시 율법에 순종해야 한다(마 5:19-20)는 것이다.

예수님은 그분이 완성하러 오신 율법에 대해 이렇게 말씀하신다. "**진실로 너희에게 이르노니 천지가 없어지기 전까지는 가장 작은 글자 하나도, 그리고 가장 작은 획 하나도 결코 없어지지 아니하고 다 이루리라.**" 이제 그분은 앞 절에서처럼 '율법과 선지자'를 언급하시지 않고 '율법'만 언급하신다. 하지만 그분이 의도적으로 선지자라는 말을 빼놓았다고 생각할 이유는 없다. '율법'은 구약의 계시 전체를 지칭하는 포괄적인 용어이기 때문이다.

예수님이 말씀하시기를, 그 가운데 어느 것도 어떤 한 글자나 글자의 일부분도, 모두 성취되기까지는 소멸하거나 폐기되지 않는다고 하신다. 그리고 이 성취는 하늘과 땅 자체가 소멸하기까지는 완성되지 않을 것이다. 언젠가 하늘과 땅은 우주가 강력하게 재탄생하면서 소멸할 것이기 때문이다(마 19:28, 24:35). 그때 지금 우리가 아는 시간이 끝날 것이며, 하나님의 율법이라는 기록된 말씀이 더는 필요하지 않을 것이다. 그 안에 있는 모든 것은 다 성취되었을 것이기 때문이다. 그래서 율법은 우주가 존재하는 동안에만 지속된다. 율법이 최종적으로 성취되는 동시에 우주가 새롭게 탄생할 것이다. 둘 다 함께 "없어질" 것이다('파렐테(parelthē)'라는 말이 반복된다). 예수님은 구약 성경에 대한 자신의 견해를 이보다 더 분명하게 표현할 수는 없으셨을 것이다(눅 16:16-17).

그리스도인과 율법
(19-20절)

'그러므로'라는 말로 예수님은 이제 율법의 지속적 타당성 및 그와 관련된 그분의 태도에서 제자들을 위해 이끌어내신 추론을 소개하신다. 그것은 하나님의 율법과 하나님 나라 간의 중대한 연관을 나타낸다. 그분은 폐하러 오신 것이 아니라 완전하게 하러 오셨고, 율법은 모두 성취될 때까지 일점일획도 없어지지 않을 것이기 때문에, **그러므로** 하나님 나라에서 위대함은 율법에 대한 복종으로 측정될 것이다. 그리고 이는 개인적 순종만으로는 충분하지 않다. 그리스도인 제자들은 다른 사람들에게 율법의 계명이 영구히 구속력이 있다는 것을 가르쳐야 한다.

모든 계명이 다 똑같이 '중요한' 것은 아니다(마 23:23). 그러나 **이 계명들 중 가장 작은 것도** 중요하다. 그것도 왕이신 하나님의 계명이기 때문이다. 계명을 느슨하게 하는 것, 즉 우리 양심을 붙잡고 있는 힘과 우리 삶을 지배하는 계명의 권위를 늦추는 것은 그 율법의 주인이 되시는 하나님께 대한 범죄다. 율법에서 '가장 작은' 명령을 무시하면 (순종에서나 가르침에서나) 하나님 나라에서 '가장 작은' 백성의 지위로 강등된다. 하나님 나라에서 큰 사람은 율법 전체를 신실하게 행하고 가르치는 사람들이다. "그리스도의 나라에서 귀족 계급은 순종에 따라 서열이 정해진다"[9]고 스펄전은 말했다.

예수님은 이제 한 걸음 더 나아가신다. 하나님 나라에서의 위대함은 율법에 순종하는 의에 따라 평가될 뿐 아니라, 서기관과 바리새인의 순종보다 더 나은(훨씬 나은: 헬라어 표현은 매우 강조되어 있다) 순종이 없으면 하나님 나라에 들어가는 것이 불가능하다는 것이다.

하지만 분명히 서기관과 바리새인들은 의롭기로 유명했다고 항의할 사람도 있을 것이다. 하나님의 율법에 순종하는 것이 그들 삶을 지배하는 열정 아니었는가? 율법에는 248개의 명령이 들어 있고 365개의 금지 사항이 있다는 것을 그들은 계산해 냈고, 그것을 모두 지키려고 애쓰지 않았는가?

그렇다면 어떻게 그리스도인의 의가 실제로 바리새인의 의보다 더 나을 수 있는가? 그리고 어떻게 이렇게 우월한 그리스도인의 의가 하나님 나라에 들어가는 조건이 될 수 있는가? 이것은 선행에 의한 구원의 교리를 가르치는 것이 아닌가? 또한 하나님 나라가 "심령이 가난한 자", 내세울 만한 것이 아무것도, 심지어 의도 가지고 있지 않은 자들에게 속한 것이라고 말하는 첫 번째 복과 상충하지 않는가?

분명 우리 주님의 진술이 오늘날 우리를 놀라게 하는 것처럼 그 말을 처음 들었던 사람들도 놀라게 했다. 하지만 이러한 질문들에 대한 대답은 쉽게 찾을 수 있다. 그리스도인의 의는 정도보다는 종류에서 바리새인들의 의를 훨씬 능가한다. 그것은 이를테면, 가장 훌륭한 바리새인들이 겨우 230개의 명령만 지킬 수 있었는데, 그리스도인들은 240개를 지킬 수 있다는 말이 아니다. 그리스도인의 의가 바리새인의 의보다 더 큰 이유는 그것이 더 깊은 마음의 의이기 때문이다.

바리새인들은 외적이고 형식적인 순종, 즉 율법 자구(字句)를 엄격하게 따르는 것으로 만족했다. 예수님은 하나님의 요구가 이보다 훨씬 더 근본적인 것이라고 가르치신다. 하나님을 기쁘시게 하는 의는 마음과 동기의 내적 의인데 "여호와는 중심을 보시기" 때문이다(삼상 16:7; 눅 16:15).

선지자들이 메시아 시대의 축복 가운데 하나로 예견한 것은 새로운 마음의 의였다. "내가 나의 법을 그들의 속에 두며 그들의 마음에 기록"할 것이라고 하나님은 예레미야에게 약속하셨다(렘 31:33). 하나님은 어떻게 그것을 이루실까? 에스겔에게 말씀하셨다. "내 영을 너희 속에 두어 너희로 내 율례를 행하게 하리니"(겔 36:27). 이처럼 하나님의 법을 우리 안에 두시고 그분의 영을 우리 안에 두시겠다는 두 가지 약속은 동시에 이루어졌다.

우리는 (오늘날 일부 사람들이 그러하듯) 성령이 있을 때는 율법이 없어도 된다고 생각해서는 안 된다. 성령님이 우리 안에서 행하시는 일은 바로 그 안에 하나님의 율법을 기록하는 것이기 때문이다. 그래서 '성령', '율법', '의' 그리고 '마음'은 모두 연결되어 있다.

바리새인들은 외적으로 율법에 복종하면 충분히 의로우리라 생각했다. 사해 두루마리에 나오는 '의의 선생(Teacher of Righteousness)'은 더 엄격했다. 그는 "율법의 요구를 바리새인들보다 더 철저하게 규정했으며, 그

종파(쿰란의 에세네파)에게 철저히 순종할 것을 촉구했다.

그러나 예수님은 더욱 철저하셨다. 에세네파들이 '점점 더 많은 순종'을 요구했다면, 예수님은 '점점 더 깊은 순종'[10]을 요구했기 때문이다. 이런 깊은 순종이야말로 '마음의 의'이며, 이것은 성령님이 중생하게 하시고 내주하시는 사람들 안에만 있는 것이다. 바로 이 때문에 바리새인의 의보다 더 큰(더 깊은) 의가 없으면, 하나님 나라에 들어갈 수가 없다. 왜냐하면 그런 의가 새로운 탄생의 증거이며, 그 누구도 거듭나지 않고는 하나님 나라에 들어가지 못하기 때문이다(요 3:3, 5).

마태복음 5장 나머지 부분에 이러한 더 큰, 혹은 더 깊은 의에 관한 몇 가지 예가 나온다. 그 예들은 여섯 개의 병행 단락으로 구성되어 있다. 그 단락들은 예수님이 17-20절에서 도덕적 율법의 영속성에 대해, 그분이 그것을 완전하게 하러 오신 것에 대해, 그리고 제자들이 그것을 서기관들과 바리새인들보다 더 완전히 순종해야 할 책임 등에 대해 제기하신 원리를 설명한다. 각 단락에는 같은 표현(약간씩 변형되어 있긴 하지만)으로 시작되는 '대조' 또는 '반대'가 포함되어 있다. **"옛사람에게 말한바…하였다는 것을 너희가 들었으나…나는 너희에게 이르노니"**(마 5:21-22).

이 대조는 무엇인가? 예수님은 자신을 누구와 대조하시는가? 다음 세 장에 걸쳐 여섯 가지 대조를 보다 상세히 살펴보기 전에, 반드시 이 질문들을 살펴보아야 한다. 많은 주석가가 이 단락들에서 예수님이 그분을 모세와 비교했다고 주장해 왔다. 그분이 그곳에서 새로운 도덕을 시작하시고, 옛 도덕을 반박하고 부정하시며, 그분의 서론적 표현을 "너희는 구약이 뭘 가르쳤는지 안다…하지만 나는 그것과 몹시 다른 것을 가르친다"라고 풀어 쓸 수 있다는 것이다.

그들의 이 해석은 인기가 있긴 하지만, 나는 그것이 잘못되었다고 주저 없이 말할 수 있다. 그 해석은 잘못되었고 지지할 수도 없다. 예수님이 반박하고 계신 것은 율법 자체가 아닌데, 서기관들과 바리새인들이 율법을 특정하게 곡해한 것이다. 예수님은 율법을 반박하시기는커녕, 그것을 지지하시고, 그 권위를 주장하시며, 그것에 대한 참된 해석을 제공하신다. 다음 네 가지 논증으로 그 사실을 충분히 입증할 수 있다.

첫째, 대조의 내용 자체가 있다. 첫눈에 보기에는 예수님이 인용하시는 것들이 모세 율법에서 나온 것처럼 보인다. 여섯 가지 예는 모두 율법으로 구성되어 있든지 율법을 어느 정도 반영한다. 예를 들어, **살인하지 말라**(21절), **간음하지 말라**(27절), **누구든지 아내를 버리려거든 이혼 증서를 줄 것이라**(31절) 등이다. 여섯 번째와 일곱 번째 대조에 가서야 우리는 뭔가가 잘못되었다는 것을 분명하게 보게 된다. **네 이웃을 사랑하고 네 원수를 미워하라**(43절)고 되어 있기 때문이다.

이 문장의 전반부는 분명한 율법의 명령이다(레 19:18). 거두절미하고 이웃 사랑의 기준을 설정하는 중대한 말, 곧 '네 몸같이'라는 말을 빼놓기는 했지만 말이다. 하지만 그 문장의 후반부는 율법에 전혀 없는 말이다. 그것은 레위기 19장 18절에서 나온 것도 아니고 다른 어느 곳에서 나온 것도 아니다. 그러므로 이것은 율법에다가 덧붙인 것으로, 율법을 해석하려는 의도였으나 실제로는 왜곡했다.

다른 다섯 개의 대조도 좀 더 면밀히 살펴보면(다음 장들에서 그렇게 할 것이다), 비슷한 왜곡이 암시되어 있다는 것이 분명해진다. 예수님이 거부하신 것은 율법 자체가 아니라, 율법에 대한 이러한 왜곡이다. 결국 처음 두 대조는 '살인하고 간음하지 말라 하는 말을 너희가 들었으나 나는 너희에게 이르노니 그렇게 해도 된다'는 것이 아니다. 오히려 '나는 너희에게 이르노니 너희는 심지어 노하거나 음욕을 품지도 말아야 한다'는 것이다.

둘째, 서두에 나오는 관용표현이 있다. "**옛사람에게 말한바…너희가 들었으나**"(21, 33절), 아니면 "**너희가 들었으나**"(27, 38, 43절), 아니면 더 간단하게는 "**또 일렀으되**"(31절)라는 말씀이다. 이 표현들에서 공통이 되는 말은 '**말한바**'라는 것이다. 그것은 '에레테(errethē)'라는 헬라어 동사를 번역한 말이다.

그런데 이것은 예수님이 성경을 인용하실 때 사용하신 단어가 아니었다. 그분이 성경 인용문을 소개하실 때는 동사와 시제가 다 달랐다. 즉 '에레테'(부정 과거, '일렀으되')가 아니라 '게그랍타이(gegraptai)'(완료, '씌어졌으되')였다. 그래서 여섯 번째 대조에서 예수님이 반박하시는 것은 성경이 아니라 전통, 그들이 "읽은"(마 12:3, 5; 19:4; 21:16, 42; 22:31) 하나님의 말씀이 아니라 "옛사람에게" 주어진 것이며 서기관들이 회당에서 계속 말해 왔기 때문에 그들도 "들은" 구전이었다.

데이비드 도브(David Daube) 교수는 랍비들에 관한 그의 폭넓은 지식을 통해 이것을 확증한다. '듣다'라는 동사는 '성경에 대한 피상적이고 문자적인 의미'와 연관되어 있다. 그래서 두 가지 도입부 표현 중 '첫 번째 부분은 좁은 의미로 해석된 성경적 규칙을 시사'하고, '두 번째 부분은 예수님이 하신 더 광범위한 요구를 시사'한다. 또한 '너희가 들었으나 나는 너희에게 이르노니'라는 말은 예수님이 율법의 파괴자가 아니라, 지지자임을 입증하려는 것이다.…그것은 새 시대를 위한 더 완전한 의미를 계시한다. 두 번째 부분은 첫 번째 부분을 일소해 버리기보다는 그것을 전개한다.[11]

요약하면, 예수님의 가르침은 율법에 관한 서기관들의 왜곡과 관련해서는 '대조'인 반면, 율법 자체에 대해서는 '해석'이라고 보는 것이 정확할 것이다. 예수님이 이의를 제기하신 것은 율법 자체가 아니었다. 유대인 지도자들이나 예수님 자신이나 율법의 신적 권위를 받아들였기 때문이다. 문제는 율법의 참된 해석에 대한 것이었다.

셋째, 바로 앞뒤에 나오는 전후 문맥이 있다. 우리는 이미 그 대조들 앞에서 그 대조들을 소개하는 구절들(17-20절)에서 율법에 대한 예수님의 태도가 무엇이고, 제자들의 태도는 어때야 하는지 예수님이 상당히 명료하게 단언하셨다는 것을 보았다. 그분은 율법을 '성취'하셔야 했고 제자들은 율법에 '순종'해야 했다. 율법은 일점일획도 없어지지 않을 것이다. 모든 것이 반드시 다 성취되어야 한다. 그래서 지극히 작은 계명 하나라도 무시해서는 안 되며, 우리는 모든 계명에 다 순종해야 한다.

우리는 정말로 예수님이 모순된 말을 하신다고 보아야 하는가? 만일 그 대조들에서 예수님이 모세를 반박하셨다면, 그것은 바로 그분 자신을 반박하신 것과 같다. 알렌(W. C. Allen)은 "주석가들이 이 본문을 어떻게든 잘 설명해 보려고 온갖 기발한 방법들을 다 동원했다"[12]고 말한다. 그는 18절과 19절이 "원래는 산상수훈에 속해 있지 않았는데 편집자가 거기 집어넣은 것"이라고 추정함으로써 자신의 기발한 방법을 동원한다. 그는 "여기에 나오는 율법에 대한 태도는 산상수훈의 일반적 취지와 일관되지 않다"고 말한다.

그러나 그의 생각은 전적으로 주관적인 판단이며, 더욱이 그것은 딜레마를 해결해 주지 못한다. 그것은 예수님의 가르침에서 모순된 것을 발견하고, 그것을 마태복음 저자의 탓으로 돌리거나, 일부 초기 기독교 공동체의 탓으로 돌리는 것이다. 더 나은 방법은 17절에서 20절에 나오는 진술을 진짜라고 보고, 그 진술들이 산상수훈 전체뿐 아니라, 기록된 예수님의 나머지 가르침과도 일관된 것임을 보여 주는 것이다.

넷째, 구약에 대한 예수님의 태도 가운데 이미 알려진 것이 있다. 앞장에서 마태는 예수님이 유대 광야에서 힘들게 40일 동안 시험받으신 이야기를 써 놓았다. 예수님은 마귀의 교묘한 유혹들을 각각 구약 성경에서 나온 적절한 말씀을 인용하여 물리치셨다. 그분은 마귀와 토론하거나 논쟁을 하실 필요가 없었다. 그 문제들은 그냥 처음부터 기록된 것(게그랍타이)에 호소함으로 해결되었다. 그리고 성육신한 말씀이신 예수님은 평생 기록된 말씀을 그렇게 공경하며 순종하셨다. 그분은 일상에서뿐 아니라 사명을 감당하실 때도 그러셨다. 그분 자신에 대해 기록된 것을 성취하기로 결심하셨으며, 성경이 그분을 위해 규정하신 길에서 벗어나실 수 없었다. 그래서 '율법과 선지자를 폐하러 온 것이 아니라 완전하게 하러 왔다'는 예수님의 선언은 다른 곳에서 드러난 '성경에 대한 그분의 태도'와 완전히 일관된다.

이 네 가지 요소를 통해 알 수 있는 것은 그리스도와 모세, 신약과 구약, 복음과 율법을 서로 대조하기보다는, 율법에 관한 그리스도의 참된 해석과 서기관들의 잘못된 해석을 대조하고, 그리스도인의 의와 바리새인의 의를 대조한다는 것이다.

그렇다면 서기관들과 바리새인들은 무엇을 하고 있었는가? 칼빈이 말한, 그들이 율법을 변조한 "뒤틀린 방법들"[13]은 무엇이었는가? 일반적으로 그들은 율법의 도전을 멍에이면서 또한 짐이라고 생각했다(실제로 그들은 그렇게 불렀다). 그리고 멍에를 더 쉽게, 짐을 더 가볍게 하기를 원했다. 그들은 각 율법이 취한 형태에 따라, 특히 그것이 명령인지(계율이건 금지건) 아니면 허용인지에 따라, 다양하게 그 일을 했다.

여섯 개의 대조 중 네 개는 '계명'의 범주에 들어간다. 그중 처음 세 개는 부정적인 것이고(살인, 간음, 거짓 맹세를 금하는 것), 마지막은 긍정적인 것(이웃에 대한 사랑을 누리는 것)이다. 이 네 가지는 어떤 것을 하거나 하지 말라는 하나님의 분명한 명령이다.

나머지 두 개(네 번째와 다섯 번째 대조)는 '허용'이라고 하는 것이 가장 좋을 것이다. 그것들은 다른 네 개와 같은 도덕적 명령의 범주에 속하지 않는다. 둘 다 '너는…하라', '너는…하지 말라'와 같은 규범적인 말이 없다. 네 번째 대조는 이혼에 대한 것으로, 이혼을 명하는 경우는 절대 없었지만, 특정한 상황과 조건 아래에만 허용되었다. 다섯 번째 대조는 보복("눈은 눈으로…")에 관한 것으로, 그 보복은 법정에서 허용되었으며 이스라엘 재판관들이 부과할 만한 벌에 정확히 대응하는 것으로 제한되었다. 그래서 이 두 가지 허용 사항은 다 명확한 한계가 정해져 있었다.

사람들이 더 쉽게 율법에 순종하도록 만들기 위해 서기관들과 바리새인들이 한 일은 율법의 명령들을 제한하고 허용 사항들을 확대하는 것이었다. 그들은 율법의 요구들을 덜 부담스럽게 만들었으며, 율법의 허용 사항들을 더 허용적으로 만들었다.

그런데 예수님이 하신 일은 그 두 경향을 모두 뒤집는 것이었다. 대신에 하나님의 계명들이 지닌 완전한 함축을 어떤 인위적 제한도 부과하지 않고 받아들여야 한다고 주장하셨다. 또한 하나님이 허용하신 것들에서 정해 놓으신 경계 역시 받아들여야 하며, 인위적으로 한계를 더 넓혀서는 안 된다. 대조들을 상세히 살펴보기 전에, 이 원리들을 그 대조들에 간략히 적용해 보면 도움이 될 것이다.

서기관들과 바리새인들은 살인과 간음에 대한 성경의 금지를 오로지 행동으로만 제한했다. 그러나 예수님은 그것들을 확대하여 노한 생각, 모욕하는 말, 음탕하게 바라보는 것 등을 포함하셨다. 그들은 맹세에 대한 명령을 특정한 서약(신적 이름을 포함하는)으로만 제한하고, 이웃 사랑을 특정한 사람들에게만(같은 인종과 종교를 가진 사람들) 제한했다. 하지만 예수님은 아무런 제한 없이 모든 약속을 반드시 지켜야 하고, 모든 사람을 사랑해야 한다고 말씀하셨다.

그렇지만 서기관들과 바리새인들은 그저 율법의 명령들을 자기들 편의에 맞게 제한하는 것으로 만족하지 않았다. 그들은 율법에서 허용하는 사항들을 확대하여 자신들의 편의를 더욱 도모했다. 그래서 그들은 이혼을 허용하는 근거를 '어떠한 외설적 행동'이라는 단 한 가지가 아니라, 남편의 모든 변덕까지 포함하도록 확대했고, 보복에 대한 허용을 법정을 넘어 개인적 복수까지 포함하는 것으로 확대했다. 하지만 예수님은 원래의 제한들을 다시 한 번 단언하셨다. 그분은 다른 근거로 하는 이혼은 '간음'이라고 하셨으며, 모든 복수를 거부하는 인간관계를 맺으라고 하셨다.

이렇게 대조들을 미리 살펴봄으로써 예수님이 모세의 율법에 반하는 행동을 하지 않으셨다는 것을 알 수 있다. 반대로 그런 행동을 하던 사람들은 사실상 바리새인들이었다. 예수님이 하신 일은 오히려 도덕법과 그 모든 불편한 함축의 참된 의미를 설명하는 것이었다. 그분은 바리새인들이 제한하고 있던 명령들을 확장하셨고, 그들이 확대하고 있던 사항들을 제한하셨다. 그분에게 모세 율법은 하나님의 율법이었다. 그 타당성은 영원했으며, 그 권위는 받아들여야 했다.

칼빈이 정확하게 표현했듯이, 산상수훈에서 우리는 "새로운 입법자가 아니라 이미 주어진 율법에 대한 신실한 해설자"[14]인 예수님을 본다. 바리새인들은 "율법을 모호하게" 했으나 예수님은 "율법을 본래의 온전함으로 회복시키셨다."[15]

그리고 이 문제에 관하여 그리스도인 제자들은 바리새인들이 아니라, 그리스도를 따라야 한다. 우리 마음대로 율법의 기준을 낮춰 더 순종하기 쉽도록 만들 수 없다. 그것은 그리스도인들이 아니라 바리새인들의 궤변이다. 그리스도인들의 의는 바리새인들의 의보다 더 나아야 한다.

그런데 오늘날에도 원칙적으로 바리새인들이 했던 것과 같은 일을 하려고 하는 사람들이 있다. 사실 그들은 바리새인들을 반대하며 그리스도의 편이라고 주장한다. 하지만 그들이 율법을 싫어하는 것은 바리새인들과 비슷하다. 그들은 율법을 엄격하고 권위주의적인 것으로 여기며, (바리새인들과 마찬가지로) 율법의 권위를 '완화하여', 좀 느슨하게 하려 한다. 그래서 그들은 (예수님께서 자신은 폐하러 오지 않았다고 말씀하신) 율법이라는 범주가 폐하여졌다고 선포하며, 율법과 사랑을 서로 모순되는 것으로 본다(예수님은 절대 그렇게 하지 않으셨다).

그렇다. 예수님은 율법에 대한 바리새인들의 해석에는 동의하지 않으셨다. 하지만 그들이 율법의 권위를 받아들이는 것에 대해 동의하지 않으신 적은 없다. 오히려 그 반대다. 예수님은 기록된 하나님의 말씀으로 율법이 지닌 권위를 가능한 가장 강한 용어로 주장하셨으며, 제자들에게 율법의 참되고 정확한 해석을 철저히 받아들이라고 명하셨다.

The Message of the Sermon on the Mount

Chapter. 04

그리스도인의 의, 분노와 음욕 (마 5:21-30)

노하지 말라, 보지 말라, 가지 말라

예수님이 그 주제(율법의 요구를 파괴하는 것이 아니라 심화시키고 계셨다는 것)에 대해 제시하신 처음 두 가지의 예는 십계명의 제6계명, 제7계명과 관련되어 있다. 그것은 살인과 간음에 대한 금지다.

분노를 피함
(21-26절)

전쟁과 사형은 둘 다 그리스도인의 양심을 당혹스럽게 만들어 온 민감한 문제들이다. 그리고 언제나 그리스도인들 간에 이 문제에 대한 의견이 팽팽하게 맞서 왔다. 이 문제를 논하면서 그리스도인들이 주장해야 하는 것은, 만일 '의로운 전쟁'이라는 개념을 지지할 수 있다면, 그리고 사형 제도를 유지하는 것이 정당화될 수 있다면, 그 이유는 인간의 생명이 값싼 것이어서가 아니라, 그 정반대라는 것이다. 즉, 인간의 생명은 하나님의 형상으로 지어진 피조물의 생명으로 매우 귀하다. 인간의(살인자의) 생명을 취해서는 안 된다는 근거로 사형제 폐지 운동을 벌이는 사람들은, 그 살인에 희생된 사람의 생명이 귀중하다는 것은 잊어버리는 경향이 있다. "다른 사람의 피를 흘리면 그 사람의 피도 흘릴 것이니 **이는 하나님이 자기 형상대로 사람을 지으셨음이니라**"(창 9:6).

그리고 무조건적 평화주의 운동을 벌이는 사람들이 놓치기 쉬운 사실은, 사람들이 무차별적으로 상해를 입히는 일은 도저히 막을 수가 없지만, 하나님은 악행자들을 처벌할 권리와 책임을 사회(국가 또는 국제 단체)에 주셨다는 사실이다(롬 13:1절 이하). 이들을 언급하는 이유는 전쟁이나 사형에 관련된 복잡한 문제들을 여기서 다루려는 것이 아니라, 그런 문제들은 **살인하지 말라**는 계명에 극단적으로 단순하게 호소함으로써 해결할 수는 없다는 것을 말하기 위해서다.

서기관들과 바리새인들은 분명 제6계명을 살인자의 행동에만, 인간의 피를 흘리는 행위에만 적용하려고 애쓰고 있었다. 그들은 그런 행위만 하지 않는다면, 자신들이 계명을 키는 것으로 생각했을 것이다. 그리고 분명 랍비들이 백성에게 가르친 것도 이것이었다. 하지만 예수님은 그들과 의견이 다르셨다. 그분은 금지에 대한 참된 적용은 훨씬 더 광범위하다고 주장하셨다. 그것은 행동뿐 아니라 생각과 말까지, 살인뿐 아니라 분노와 욕설까지도 포함되었다.

분노는 22절 첫 부분에 형제나 자매에게 화를 내는 사람에 대해 언급되었다. '이유 없이'라는 단어는 대부분의 헬라어 사본에 나오지만, 가장 정확한 사본에는 나오지 않는다. 그 말은 아마 후에 추가된 주해일 것이며, 그래서 현대의 개정판과 번역본들에는 빠져 있다. 그럼에도 불구하고 그 주해가 예수님이 의미하셨던 바를 정확하게 해석한다고 보아도 무리가 없을 것이다.

모든 분노가 다 악한 것은 아니다. 언제나 거룩하고 순수한 하나님의 진노에서 그것을 분명히 알 수 있다. 그리고 심지어 타락한 인간들도 때로는 의로운 분노를 느낄 수 있다. 그런데 우리가 타락했기 때문에 이러한 분노조차 서서히 일어나고 빨리 가라앉도록 해야 하지만 말이다(약 1:19; 엡 4:26-27). 루터는 경험을 통해 의로운 분노의 의미를 확실히 알았다. 그는 그것을 "사랑의 분노, 누구에게도 어떤 악도 바라지 않는 분노, 사람에게는 친절하지만, 죄에는 적대적인 분노"[1]라고 불렀다. 그렇다면 예수님의 말씀은 불의한 분노, 교만, 허영, 증오, 악의, 복수의 분노를 말한다.

욕설은 22절 끝부분에 언급된다. 예수님은 형제를 '라가'('속이 빈'을 뜻하는 아람어)라고 혹은 '모레(mōre)'('바보'를 뜻하는 헬라어)라고 부르지 말라고 경고하셨다. '라가'라는 말은 상대방의 지성을 모욕하는 것으로 '머리가 빈' 사람이라는 뜻이다.

'모론(moron)'이라는 말 역시 바보라는 의미다. 하지만 그 말은 여기에서 도저히 원래의 통상적 의미로 사용될 수는 없다. 예수님이 바리새인들과 제자들을 '바보'(우리 말 성경에는 '어리석은 자', '미련한 자'로 되어 있다-역주)라고 부르셨으며(마 23:17; 눅 24:25) 사도들도 때로 자기 독자들을 어리석다고 비난했기 때문이다(고전 15:36; 갈 3:1; 약 2:20).

따라서 그 말이 종교적이고 도덕적인 의미를 함축하고 있으며, 구약에서는 하나님의 존재를 부인하고 그 결과 무분별한 악행에 빠져든 사람들에게 적용되었다는 것(시 14:1-4; 53:1-4)을 기억할 필요가 있다. 아니면 몇몇 학자가 제안하듯이, '모레'는 '반역자', '배교자' 혹은 '추방당한 사람'을 의미하는 히브리어를 음역한 것일 수도 있다(시 78:8; 렘 5:23). 이 경우 태스커는, 그것이 "자기 형제에게 '너는 지옥에 갈 거야!'라고 말하는 자는 그 자신도 지옥에 갈 위험에 처해 있다"[2]는 뜻이라고 제안한다.

이 두 가지 욕설의 정확한 의미는 다소 불확실하다. 브루스의 다음과 같은 글은 아마 이 두 단어의 중대한 차이를 보여 줄 것이다. "**라가**는 사람의 머리에 대한 경멸을 표현한다. '이 우둔한 사람아!'라는 뜻이다. 그리고 **모레**는 그의 마음과 성품에 대한 경멸을 표현한다. '이 비열한 사람아!'라는 뜻이다."[3]

이런 분노 가득한 생각과 모욕하는 말들이 실제로 살인이라는 궁극적 행동으로 이어지지는 않을지 모른다. 그러나 하나님이 보시기에는 살인과 진배없다. "그 형제를 미워하는 자마다 살인하는 자"(요일 3:15)라고 요한도 기록했다. 분노와 모욕은 방해되는 존재를 제거하려는 욕구를 나타내는 추한 증상이다. 그럴 때 우리의 생각, 표정, 말은 모두 우리가 때로 서슴없이 입 밖에 내어 말하듯, '그가 죽었으면 좋겠다'는 바람을 나타내는 것이다. 그런 악한 바람은 제6계명을 어기는 것이 된다. 따라서 그런 죄를 지은 사람은 살인자가 받는 벌을 똑같이 받아야 한다. 경우에 맞춰서 문자적으로 인간의 법정에서 그런 벌을 받는다는 것이 아니라(어떤 법정도 분노했다는 이유로 사람을 고소할 수는 없으므로), 하나님의 심판석에서 받는다는 것이다.

여러 다른 심판에 대한 정확한 의미에 대해서는 지금까지 의견이 분분하다. 하지만 적어도 분명한 것은 예수님이 하나님의 심판에 대해 엄숙한 경고를 하신다는 것이다. 랍비들은 제6계명을 위반하는 경우는 살인뿐이라고 가르쳤으며, 또한 살인에 대한 벌은 인간이 가하는 형벌만을 가르쳤을 것이다. "**누구든지 살인하면 심판을 받게 되리라**"(21절). 그런데 예수님은 이유 없이 **노하는 자마다** 똑같이 **심판을 받게** 될 것이라고 덧붙이셨다.

22절에 나오는 '심판'에 대해서는 21절에서 사용된 것과 똑같은 헬라어 단어가 사용되었지만, 하나님의 심판을 가리키는 것이 분명하다. 어떤 인간 법정도 내적 분노 사건을 재판에 부칠 권한을 갖고 있지는 않기 때문이다. 마찬가지로, 예수님은 이어서 말씀하시기를 형제를 모욕하면 **공회**에 가게 될 뿐 아니라 심지어 **지옥 불**에 들어가게 되리라고 하셨다(22절).

두 경우 모두 예수님은 범죄의 성질뿐 아니라, 벌의 성질도 확장하셨다. 분노와 모욕이 살인에 해당할 뿐 아니라, 그로 인해 우리가 받게 되는 하나님의 형벌은 지옥에 가는 것이라고 말씀하셨다.

예수님은 이어서 "그러므로…하거든"이라고 말씀하신다(23절). 그리고 그분이 방금 명확히 말씀하신 그 원리들에 대한 실제적 적용을 제시하신다. 그분의 논지는 만일 분노와 모욕이 너무나 심각하고 너무나 위험하다면, 전염병을 피하듯 그것을 피하고 가능한 한 빨리 조처해야 한다는 것이었다. 여기에 두 가지 실례를 드신다.

첫 번째는 하나님께 제사를 드리기 위해 성전에 가는 것이며(23-24절), 두 번째는 고발자의 고발에 대답하기 위해 법정에 가는 것이다(25-26절). 예수님은 그 당시의 문화적 용어를 사용해서 그것을 표현하셨다. 그 예에서는 성전이 아직 존재하고 제사도 여전히 드려지고 있었다. 그 예들을 조금 더 현대적인 모습으로 바꾸어 보아도 무방할 것이다.

"만일 네가 교회 안에 있고, 한창 예배를 드리는 중인데 갑자기 형제가 너에 대해 불만을 품고 있는 것이 기억난다면, 즉시 교회를 떠나 그 문제를 해결하라. 예배가 끝날 때까지 기다리지 말라. 먼저 너의 형제를 찾아내 용서를 구하라. 그에게 먼저 가서 화해하라. 그다음에 와서 하나님께 예배를 드려라."

또한, "만일 네가 갚지 않은 빚이 있다면, 그리고 너의 채권자가 돈을 돌려받기 위해 너를 법정으로 데리고 가고 있다면, 빨리 그와 타협을 보라. 법정 밖에서 당사자끼리 합의하여 해결을 보라. 그렇지 않고 일단 법정에 도착하면 너무 늦을 것이다. 너를 고발한 사람은 재판관 앞에서 너를 고소할 것이며, 재판관은 너를 경찰에 넘겨줄 것이고, 너는 감옥에 갇힐 것이다. 네가 마지막 한 푼까지 다 갚기 전에는 절대 거기서 나오지 못할 것이다. 그러므로 감옥에 들어가기 **전에** 돈을 갚는 것이 훨씬 더 현명한 일이다."

두 사례의 상황은 다르다. 전자는 교회에서 나온 예이고 후자는 법정에서 나온 예다. 전자는 '형제'(23절)와 관련된 것이고 후자는 원수(25절)와 관련된 것이다. 하지만 두 경우 모두 기본적으로 누군가가 우리에 대해 불만을 갖고 있다는 상황이 같다. 그리고 긴급한 행동이 필요하다는 기본적 교훈도 같다. 예배를 드리는 도중에 그 불만이 떠오른다면, 예배드리는 일을 멈추고 가서 그것을 바로잡아야 한다. 법정으로 가는 도중에, 바로 그 길에서 빚을 청산해야 한다.

그런데 '**즉시 행동하라**'는 그리스도의 명령에 주의를 기울이는 경우가 얼마나 드문가! 살인이 끔찍한 범죄라면, 악의적 분노와 모욕 역시 끔찍하다. 우리가 다른 사람에게 상처를 주거나 그들의 기분을 상하게 하는 모든 행동, 말, 표정, 혹은 생각도 마찬가지다. 우리는 이러한 악들에 대해 좀 더 민감해야 한다. 우리는 절대 관계의 소원이 남아 있게 해서는 안 된다. 하물며 그런 관계의 소원함이 자라도록 해서는 더욱 안 된다. 즉시 바로잡아야 한다.

심지어 해가 진 뒤까지 노해서는 안 되며, **즉시**, 깨어진 관계를 알아차리자마자, 주도권을 잡고 그것을 고치며, 우리가 유발한 불만에 대해 사과하고, 아직 갚지 않은 빚을 모두 갚으며, 보상해 주어야 한다. 예수님은 제6계명의 논리가 함축된 이러한 극히 실제적인 교훈들을 이끌어내셨다!

하나님 보시기에 살인을 저지르는 것을 피하고 싶다면, 모든 사람과 평화롭게 사랑하면서 살기 위해 할 수 있는 모든 조처를 적극적으로 취해야 한다.

음욕을 피함
(27-30절)

예수님은 이제 제6계명에서 제7계명으로, 살인에 대한 금지에서 간음에 대한 금지로 넘어가신다. 이번에도 랍비들은 **간음하지 말라**는 계명의 범위에 제한을 두었다. 탐내지 말라는 제10계명에는 다른 사람의 아내를 원하는 죄도 포함되어 있지만, 그들은 분명 그것을 무시하는 게 더 마음 편하다고 생각했다. 그들의 견해에 따르면, 간음하는 행동 자체를 하지 않았다면 제7계명을 지킨 것이다. 그래서 그들은 성적인 죄에 대해서는 자기 마음대로 협소한 정의를 내렸으며 성적 순결함에 대해서는 자기 마음대로 광범위한 정의를 내렸다.

하지만 예수님은 다르게 가르치셨다. 그분은 하나님이 금하신 것의 의미를 확대했다. 하나님이 내리신 명령의 참된 의미는 그저 성적 음행이라는 행동을 금하는 것보다 훨씬 더 광범위하다고 단언하셨다. 살인을 금하는 것에 분노한 생각과 모욕하는 말이 포함되었던 것처럼, 간음을 금하는 것에는 음욕을 품고 보는 것과 상상하는 것이 포함되었다. 우리는 말로 살인을 저지를 수 있다. 우리는 마음속으로 혹은 생각으로 간음을 저지를 수 있다. **"음욕을 품고 여자를 보는 자마다 마음에 이미 간음하였느니라"**(28절).

여기에서 더 논지를 전개하기 전에 먼저 두 가지를 강조하는 것이 좋겠다. 결혼 관계 내에서 이루어지는 자연스러운 성적 관계는 하나님이 주신 아름다운 것이다. 아가서가 정경에 포함된 것을 하나님께 감사한다. 거기에는 빅토리아 시대처럼 성적으로 내숭 떠는 모습은 전혀 없으며 오히려 연인들, 신랑과 신부가 서로 아무 제약 없이 기쁨을 누린다. 그런데 여기에 나오는 예수님의 가르침은 결혼한 사람이나 결혼하지 않은 사람의 불법적인 혼외정사를 말한다. 예수님은 우리가 이성을 바라보는 것 자체를 금하시는 것이 아니다. 단지 음욕을 품고 보지 말라고 하신다. 누구나 그냥 보는 것과 음욕을 품는 것의 차이를 안다.

이것은 두 번째 사항으로 이어진다. 예수님은 모든 형태의 음행을 말씀하신다는 것이다. 남자가 여자에게 음욕을 품는 것만 말하고 여자가 남자에게 음욕을 품는 것은 말하지 않았다고, 혹은 그것이 '간통(fornication)'이 아니라 '간음(adultery)'이라고 되어 있다 해서, 결혼한 남자만 해당하고 결혼하지 않은 남자는 해당하지 않는다고 주장한다면, 예수님이 바리새인들을 정죄하신 바로 그 궤변의 죄를 짓는 것이다. 예수님이 강조하시는 것은 부도덕한 모든 성적 관행의 행동뿐 아니라 보는 것과 생각도 부도덕하다는 것이다.

특별히 주의해야 할 중요한 사항은 음욕을 품고 여자를 보는 것과 마음으로 그 여자와 간음을 저지르는 것을 예수님은 똑같이 생각하신다는 것이다. 예수님이 그다음 두 구절에서 어떻게 성적 순결함을 유지할 것인가에 대해 매우 실제적인 교훈을 주신 이유는 눈과 마음의 관계 때문이다. 논지는 이렇다. 음욕을 품고 보는 것이 마음으로 간음을 하는 것이라면, 다시 말해 마음의 간음이 눈의 간음의 결과라면(마음의 눈이 육체의 눈에 의해 자극을 받아서), 그 문제를 해결할 수 있는 유일한 방법은 처음 원인을 제공한 우리의 눈으로 돌아가는 것이다.

의로운 욥은 자신이 이것을 배웠다고 말했다. 그는 "내가 내 눈과 약속하였나니 어찌 처녀에게 주목하랴"고 말했다. 그리고 이어서 자신의 마음에 대해 말했다. "만일…내 마음이 내 눈을 따랐거나…만일 내 마음이 여인에게 유혹되었다면" 그는 자신이 죄를 범했으며 하나님의 심판을 받아 마땅하다고 인정할 것이다(욥 31:1, 7, 9).[4)] 하지만 욥은 이러한 일들을 하지 않았다. 그가 마음을 통제할 수 있었던 것은 그의 눈을 통제했기 때문이다.

예수님의 이런 가르침은 욥의 경험에서 확증되었으며, 오늘날에도 해당한다. 수치스러운 행동이 나오기 전에 수치스러운 공상이 있으며, 상상력이 자극되는 것은 눈을 자제하지 못했기 때문이다. 우리의 생생한 상상력은 인간을 동물과 구분해 주는 많은 기능 중 하나로, 하나님이 주신 귀한 선물이다. 이 세상의 모든 예술과 모든 고상한 업적은 상상력이 없었다면 이루어질 수 없었을 것이다. 상상력은 삶의 질을 풍성하게 해 준다.

그런데 우리는 하나님이 주신 모든 선물을 책임 있게 사용해야 한다. 그 선물들은 쉽게 타락하고 남용될 수 있다. 상상력도 마찬가지다. 음행의 희생자가 된 사람들 중 처음에 자신의 눈을 통해 열정의 수문을 열지 않은 사람이 있을까. 마찬가지로, 남자들과 여자들이 행동에서 성적 절제를 배웠다면, 그것은 그들이 육신과 공상의 눈에서 절제를 배웠기 때문이다.

그렇다면 29절과 30절을 이어서 살펴보자. "**만일 네 오른 눈이 너로 실족하게 하거든 빼어 내버리라…만일 네 오른손이 너로 실족하게 하거**

든 찍어 내버리라." 이 말씀은 예수님이 좋아하시는 구절이 분명하다. 이것을 여러 번 인용하셨기 때문이다. 뒤에 다시 나오는데(마 18:8-9), 거기에서는 눈과 손에 발이 추가되며, 명백하게 성적인 죄를 언급하는 것이 아니라 일반적인 "죄를 범하게 하는 것"을 말한다. 그러므로 그 원리는 더 광범위하게 적용된다. 그럼에도 불구하고, 예수님은 산상수훈에서 바로 이 특정한 영역에 그 원리를 적용한다. 예수님의 이 말씀은 어떤 의미였는가?

표면상 그것은 죄를 범하는 눈을 빼 버리고 죄를 짓는 손이나 발을 찍어 버리라는 깜짝 놀랄 명령이다. 일부 그리스도인들은 그들의 열심이 지혜를 크게 앞지른 나머지, 예수님의 말씀을 문자 그대로 받아들여 자기 신체를 절단하기도 했다.

가장 잘 알려진 예는 3세기 학자인 알렉산드리아의 오리겐(Origen of Alexandria)일 것이다. 그는 금욕주의의 극을 달려서 재산과 음식과 심지어 잠까지 포기하고, 이 본문과 마태복음 19장 12절을 지나치게 문자적으로 해석에서 실제로 스스로를 거세했다. 얼마 되지 않아 주 후 325년에 니케아 종교회의에서 이 야만적 관행을 금한 것은 옳았다.

골칫거리인 눈, 손, 발을 제거하라는 명령은 주님이 극적으로 비유적 표현을 사용하신 한 예다. 그분의 말씀은 문자 그대로 자기 신체를 불구로 만들라는 것이 아니라, 도덕적으로 가차 없이 자기를 부인하라는 것이었다. 절단이 아니라 금욕(mortification)이 그분이 가르친 거룩함의 길이다. 또한 그리스도를 따르기 위한 '금욕' 혹은 '십자가를 지는 것'은 죄 된 습성을 너무나 단호하게 거부해서 그것에 대해 죽거나 그것을 죽인다는 의미다(막 8:34; 롬 8:13; 갈 5:24; 골 3:5).

이것은 실제로 무엇을 의미하는가? 예수님의 가르침을 상세히 해석해 보자. "유혹이 너희의 눈(너희가 보는 대상들)을 통해 너희에게 오기 때문에 눈이 너희로 죄를 짓게 한다면, 너희의 눈을 빼 버리라. 즉, 보지 말라! 마치 너희가 실제로 너희 눈을 빼서 내어버린 것처럼, 그래서 지금은 소경이 되었고 그래서 전에 너희로 죄를 짓도록 만들었던 대상들을 볼 수 없게 된 것처럼 행동하라. 또한 유혹이 너희의 손(너희가 하는 일) 혹은 너희의 발(너희가 방문하는 곳)을 통해 오기 때문에 너희의 손이나 발이 너희로 죄를 짓게 한다면, 그것들을 잘라 내 버리라. 즉, 그것을 하지 말라! 가지 말라! 너희가 실제로 손과 발을 잘라 버린 것처럼, 그리고 그것을 내던진 것처럼, 그래서 지금은 불구자가 되어서 전에 너희로 죄를 짓게 하였던 일을 하거나 그 장소에 갈 수 없게 된 것처럼 행동하라." 이것이 '금욕(mortification)'의 의미다.

외설 문학이나 포르노 같은 추잡한 것들이 홍수처럼 범람하고 있는 지금 이 시대가 바로 예수님의 이 가르침이 가장 필요하고 그 가르침을 분명하게 적용할 수 있는 세대가 아닌가! 외설물은 그리스도인들에게(그리고 실로 건강한 마음을 가진 모든 사람에게) 사실 불쾌한 것이다. 무엇보다도 그것이 여성을 한 인간에서 성적 대상으로 전락시키기 때문이다. 또한 그것이 보는 사람들의 눈에 부자연스러운 성적 충동을 제시하기 때문이기도 하다.

우리가 성적 절제 면에서 문제를 가지고 있다면, 그리고 그럼에도 불구하고 우리의 발이 우리를 그러한 영화를 보는 곳으로 데려가고, 우리의 손이 이러한 외설 문학들에 손을 대고, 우리의 눈이 그것들이 제공하는 장면들을 마음껏 즐긴다면, 우리는 죄를 짓고 있을 뿐만이 아니라 실제로 재앙을 불러들이고 있다.

이에 대해 어떤 규칙을 만들려는 것이 아니다. 모든 사람이 각자 다르게 만들어졌다는 것을 인정해야 하기 때문이다. 어떤 사람은 다른 사람보다 더 쉽게 성욕의 자극을 받고, 성욕을 일으키는 원인도 서로 다르다. 또 어떤 사람은 다른 사람보다 더 쉽게 성적 자기 훈련과 절제를 할 수 있다. 그리고 어떤 사람은 노골적인 성적 장면들(문서에서나 영화에서나)을 보고서도 아무 문제 없이 지낼 수 있는가 하면, 또 어떤 사람은 그런 그림들이 끔찍하게 퇴폐적이라고 생각할 것이다. 우리의 기질과 우리가 받는 유혹은 다양하다. 그래서 우리는 다른 사람들이 자신에게 허용하는 것들에 관해 그들을 심판할 권리는 없다.

우리가 말할 수 있는 것은 이것이다(이것이 예수님께서 말씀하신 것이기 때문이다). 즉, **만일** 너희의 눈이 너희로 죄를 짓게 한다면, 보지 말라. **만일** 너희의 발이 너희로 죄를 짓게 한다면, 가지 말라. 그리고 **만일** 너희의 손이 너희로 죄를 짓게 한다면, 그것을 하지 말라.

예수님이 규정하신 규칙은 보편적인 것이 아니라 가상적인 것이다. 그분은 모든 제자에게 (비유적으로 말해서) 스스로 눈이 멀게 하거나 손발이 불구가 되도록 요구하시는 것이 아니라, 그 눈과 손과 발이 죄를 짓게 하는 원인이 된 사람들에게만 그것을 요구하신다. 행동을 취해야 하는 것은 그 사람들이다. 다른 사람들은 두 눈, 두 손, 두 발을 그대로 지니고 있어도 아무 문제가 없을 것이다. 그런 사람들이라도 더 연약한 양심이나 더 약한 의지를 갖고 있는 사람들에 대한 사랑의 관심으로 특정한 자유는 삼가야 할 수도 있다. 하지만 그것은 또 다른 원리로 여기에서는 그 점에 대해 말하지 않는다.

강한 성적 유혹을 받는 모든 사람에게, 그리고 사실 원칙적으로는 우리 모두에게 필요한 것은 죄에 다가가지 않도록 경계하는 훈련이다. 군사 전법에서는 보초를 세우는 일이 중요하다. 도덕적 보초 근무도 똑같이 반드시 필요하다. 적군이 다가오는 것을 경고해 줄 보초를 세우지 않아서 적군에게 압도당한다면, 이 얼마나 어리석은 일인가.

이 명령에 순종하려면 많은 사람이 특정한 면에서 '불구가 되어야' 할 것이다. 우리는 삶에서 특정한 것들을 제거해야 할 것이다. 그 자체로는 무해할지 모르지만, 시험의 원천이 되거나 혹은 쉽게 그런 원천이 될 수 있는 것들을 제거해야 한다.

우리는 예수님의 비유적 언어를 보면서 눈이나 손이나 발이 없는 우리 자신의 모습을 발견한다. 우리는 특정한 책을 읽는 것, 특정한 영화를 보는 것, 특정한 전시회에 방문하는 것 등을 의도적으로 거부할 것이다. 그럴 때 이 시대 사람들은 우리를 편협하고 무지하며 교양 없는 사람이라고 여긴다. 그들은 우리에게 믿지 못하겠다는 듯 말할 것이다.

"뭐라고요? 그 책을 읽어보지 않았다고요? 그 영화를 보지 않았다고요? 세상에, 교양 있는 사람이 못 되는군요!"

그들의 말이 맞을지도 모른다. 우리는 마음의 정결함을 보존하기 위해 문화적으로 '불구자가 되었다.' 단 한 가지 질문은 이 유익을 위해 기꺼이 그런 상실을 견디고 그 조롱을 견딜 것인가 하는 것이다.

예수님은 그 점에 대해 상당히 명확하게 말씀하셨다. 그분은 한 지체를 잃어버리고 불구인 채로 생명에 들어가는 것이 온전한 몸으로 지옥에 가는 것보다 낫다고 말씀하셨다. 즉, 진정한 생명에 들어가기 위해, 이 생의 삶이 제공하는 몇 가지 경험은 하지 않고 지내는 편이 더 낫다. 내세에서 최종적으로 멸망되는 모험을 하느니, 이 세상에서 약간의 문화적 절단을 받아들이는 것이 더 낫다.

물론 이 가르침은 관용에 관한 현대적 기준에 완전히 역행한다. 그것은 영원이 순간보다 중요하고, 순결함이 문화보다 중요하며, 내세에 들어가기 위해 필요하다면 이생에서의 어떤 희생도 가치 있다는 원리에 근거하고 있다. 당신은 이생에서 살 것인지 내세에서 살 것인지, 세상 사람들을 따를 것인지 예수 그리스도를 따를 것인지 결정해야 한다.

The Message of the Sermon on the Mount

Chapter. 05

그리스도인의 의, 결혼과 말 (마 5:31-37)
완악한 이혼과 진실하지 못한 맹세로 기만하지 말라

두 번째 대조(간음에 대한)에 이어서 자연스럽게 세 번째 대조(이혼에 관한)가 나온다. 예수님은 특정한 상황에서는 이혼한 사람이 재혼하거나 이혼한 사람과 결혼하는 것은 간음에 해당한다고 말씀하신다. 이 세 번째 대조는 본질적으로 결혼생활에서 정절을 지키라는 요구다.

솔직히 말하면 나는 이 구절들을 강해하는 것이 별로 내키지 않는다. 어떤 면에서는 이혼이 논란도 많고 복잡한 주제이기 때문이지만, 훨씬 더 큰 이유는 사람의 감정을 깊이 건드리는 주제이기 때문이다. 불행한 결혼처럼 쓰라린 불행은 많지 않고, 하나님이 사랑과 성취를 이루도록 하신 것이 쓰라림과 불화와 절망의 관계로 전락하는 것처럼 큰 비극도 없다. 나는 대부분의 경우 이혼은 하나님의 방식이 아니라고 믿지만, 그럼에도 내가 민감하게 글을 쓸 수 있기를 바란다. 나는 많은 사람이 당하는 고통을 알며, 그들에게 비탄을 더하려는 생각은 전혀 없기 때문이다. 하지만 이 주제를 비롯한 모든 주제에 대한 예수님의 가르침은 유익하다고, 즉 본질적으로 유익하며, 개인에게 유익하고, 사회에 유익하다고 확신하기 때문에 용기를 내어 이 글을 쓴다.

결혼에서의 정절
(31-32절)

이 두 구절이 우리 주님께서 산 위에서 이혼에 대해 가르치신 내용의 전부라고는 생각하지 않는다. 그 구절들은 주님의 가르침을 아주 짧게 요약한 것인 듯하다. 실제로 마태는 19장에서 이 문제에 대해 더 길게 기록하고 있다. 두 본문을 함께 살펴보면서 더 짧은 본문을 더 긴 본문에 비추어 해석하는 것이 좋겠다. 주님이 바리새인과 후에 벌인 토론은 다음과 같이 진행되었다.

> 바리새인들이 예수께 나아와 그를 시험하여 이르되
> 사람이 **어떤 이유가 있으면** 그 아내를 버리는 것이 옳으니이까
> 예수께서 대답하여 이르시되 사람을 지으신 이가
> 본래 그들을 남자와 여자로 지으시고 말씀하시기를

> 그러므로 사람이 그 부모를 떠나서 아내에게 합하여
> 그 둘이 한 몸이 될지니라 하신 것을 읽지 못하였느냐
> 그런즉 이제 둘이 아니요 한 몸이니 그러므로 하나님이
> 짝지어 주신 것을 사람이 나누지 못할지니라 하시니
> 여짜오되 그러면 어찌하여 모세는 이혼 증서를
> 주어서 버리라 명하였나이까 예수께서 이르시되
> 모세가 너희 마음의 완악함 때문에 아내 버림을 허락하였거니와
> 본래는 그렇지 아니하니라 내가 너희에게 말하노니
> 누구든지 음행한 이유 외에 아내를 버리고
> 다른 데 장가드는 자는 간음함이니라(마 19:3-9).

당시 경쟁 관계였던 힐렐(Hillel) 학파와 샴마이(Shammai) 학파가 이혼에 대해 유명한 논쟁을 벌였다. 랍비 샴마이는 엄격한 입장을 취해서 신명기 24장 1절을 가지고 이혼의 유일한 근거는 중대한 부부간의 범죄, 명백하게 '부적절'하거나 '음란한' 것일 뿐이라고 가르쳤다.

다른 한편 랍비 힐렐은 대단히 느슨한 견해를 지니고 있었다. 유대 역사가 요세푸스(Josephus)의 말에 의하면 이것이 일반적인 태도였다. 그는 모세의 규정을 "어떠한 이유로든 자기 아내와 이혼하고 싶어 하는"[1] 남자에게 적용했기 때문이다. 힐렐은 뭔가 '부적절한' 것이면 다 이혼의 근거가 될 수 있다고 주장하면서, 이 용어를 광범위하게 해석해서 아내의 사소한 범죄까지 포함했다. 그녀가 요리를 잘 못해서 남편의 음식을 태워 버렸거나, 남편이 아내의 평범한 외모 때문에 혹은 더 아름다운 다른

여자에게 반하게 되어 아내에게 관심이 없어졌다면, 이러한 것들은 '부적절한' 것이며 그는 정당하게 자기 아내와 이혼할 수 있다고 보았다.

바리새인들은 랍비 힐렐의 유화적 태도에 끌렸다. 그래서 그런 형태의 질문을 한 것 같다. "사람이 **어떤 이유가 있으면** 그 아내를 버리는 것이 옳으니이까"(19:3). 다시 말해 그들은 예수님이 당시의 논쟁에서 누구 편이었는지, 그리고 그분이 엄격한 파에 속했는지 느슨한 파에 속했는지 알고 싶어 했다.

그들의 질문에 주님이 하신 대답은 세 부분으로 되어 있다. 이 부분들을 따로따로, 그분이 말씀하신 순서대로 살펴보는 것이 의미가 있을 것이다. 각 부분에서 예수님은 바리새인들과 의견을 달리하셨다.

바리새인들은 이혼의 근거에 집중했다.
예수님은 결혼제도에 집중하셨다.

그들의 질문은 이혼의 적법한 근거들이 무엇이라고 생각하는지를 묻는 것이었다. 어떤 이유로 남자가 그의 아내와 이혼할 수 있는가? 한 가지 이유인가, 서너 가지 이유인가, 혹은 어떤 이유라도 있으면 이혼할 수 있는가?

예수님의 대답은 질문에 대한 답이 아니었다. 그분은 질문에 대답하지 않으셨다. 대신 그들의 성경 해석에 반문을 던지셨다. 예수님은 그들에게 다시 창세기에 주의를 돌리게 하셨다. 인류를 남자와 여자로 창조하신 것(1장)과 남자가 그 부모를 떠나 그의 아내와 연합하여 둘이 하나가 되는 결혼제도(2장) 둘 다를 살펴보도록 하신 것이다. 이 성경적 정의는 결혼이 배타적이면서('한 남자…그의 아내') 또한 영구적인 것(아내와 '연합하여')임을 암시한다.

예수님이 그다음 말씀에서(6절) 강조하시는 것은 바로 결혼의 이러한 두 측면이다. 첫째, "이제 둘이 아니요 한 몸"이다. 그리고 둘째, "그러므로 하나님이 짝지어 주신 것을 사람이 나누지 못할지니라"는 것이다. 이처럼 결혼의 기원에 대한 주님의 해설에 따르면, 결혼은 신적 제도인데, 하나님은 그것으로 새로운 사회 단위를 형성하시며, '한 몸이 되기' 위해 공개적으로 자기 부모를 떠난 두 사람을 영원히 하나로 만드신다.

바리새인들은 모세의 이혼 규정을 명령이라고 말했다.
예수님은 그것을 인간 마음의 완악함에 양보한 것이라고 말씀하셨다.

바리새인들은 결혼제도와 그 영원성에 대한 예수님의 해설을 듣고 다음과 같은 질문을 던졌다. "그러면 어찌하여 모세는 이혼 증서를 주어서 버리라 명하였나이까?"(마 19:7) 산상수훈에서 예수님이 인용하신 서기관의 가르침도 이와 비슷했다. "누구든지 아내를 버리려거든 이혼 증서를 줄 것이라"(마 5:31).

이 둘은 모두 모세 율법을 왜곡한 것으로, 바리새인들의 전형적 태도, 곧 성경이 정말로 무엇을 말하는지를 경시하는 태도를 보여 준다. 그들은 이혼 증서를 주는 것에 중점을 두었다. 마치 이것이 모세의 규정에서 가장 중요한 부분인 것처럼 생각한 것이다. 그러고는 증서와 이혼이 둘 다 모세의 '명령'이라고 말했다.

그러나 신명기 24장 1-4절을 주의 깊게 읽어보면 매우 다른 점을 알 수 있다. 우선, 전체 단락은 일련의 긴 조건절을 단서로 달고 있다. 그것은 다음과 같이 풀어서 표현할 수 있다.

"사람이 아내와 결혼한 후에, **만일** 그가 그녀에게서 음란한 것을 발견한다면, 그리고 **만일** 그가 그녀에게 이혼 증서를 주어서 이혼하고 그녀가 떠난다면, 그리고 **만일** 그녀가 다시 결혼한다면, 그리고 **만일** 그녀의 두 번째 남편도 그녀에게 이혼 증서를 주어 그녀와 이혼하거나 혹 그녀의 두 번째 남편이 죽는다면, **그렇다면** 그녀와 이혼한 그녀의 첫 번째 남편이 그녀와 재혼하는 것을 금한다."

본문의 취지는 자신이 이혼한 상대자와 재혼하는 것을 금하는 것이다. 이 규정의 이유는 분명하지 않다. 만일 그녀의 '음란'이 그녀를 너무나 '더럽혀서' 이혼의 충분한 근거가 될 정도라면, 그녀를 다시 취하지 않아야 할 충분한 이유가 되었던 듯하다. 또한 그것은 남편이 급히 서둘러 결정을 내리는 것에 대한 경고였을 수도 있다. 한 번 결정을 내리면 취소할 수 없었기 때문이다. 그리고 또한 그 아내를 착취로부터 보호하기 위한 것이기도 했다.

여기에서는 이 금지가 본문 전체에 나오는 유일한 명령이라는 사실을 말하는 것으로 충분하다. 남편이 자기 아내와 이혼하라는 명령은 없다. 이혼하라고 장려하는 것도 전혀 없다. 있는 것이라곤 만일 이혼이 일어나는 때 필요한 특정한 절차들에 대한 언급뿐이다. 그러므로 기껏해야 마지못해 허용하는 것이 암시되어 있고 당시의 관행이 묵인되고 있을 뿐이다.

그렇다면 예수님은 모세의 규정에 대한 바리새인들의 질문에 어떻게 반응하셨는가? 그분은 그것을 사람들의 마음이 완악한 탓으로 돌리셨다. 그 규정이 하나님으로부터 온 것임을 부인하지는 않으셨다. 하지만 그것은 하나님의 교훈이 아니었으며, 단지 인간의 약함에 하나님이 양보한 것이었음을 시사한다. 바로 이러한 이유로 해서 "모세가…아내 버림을 허락하였거니와"라고 말씀하셨다(8절). 하지만 그러고 나서 예수님은 즉시 다음과 같은 말로 하나님의 원래 목적을 다시 언급하셨다. "본래는 그렇지 아니하니라." 이와 같이 하나님의 양보조차도 원칙적으로는 하나님의 제도와 상반되는 것이었다.

바리새인들은 이혼을 가볍게 생각했다. 예수님은 그것을 너무나 심각하게 생각하셔서, 단 하나의 예외만 빼고는 이혼 후의 모든 재혼이 간음이라고 하셨다.

이것이 바리새인들과 하신 논쟁의 결론이었으며, 이것이 산상수훈에 기록되어 있다. 두 진술을 나란히 살펴보면 도움이 될 것이다.

> 나는 너희에게 이르노니 누구든지 음행한 이유 없이 아내를 버리면 이는 그로 간음하게 함이요 또 누구든지 버림받은 여자에게 장가드는 자도 간음함이니라(마 5:32).

> 내가 너희에게 말하노니 누구든지 음행한 이유 외에 아내를 버리고 다른 데 장가드는 자는 간음함이니라(마 19:9).

하나님은 결혼을 배타적이고 영구적인 연합, 친히 만드신 것으로 사람이 절대 깨서는 안 되는 연합으로 제정하셨다. 예수님은 배우자와 이혼하고 다른 사람과 결혼하거나, 이혼한 사람과 결혼하는 것은 금지된 간음 관계를 맺는 것이라는 불가피한 추론을 도출하신다. 인간의 법으로 보기에는 이미 이혼한 사람이라도 하나님이 보시기에는 여전히 자신의 첫 번째 배우자와 결혼한 것이기 때문이다.

이 원리에 대해 단 한 가지 예외가 있다. **"음행한 이유 없이"**(마 5:32) 혹은 **"음행한 이유 외에"**(마 19:9)라는 것이다. 소위 '예외 조항'은 유명한 난제다. 주석가들은 그 말의 진정성과 그 의미에 대해 의견이 일치하지 않는다.

첫째, 그 진정성이다. 사실상 모든 보수적 주석가가 그렇게 하듯, 나도 우리가 이 조항을 마태복음의 진정한 일부로 받아들일 뿐 아니라 (어떤 사본도 그것을 빼놓지 않으므로) 또한 예수님의 진정한 말씀으로 받아들여야 한다고 주장한다. 많은 사람이 그것을 마태가 써넣은 것으로 간주하여 예수님이 정말 하신 말씀으로 받아들이지 않는 이유는, 마가복음과 누가복음의 병행 본문들에는 그 말이 나와 있지 않기 때문이다. 하지만 플러머(Plummer)가 이같이 예외 조항을 편집자의 해설이라고 쉽게 일축해 버리는 것을 '폭력적 가설'[2)]이라고 부른 것은 적절했다.

그것이 마가복음과 누가복음에 나오지 않는 이유는 그들이 그것을 몰랐기 때문이 아니라 당연하게 받아들였기 때문일 가능성이 훨씬 더 크다. 결국 모세 율법에서는 간음을 사형으로 벌할 수 있었다(예수님 시대 무렵에는 이 범죄에 대해 사형을 언도하는 것은 폐지된 것처럼 보이지만).[3)] 그래서 부부

간에 정조를 지키지 않은 것이 이혼의 정당한 근거라는 사실에 대해 아무도 의문을 제기하지 않았을 것이다. 심지어 서로 경쟁자인 랍비 샴마이와 랍비 힐렐조차 이 점에 대해서는 의견이 일치했다. 그들의 논쟁은 신명기 24장 1절에 나오는 '수치 되는 일'이라는 표현이 얼마나 더 광범위하게 해석될 수 있는가 하는 것이었다.

예외 조항에 대한 두 번째 질문은 **음행**(unchastity)의 의미에 관한 것이다. 헬라어는 '포르네이아(porneia)'다. 그 말은 보통 결혼하지 않은 사람의 부도덕을 나타내는 '음행(fornication)'으로 번역되며, 종종 결혼한 사람의 부도덕을 나타내는 '모이케이아(moicheia, 간음, adultery)'와는 구분된다. 이런 이유로 어떤 사람이 혼전에 지은 성적인 죄가 나중에 발견된다면, 그 예외 조항으로 인해 이혼이 허용된다고 주장한 사람들도 있다. 또 어떤 사람들은 신명기 24장 1절에 나오는 '수치 되는 일'도 그와 똑같은 의미를 지닌다고 생각한다. 하지만 그 헬라어는 이런 식으로 제한할 수 있을 만큼 정확하지는 않다.

포르네이아는 포르네, 곧 매춘부에서 나온 말로, 그녀(혹은 그녀의 고객)가 결혼을 했는지 결혼을 하지 않았는지는 명시하지 않는다. 게다가 그 말은 칠십인 역에서 호세아의 아내 고멜에 대해 사용된 경우처럼, 여호와의 신부인 이스라엘의 부정함에 대해 사용되었다(호 1:2, 3; 2:2, 4). 그렇기 때문에 우리는 **포르네이아**가 "간음, 음행, 변태적인 악을 포함하는 포괄적인 단어"[4]라는 태스커의 결론에 동의해야 할 듯하다.

동시에 우리는 반대 극단으로 가서, 포르네이아가 막연한 의미에서 성적인 범주의 모든 범죄를 하나도 빠짐없이 다 포함한다고 마음대로 주장할 수는 없다. **포르네이아**는 '음행' 곧 육체적이고 성적인 부도덕 행위만을 의미한다.

그렇다면 예수님은 무엇을 가르치셨는가? 스톤하우스(N. B. Stonehouse)는 산상수훈에 나오는 대조의 첫 번째 부분을 잘 풀어서 설명한다.

> 너희는 유대 선생들이 남편이 자기 아내에게 정식 증서만 하나 주면
> 마음대로 이혼하도록 허용하는 정책을 입증하기 위해
> 신명기 24장 1절에 호소하는 것을 들었으나.[5]

예수님은 이어서 "나는 너희에게 이르노니" 남편 쪽에서 그런 무책임한 행동을 하면, 그와 그의 아내가 두 번째 배우자와 결합하는 것은 결혼이 아닌 간음 관계가 될 것이라고 말씀하신다. 이런 일반 원리에는 하나의 예외가 있다.

제7계명을 어기지 않고 이혼과 재혼이 가능한 단 한 가지 상황은 어떤 심각한 성적 범죄로 인해 이미 계명을 어긴 경우뿐이다. 이 경우에만 이혼이 허용될 수 있다고, 혹은 적어도 결백한 쪽이 간음이라는 낙인이 찍히지 않고 이혼할 수 있다고 가르치신다.

오늘날에 '부부 간의 위반 행위(matrimonial offense)'보다는 결혼생활의 '돌이킬 수 없는 와해'나 '죽음'에 기초해서 이혼법을 제정하려는 경향은 더 공정한 법을 만드는 데는 도움이 될지 모르지만, 예수님의 가르침에 부합하는 것이라고는 말할 수 없다.

그럼에도 불구하고, 문제는 거기서 끝날 수 없다. 예수님이 이렇게 마

지 못해 허용한 것은 있는 그대로, 즉 인간 마음의 완악함에 맞게 조정하신 것으로 보아야 하기 때문이다. 게다가 바로 앞뒤 문맥 안에서(그리스도께서 하나님의 목적 안에서 결혼의 영구성을 단호하게 확인하신 것) 그리고 또한 화해의 복음을 선포하는 산상수훈과 성경 전체라는 더 넓은 문맥 안에서 읽어야 한다.

영적 연인이신 하나님이 심지어 간음을 행하는 그의 아내 이스라엘에게 기꺼이 다시 구애하시는 것은 대단히 의미심장한 일이 아닌가(렘 2:1; 3:1; 4:1; 호 2:1-23)? 그러므로 우리가 이 주제에 대해 논할 때 먼저 이혼의 합법성에 대한 조사부터 해서는 절대 안 된다. 이혼의 근거에 몰두하는 것은 예수님이 정죄하신 바로 그 바리새인들의 죄를 짓는 것이다.

랍비들과 논쟁할 때 예수님이 강조하신 것은 모두 긍정적이다. 즉, 하나님은 원래 결혼을 배타적이고 영구한 관계로 제정하셨다는 것, 하나님이 두 사람을 연합하여 '멍에를 매게' 하셨으며 그것을 사람이 깨뜨려서는 안 된다는 것, 그리고 (덧붙이자면) 예수님이 자기 제자들에게 서로 사랑하고 모든 분쟁과 불화의 상황에서 화평케 하는 자가 되라고 명하신 것 등이다.

크리소스톰은 이 본문을 팔복과 연관시키며, 이렇게 설교한다. "온유하고, 화평하게 하는 자이며, 심령이 가난하고, 긍휼히 여기는 사람이 어떻게 자기 아내를 내쫓을 수 있단 말인가?"[6] 이 거룩한 이상, 목적, 부르심에서, 이혼은 단지 비극적인 일탈로 볼 수밖에 없다.

따라서 나는 목사로서, 누군가가 내게 이혼에 대해 말해 달라고 부탁할 때마다 거절한 지가 꽤 되었다. 나는 먼저 다른 두 주제, 즉 결혼과 화해라는 주제에 관해 이야기를 나눌 때까지는 누구하고든 이혼에 대해 절대 말하지 않는다는 원칙을 세웠다. 결혼에 대한 하나님의 견해 및 화해에 대한 하나님의 명령을 이해하고 받아들일 때만, 이혼에 대해 유감의 뜻을 표하면서 계속 이야기해 나갈 수 있는 배경이 형성된다. 나는 목회적 우선순위에 대한 이러한 원리가 예수님의 가르침과 일관된다고 믿는다.

말의 진실함
(33절)

이혼에 대한 랍비들의 태도가 허용적이었듯이, 맹세에 대한 그들의 가르침 또한 허용적이었다. 그것은 그들이 구약 성경을 보다 더 순종하기 쉽게 만들기 위해 기만하며 다룬 것에 대한 또 하나의 예다. 우리는 먼저 모세 율법을 살펴보고, 그다음에 바리새인들이 그것을 어떻게 왜곡시켰는지, 마지막으로 예수님이 주장하신 율법의 참된 의미에 대해 살펴보려고 한다.

> 또 옛사람에게 말한바 헛맹세를 하지 말고 네 맹세한 것을 주께 지키라 하였다는 것을 너희가 들었으나(마 5:33).

이 말씀은 모세 율법 가운데 하나를 정확하게 인용한 문장이 아니다.

맹세를 하는 사람에게 그 맹세를 지키라고 요구하는 서너 개의 구약 명령을 부정확하게 요약해 놓은 것도 아니다. 여기서 말하는 맹세는 엄밀히 말하면, 말하는 사람이 하나님께 자기 맹세의 증인이 되어 달라고, 그리고 그가 그 맹세를 깨면 벌을 내려 달라고 요청하는 '서약(oath)'이다. 모세는 종종 거짓 맹세의 악함과 하나님께 서약한 것을 이행해야 할 의무를 강조했다. 여기에 몇 가지 예가 있다.

너는 네 하나님 여호와의 이름을
망령되게 부르지 말라(출 20:7, 제3계명).

너희는 내 이름으로 거짓 맹세함으로
네 하나님의 이름을 욕되게 하지 말라(레 19:12).

사람이 여호와께 서원하였…으면 깨뜨리지 말고(민 30:2).

네 하나님께 서원하거든 갚기를 더디 하지 말라(신 23:21).

이 계명들은 피상적으로만 읽어보아도 그 의도를 분명히 알 수 있다. 그 계명들은 거짓 맹세 혹은 위증, 즉 서원을 하고 나서 후에 그것을 어기는 것을 금한다.

하지만 궤변적 바리새인들은 이 거북한 금지 사항들에 제한을 두려 애썼다. 그들은 서원 자체와 그것을 지킬 필요성에서, 그 서원을 하는 데 사용된 표현으로 사람들의 주의를 돌렸다. 그들은 율법이 정말로 **금하고 있는 것은** 여호와의 이름을 **망령되이** 부르는 것이 아니라 망령되이 **여호와의 이름을 부르는 것**이라고 주장했다.

그들은 '거짓 맹세'는 위증(부정직하게 서약의 말을 하는 것)이 아니라 불경함(신적 이름을 불경하게 사용하는 것)을 의미한다고 결론을 내렸다. 그래서 그들은 서원을 하는 것에 대한 정교한 규칙들을 개발했다. 그들은 어떤 표현들을 허용할 수 있는지 열거했으며, 하나님의 이름을 포함한 표현을 사용해야만 그 서원이 구속력을 지닌다고 덧붙였다. 그리고 그들은 하나님의 이름이 사용되지 않은 서원들은 별로 세심하게 지킬 필요가 없다고 말했다.

예수님은 바리새인들(주님은 그들을 '눈먼 인도자'라고 부르셨다)에 대해 말씀하신 한 가지 '화'에서 이와 같은 궤변에 대한 경멸을 표현하셨다. 마태가 나중에 그것을 기록했다.

> 화 있을진저 눈먼 인도자여 너희가 말하되
> 누구든지 성전으로 맹세하면 아무 일 없거니와
> 성전의 금으로 맹세하면 지킬지라 하는도다
> 어리석은 맹인들이여 어느 것이 크냐 그 금이냐
> 그 금을 거룩하게 하는 성전이냐 너희가 또 이르되
> 누구든지 제단으로 맹세하면 아무 일 없거니와 그 위에 있는
> 예물로 맹세하면 지킬지라 하는도다 맹인들이여
> 어느 것이 크냐 예물이냐 그 예물을 거룩하게 하는 제단이냐

> 그러므로 제단으로 맹세하는 자는 제단과 그 위에 있는
> 모든 것으로 맹세함이요 또 성전으로 맹세하는 자는
> 성전과 그 안에 계신 이로 맹세함이요
> 또 하늘로 맹세하는 자는 하나님의 보좌와
> 그 위에 앉으신 이로 맹세함이니라(마 23:16-22).

산상수훈에 나오는 우리 주님의 가르침도 비슷하다. 주님이 자신의 가르침을 랍비들의 가르침과 대조시킬 때, 두 번째 부분은 다음과 같다.

> 나는 너희에게 이르노니
> 도무지 맹세하지 말지니 하늘로도 하지 말라
> 이는 하나님의 보좌임이요 땅으로도 하지 말라
> 이는 하나님의 발등상임이요 예루살렘으로도 하지 말라
> 이는 큰 임금의 성임이요 네 머리로도 하지 말라
> 이는 네가 한 터럭도 희고 검게 할 수 없음이라
> 오직 너희 말은 옳다 옳다, 아니라 아니라 하라
> 이에서 지나는 것은 악으로부터 나느니라(마 5:34-37).

주님은 먼저 서원을 하는 데 사용된 표현에 대한 문제는 완전 잘못 짚은 것이며, 특히 바리새인들이 하나님을 언급하는 표현과 언급하지 않는 표현을 구분하는 것은 완전히 인위적이라고 단언하신다. 아무리 애써도 어떻게든 하나님을 언급할 수밖에 없다. 온 세상이 하나님의 것이

며 세상 어디에서도 그분을 제거할 수는 없기 때문이다.

만일 우리가 '하늘'로 서원한다면 그것은 하나님의 보좌다. '땅'으로 서원한다면 그것은 그분의 발등상이다. '예루살렘'으로 서원한다면 그것은 그분의 성, **큰 임금의 성**이다. 우리 머리로 서원한다면 그건 우리 것이다. 다른 아무의 것도 아니라는 의미에서다. 하지만 그럼에도 그것은 하나님이 창조하신 것이며 하나님의 주관하에 있다. 우리는 심지어 머리카락 한 올조차 그 본래의 색을 바꿀 수 없다.

그러므로 서원의 표현 문제가 잘못 짚은 것이라면, 그 공식에 열중하는 것은 전혀 율법의 요지가 아니었다. 서원을 한 사람은 어떤 인증 표현을 사용했든 누구나 그 서원을 지켜야 한다. 그러므로 엄밀히 말해 모든 공식은 다 불필요하다. 서원은 거기 수반되는 표현에 상관없이 구속력이 있다.

그렇기 때문에, 율법의 진짜 의미는 우리가 약속을 지켜야 하고 자신의 말에 충실한 사람이 되어야 한다는 것이다. 그렇다면 서원은 불필요해진다. "도무지 맹세하지 말지니"(마 5:34), 그보다 "오직 너희 말은 옳다 옳다, 아니라 아니라 하라"(마 5:37). 사도 야고보가 후에 말하듯이, "오직 너희가 그렇다고 생각하는 것은 그렇다 하고 아니라고 생각하는 것은 아니라 하라"(약 5:12).

그리고 예수님은 "이에서 지나는 것은 악으로부터 나느니라"고 덧붙이신다. 우리 마음의 악과 그것의 기본적 속임으로부터 나거나, 아니면 예수님이 "거짓말쟁이요 거짓의 아비"(요 8:44)라고 하신 악한 자로부터 나는 것이다. 이혼이 인간의 완악한 마음에서 비롯한 것이라면, 맹세는 인간의 진실하지 못함에서 비롯한다. 율법에서는 둘 다 허용한다. 하지만 둘 중 어떤 것도 명령하지는 않았다(신 23:22). 그러므로 둘 다 필연적인 것이 되어서는 안 된다.

이 시점에서 우리 마음속에 두 가지 질문이 생겨날 것이다.

첫째, 맹세가 금지된 것이라면, 왜 하나님은 자신을 성경에서 서약을 사용하셨는가? 예를 들면, 왜 하나님은 아브라함에게 "내가 나를 가리켜 맹세하노니…내게 네게 큰 복을 주고"(창 22:16-17; 히 6:13-18)라고 말씀하셨는가?

이런 질문에 대한 대답은 하나님의 맹세의 목적이 하나님을 더 신빙성 있는 분으로 만들기 위한 것이 아니라(하나님은 사람이 아니시니 거짓말을 하지 않으시므로, 민 23:19) 우리의 믿음을 이끌어 내고 확증하기 위함이었다는 것이다. 하나님을 이렇게 인간의 수준까지 내려오시도록 만든 것은 하나님의 불성실함 때문이 아니라 우리의 불신 때문이다.

둘째, 맹세가 금지된다면, 그 금지는 절대적인가? 예를 들어, 그리스도인들은 그 말씀에 순종하기 위해 어떤 목적으로든 진술서에 거짓이 없음을 선서하지 말아야 하는가? 재침례교도들은 16세기에 이런 입장을 취했으며, 대부분의 퀘이커 교도는 오늘날도 여전히 그런 입장을 취한다. 타협하지 않고자 하는 그들의 열망에는 찬탄을 보내지만, 그들의 해석이 지나치게 문자적인 것이 아닌가 하는 생각이 들 수도 있다.

결국, 마태가 후에 기록한 바로는, 대제사장들이 "내가 너로 살아 계신 하나님께 맹세하게 하노니 네가 하나님의 아들 그리스도인지 우리에게 말하라"고 하면서 예수님께 맹세하게 했을 때, 대답하기를 거절하시지 않았다. 그분은 자신이 하나님의 아들이며, 후에 하나님 우편 보좌에 앉아 있는 것을 볼 것이라고 인정하셨다(마 26:63-64). 예수님이 가르침을 통해 강조하신 것은 진실한 사람들은 맹세에 의지할 필요가 없다는 것이었다. 그 말이 곧 어떤 외부 권력이 맹세를 요구한다면 그것을 거절해야 한다는 의미는 아니었다.

이 말씀을 현대에 어떻게 적용할지 알아내기는 어렵지 않다. 예수님의 가르침은 시간을 초월하는 것이기 때문이다. 맹세하는 것(즉, 서약을 하는 것)은 실제로는 우리 자신의 진실하지 못함을 애처롭게 고백하는 것이다. 왜 우리는 약속을 할 때 뭔가 엄청난 표현, 곧 "천사장 가브리엘과 천군천사에 의지해서 맹세한다"거나 "거룩한 성경에 의지하여 맹세한다"는 말로 시작하고 싶어 할까?

단 한 가지 이유는 우리의 단순한 말로는 신뢰를 받을 가능성이 별로 없다는 것을 알기 때문이다. 그래서 우리는 엄숙한 맹세를 덧붙여서 사람들이 우리를 믿게 만들려 애쓴다. 흥미롭게도, 엣세네파(예수님 당시의 유대 분파)는 이 문제에서 높은 기준을 갖고 있었다. 요세푸스는 그들에 대해 이렇게 썼다.

> 그들은 대단히 성실했으며 평강의 사신들이었다.
> 또한 그들이 말하는 것은 무엇이든 서약보다 더 확고했다.
> 하지만 그들은 맹세하는 것을 피했다.
> 그리고 그들은 맹세를 위증보다 더 나쁜 것으로 평가했다.
> 그들은 하나님(에 의해 맹세함) 없이는 믿을 수 없는 사람이라면

이미 정죄를 받은 것이라고 말했다.[7]

　모든 형태와 과장법, 최상급의 사용도 마찬가지다. 우리는 즐거운 시간을 보냈다고 말하는 것으로 만족하지 않는다. 그것을 '환상적인(fantastic)', '굉장한(fabulous)', 혹은 심지어 '환상적으로 굉장한(fantabulous)' 아니면 다른 신조어들로 묘사해야 한다. 하지만 그런 표현들에 더 의지할수록, 우리는 인간의 언어와 약속들을 더 평가절하하는 셈이다.

　그리스도인들은 진심으로 말해야 하고 자신의 말이 진정 의미 있는 것이 되도록 해야 한다. '옳다' 혹은 '아니다'라는 꾸밈없는 말로 충분하다. 그리고 그 짧은 말로 충분히 의미를 표현할 수 있는데 왜 뭔가를 더해서 쓸데없는 말을 하는가?

The Message of the Sermon on the Mount

Chapter. 06

그리스도인의 의, 궁극의 사랑 (마 5:38-48)

가장 큰 도전, 원수를 친구로 변화시키는 사랑

마지막 두 대조는 산상수훈의 최고점이다. 그것은 가장 흠모의 대상이자 동시에 가장 분개의 대상으로, 그리스도께서 우리에게 **악한 자**(39절)와 우리 **원수**(44절)에게 보이라고 명하시는 전적인 사랑의 태도다.

산상수훈의 도전이 여기보다 더 큰 곳은 없다. 기독교 대항문화의 독특함이 여기보다 더 분명하게 나타나는 곳은 없다. 우리에게 성령(그분의 첫 번째 열매는 사랑이다)의 능력이 여기보다 더 절실히 필요한 곳은 없다.

수동적으로 보복하지 않음
(38-42절)

여기에 예수님이 인용하신 랍비들의 가르침은 모세 율법에서 직접 인용한 것이다. 이런 점에서, 모세 율법은 도덕법이었을 뿐 아니라 민법이었다는 사실을 기억할 필요가 있다. 예를 들어, 출애굽기 20장은 십계명(도덕법을 증류한 것)을 담고 있다. 다른 한편, 출애굽기 21장에서 23장까지에는 일련의 법령들이 나와 있는데, 십계명의 기준들이 새로 형성된 민족의 삶에 적용된다. 여기에는 다양한 '판례법'이 나오는데, 사람이나 재산에 손해를 끼친 것에 대해 특별히 강조한다. 이러한 법률 제정 과정에서 이 말이 나온다. "사람이 서로 싸우다가…다른 해가 있으면 갚되 생명은 생명으로, 눈은 눈으로, 이는 이로, 손은 손으로, 발은 발로, 덴 것은 덴 것으로, 상하게 한 것은 상함으로, 때린 것은 때림으로 갚을지니라"(출 21:22-25; 레 24:19-20; 신 19:21).

전후 문맥을 보면 이것이 이스라엘 재판장들에게 준 지시임을 분명하게 알 수 있다. 신명기 19장 17-18절에서는 실제로 재판장들이 언급된다. 그것은 동해보복법(lex talionis), 곧 피해를 당한 것과 정확하게 똑같은 수단으로 벌하는 것을 나타냈다. 그 법의 목적은 가해자가 마땅히 받아야 하는 벌을 구체적으로 언급해 정의의 기초를 놓고, 또한 희생자에게 정확히 똑같은 만큼만 배상하고 그 이상은 하지 못하도록 제한하기 위한 것이었다. 그래서 그것은 정의를 규정하고 복수를 제한하는 두 가지 효과가 있었다. 또한 가족 간 반목이라는 무시무시한 보복에 의해 스스로

법을 시행하는 일을 금했다.

손상이나 상해에 대한 보복이 예수님 당시 유대인들의 법적 관행에서는 금전적 벌칙 혹은 '손해배상금'으로 대체되었음이 거의 확실하다. 사실 훨씬 더 이른 시기에도 이 사실을 보여 주는 증거가 있다. 출애굽기에서 동해보복법 바로 뒤에 나오는 구절들을 보면 어떤 사람이 자기 종을 너무 때려서 그의 눈이 상하거나 이를 쳐서 빠뜨리면 그 사람의 눈이나 이를 빼는 대신(그 사람은 그런 벌을 받아야 마땅하겠지만 불구가 된 종에게는 그것이 아무런 보상이 되지 못했을 것이다), 그 종을 방면해 주어야 한다고 규정한다. "그 눈(혹은 이)에 대한 보상으로 그를 놓아줄지니라"(출 21:26-27). 우리는 다른 경우들에도 살인의 경우 외에는("생명은 생명으로") 육체적으로 이러한 처벌을 요구하지 않았다고 확신할 수 있다. 그 대신 손해를 변상하는 것으로 대체되었다.

하지만 서기관들과 바리새인들은 이런 정당한 징벌 원리를 법정(그것이 속한 곳)에서 대인관계(그것이 속하지 않은 곳) 영역으로 확장했다. 그들은 개인적 보복을 정당화하기 위해 그것을 사용하려 했다. 그러나 그것은 율법에서 "원수를 갚지 말며 동포를 원망하지 말며"(레 19:18)라고 명백하게 금한 것이었다.

예수님은 대답하시며 응보의 원리를 반박하지는 않으셨다. 그것은 참되고 정당한 원리이기 때문이다. 후에 산상수훈에서는 그것을 "비판을 받지 아니하려거든 비판하지 말라"(마 7:1)라는 형태로 말씀하셨다. 그리고 마지막 날 무시무시한 하나님의 심판이 있으리라는 모든 가르침은 동일한 원리에 기초한 것이다.

예수님이 그렇게 말씀하신 이유는 보복의 원리가 법정과 하나님의 심판에 관계된 것이긴 하지만, 개인적 관계에는 적용할 수 없다는 것이다. 이러한 관계들은 정의가 아니라 사랑에 기초해야 한다. 우리에게 해를 끼친 개인들에 대해 우리가 해야 할 것은 보복이 아니라, 복수나 보복 없이 불의를 대하는 것이다. "악한 자를 대적하지 말라"(마 5:39).

하지만 대적하지 말라는 명령이 의미하는 것은 정확하게 무엇인가? 대적하다라는 헬라어 동사 '안티스테미(anthistēmi)'는 분명하다. 그것은 어떤 사람 혹은 어떤 것에 대해 저항하거나, 대항하거나, 반항하거나, 반대하지 말라는 것이다. 그렇다면 누구에게 혹은 무엇에 저항하지 말라는 것인가?

아마도 신약에 나오는 그 동사의 다른 용례들을 보면 그 의미를 생각하는 데 도움이 될 것이다. 그 말의 주된 부정적 용례에 따르면, 우리는 우선 무엇보다도 하나님과 그분의 뜻과 그분의 진리에 혹은 그분의 권위에 저항해서는 안 된다.[1] 하지만 마귀에게는 저항해야 한다고 끊임없이 나온다. 사도 바울, 베드로, 야고보는 모두 특히 '악한 자', 그리고 그분의 뜻에 따르는 모든 악의 권세에 대적하라고 말한다(엡 6:13; 벧전 5:9; 약 4:7). 그러면 예수님이 어떻게 악에 저항하지 **말라고** 말씀하실 수 있단 말인가?

우리는 절대 예수님의 명령을 죄나 사단과 타협하라는 권유로 해석해서는 안 된다. 그럴 수는 없다. 그분의 가르침을 올바로 이해하기 위한 첫 번째 단서는 '토 포네로(tō ponērō, 악)'가 여기에서 중성형이 아니라 남성형이라는 것이다. 우리가 저항하지 말아야 하는 것은 악 자체, 곧 추상적인 악도, 마귀를 의미하는 '악한 자(the evil one)'도 아니고 악한 사람, **악한 자**(one who is evil, RSV)다.

예수님은 그가 악하다는 것을 부인하지 않는다. 따라서 그가 악한 사람이 아닌 것처럼 여기라거나, 그의 악한 행동을 너그럽게 보아주라고 요구하시지 않는다. 예수님이 허용하시지 않는 것은 우리가 보복을 하는 것이다.

그다음에 나오는 네 개의 짧은 예는 모두 보복하지 않는 그리스도인의 원리를 적용하며, 어느 정도까지 그렇게 해야 하는지 보여 준다. 그것들은 다양한 삶의 상황에서 나온 생생한 예들이다. 각 예에는 우리에게 손상을 입히려 하는 한 사람(어떤 의미에서 '악한' 사람)이 나온다. 어떤 사람은 우리의 얼굴을 때림으로, 다른 사람은 우리를 법정에 고소함으로, 세 번째 사람은 우리에게 섬김을 강요함으로, 그리고 네 번째 사람은 우리에게 돈을 빌려 달라고 하여 손해를 입히려 한다.

다소 구식인 것처럼 보이는 세 번째 것만 빼고는 모두 대단히 현대적인 느낌을 지니고 있다. '**억지로 하게 하다**(forces)'라고 번역된 동사 '앙가루세이(angareusei)'는 페르시아어에서 유래한 단어로, 요세푸스가 "군대 수화물을 억지로 운송하는 것"[2)]과 관련해서 사용했다. 그것은 오늘날 우리가 자원해서 하는 것이 아니라 징집되어서 하는 모든 봉사에 적용될 수 있다. 네 가지 상황에서 예수님은 우리 그리스도인들의 의무는 절대 보복하지 말고 심지어 '악한' 사람이 우리에게 손해를 갑절로 입히는 것까지 허용해야 한다고 말씀하신다.

매우 불편할지 모르지만, 때로는 우리가 이러한 요구를 피하지 못하고 문자 그대로 순종해야 할 때가 있을 거라고 단호히 말할 필요가 있다. 이미 우리의 오른편 뺨을 때린 사람에게 왼뺨도 내밀어야 한다는 것은 엄청난 일처럼 보일 것이다. 예수님은 아마 통상적인 모욕이 아니라 "상당히 특정한 모욕적 구타, 즉 예수님의 제자들을 이교도라고 하면서 때린 것"3)을 염두에 두고 계셨으리라는 점을 생각하면 더욱 그렇다. 하지만 이것이 예수님이 요구하시는 기준이며, 그분이 성취하신 기준이다.

구약 성경에는 그분에 대해 이렇게 썼다. "나를 때리는 자들에게 내 등을 맡기며 나의 수염을 뽑는 자들에게 나의 뺨을 맡기며 모욕과 침 뱉음을 당하여도 내 얼굴을 가리지 아니하였으니라"(사 50:6). 그리고 실제로 먼저 유대인 경비대가 예수님께 침을 뱉었고, 그분의 눈을 가렸으며, 얼굴을 때렸고, 그다음에 로마 군인들도 그대로 따라 했다. 그들은 예수님께 가시관을 씌웠고, 왕이 입는 자색 옷을 입혔으며, 갈대 홀을 주었고, "유대인의 왕이여 평안할지어다"라고 야유했고, 조롱하는 충성의 몸짓으로 그분 앞에 무릎 꿇고 절을 했고, 그분의 얼굴에 침을 뱉었고 손으로 때렸다(막 14:65; 15:16-20). 그러나 예수님은 절제와 사랑의 무한한 위엄으로 평강을 유지하셨다. 주님은 그들이 잔인한 조롱을 끝까지 계속하도록 허용하심으로 보복을 완전히 거부하는 모습을 보여주셨다.

더구나 여기에서 예수님의 가르침과 행동이 주는 도전을 단순히 비실제적인 이상주의로 치부하고 얼른 빠져나가려고 하기 전에, 예수님이 자기 제자들을 "그분의 십자가에 대한 가시적 참여"4)로 부르셨음을 기억해야 한다. 베드로는 그것을 이렇게 표현한다.

> 그리스도도 너희를 위하여 고난을 받으사
> 너희에게 본을 끼쳐 그 자취를 따라오게 하려 하셨느니라…
> 욕을 당하시되 맞대어 욕하지 아니하시고
> 고난을 당하시되 위협하지 아니하시고
> 오직 공의로 심판하시는 이에게 부탁하시며(벧전 2:21-23).

스펄전이 말했던 인상적인 표현을 빌자면, "나쁜 사람들이 망치라면 우리는 모루 같은 존재가 되어야 한다."[5)]

그렇다. 하지만 모루가 되는 것과 현관 매트가 되는 것은 별개다. 예수님이 말씀하신 예들과 예수님이 친히 보이신 본보기는 아무 저항도 하지 않는 약골의 모습이 아니다. 예수님은 법정에서 대제사장에게 심문을 받으셨을 때 대제사장에게 도전하셨다(요 18:19-23). 그 예들은 오히려 자기 통제력과 다른 사람에 대한 사랑이 너무 강해서 생각할 수 있는 모든 형태의 복수를 완전히 거부하는 강한 사람을 묘사한다.

게다가 아무리 예수님의 가르침이 의미하는 바를 회피하지 않으려 애쓴다 해도, 여전히 그 네 가지 예를 경직되게, 아무 상상력도 가미하지 않고, 문자 그대로 해석할 수는 없다. 이것은 부분적으로는 그 예들이 상세한 규정들이 아니라 하나의 원리에 대한 예시로 주어진 것이기 때문이고, 부분적으로는 그것들이 예시하려는 원리를 지지하는 것으로 보아야 하기 때문이다.

그 원리란 사랑이다. 곧 상처를 입었을 때 복수를 해서 스스로 만족하기를 거부하고, 대신 상대방과 사회가 가장 잘되는 길이 무엇인지 연구하여 그에 따라 자신의 반응을 결정하는 사람의 이타적인 사랑이다. 그는 분명 절대 되받아치지 않을 것이며, 악을 악으로 갚지 않을 것이다. 그는 개인적 원한에서 완전히 자유로워졌기 때문이다. 그 대신 그는 악을 선으로 갚으려 애쓴다. 그래서 그는 사랑이 요구한다면 기꺼이 그의 몸과, 그의 옷과, 그의 섬김과, 그의 돈을 있는 힘껏 주려 한다.

이처럼, 그리스도인의 관대함을 제한하는 것은 사랑 자체가 부과하는 제한뿐이다. 예를 들어, 사도 바울은 사도 베드로를 앞에서 '책망한'('보복'과 같은 헬라어 단어) 적이 있다. 베드로의 행동은 잘못되었고 악했다. 그는 이방인 형제들과 교제하다가 물러났으며 그래서 복음에 반하는 행동을 했다. 바울은 베드로가 책망받지 않고 슬쩍 넘어가도록 봐주었는가? 그렇지 않다. 그는 베드로에게 대항하여, 공개적으로 그를 책망하고 그의 행동을 공공연히 비난했다. 그리고 나는 바울의 행동이야말로 참된 사랑의 표현이었다고 생각한다. 바울은 베드로에게 개인적 원한이 전혀 없었으며(바울은 베드로를 때리거나, 그를 모욕하거나 상해를 입히지 않았다), 다른 한편으로는 베드로가 모욕한 이방인 그리스도인들과 그가 부인한 복음에 대한 강력한 사랑이 있었기 때문이다(갈 2:11-14).

마찬가지로, 그리스도께서 든 예들이 어떤 부도덕한 폭군, 불량배, 거지, 혹은 흉악범에게도 허가장을 주는 것으로 여겨서는 안 된다. 그분의 목적은 불의, 부정직, 혹은 악을 조장하려는 것이 아니라, 보복을 금하려는 것이었다. 하나님의 의로운 통치를 확장하는 것을 최우선으로 추구하는 사람들이 어떻게 동시에 불의를 전파하는 데 이바지할 수 있단 말인가? 참된 사랑은 개인과 사회 둘 다를 돌보면서, 악을 저지하고 선을 증진하기 위해 행동한다.

그리스도는 악을 조장하는 무책임을 가르치는 것이 아니라, 보복을 부인하는 관용을 가르치신다. 진정한 기독교적 무저항은 보복하지 않는 것이다.

"악에 저항하지 말라(resist not evil)"는 명령은 어떠한 상황에서도 폭력 사용을 금하는 평화주의의 기초로 받아들여져 왔다. 이에 대한 가장 터무니없는 경우 중 하나는 루터가 말하는 "미친 성도"다. "그는 이 본문 때문에 벼룩이 자신을 조금씩 물어뜯도록 놔두고, 벼룩을 한 마리도 죽이지 않기로 작정한다. 자신이 고난을 받아야 하고 악에 저항할 수 없다고 주장하면서 말이다!"[6]

역시 극단적이긴 하지만, 좀 더 좋은 예는 유명한 19세기 러시아 소설가이자 사회 개혁가인 레프 톨스토이였다. 그는 『내가 믿는 것』(*What I Believe*)이라는 책에서 인생의 의미에 대해 개인적으로 깊은 당혹감을 느끼던 시기에 어떻게 "불가사의한 한 권의 책을 홀로 대면하게 되었는지" 말했다. 그가 산상수훈을 읽고 또 읽을 때 "나는 갑자기 전에 이해하지 못했던 것을 이해했다." 그가 생각하기에, 그것은 교회 전체가 1800년간 오해했던 것이었다. "나는 그리스도의 말씀이" 특히 "악한 자를 대적하지 말라"는 그분의 명령이 "빈말이 아니라 그대로 받아들여야 하는 말이라는 것을 이해했다." "이 말의 명백한 의미를 이해하고 보니…이 말은 내게는 참으로 다른 모든 것을 열어 주는 열쇠였다."[7]

그 책 두 번째 장(비저항의 명령)에서 그는 예수님의 말씀을 개인과 제도에 대해 모든 물리적 폭력을 금하는 것으로 해석한다. "그리스도를 하나님이라고 고백하고, 악한 자에게 저항하지 않는 것이 예수님의 가르침의 기초라고 고백하면서, 동시에 의식적이고 태연하게 재산, 법정, 정부, 군대 설립 등을 위해 일할 수는 없다…."[8] 또한 "그리스도는 법정이라는 인간적 제도를 완전히 금하신다." 그것들은 악에 저항하고 심지어 악을 악으로 갚기까지 하기 때문이다.[9] 그는 같은 원리가 경찰과 군대에도 적용된다고 말한다. 사람들이 그리스도의 명령들에 마침내 순종할 때, "모든 사람은 형제가 될 것이며, 모든 사람은 서로 평화롭게 지낼 것이다…그때 하나님의 나라가 임할 것이다."[10]

그리고 마지막 장에서 "원수가 올 것이고…싸우지 않으면 그들이 당신을 죽일 것"이라며 그의 생각이 순진하다는 비난에 대해 자신을 변호하면서, 그는 인간이란 기본적으로 이성적이며 상냥하다는 천진난만한 (실로 잘못된) 교리를 드러낸다. 심지어 "소위 말하는 범죄자들과 강도들까지도…나와 마찬가지로 선을 사랑하고 악을 미워한다." 그리고 그리스도인들이 가르치고 보여 주는 진리를 통해, 비폭력주의자들이 다른 사람들을 섬기는 일에 일생을 바치는 것을 보게 될 때, "음식을 빼앗거나 자기를 섬기는 사람들을 죽일 만큼 분별없는 사람은 없을 것이다."[11]

톨스토이의 글에 깊은 영향을 받은 사람이 한 명 있었으니, 그가 바로 간디다. 이미 어린 시절에 그는 '아힘사(ahimsa)', 곧 "다른 사람에게 해를 끼치는 일을 자제하라"는 교훈을 배웠다. 하지만 젊은 시절 그는 처음에는 런던에서 **바가바드기타**와 산상수훈(예수님의 사랑을 느끼게 해준)을, 남아프리카에서는 톨스토이의 『하나님 나라는 네 안에 있다』(*The Kingdom of God is within You*)를 읽었다.

약 10년 후 인도로 돌아왔을 때, 그는 톨스토이의 이상을 실천에 옮기기로 결심했다. 엄밀히 말해서, 그의 정책은 '수동적 저항'(그가 너무 소극적이라고 생각했던)도 '시민 불복종'(너무 도전적이었던)도 아니고, 사트야그라하(satyagraha) 혹은 '진리-힘', 곧 진리의 힘에 의해 그리고 "기꺼이 견디는 고난의 본보기에 의해" 반대자들을 이기려는 것이었다. 그의 이론은 무정부상태에 대단히 근접해 있었다. "국가는 집약적이고 조직적인 형태의 폭력을 나타낸다." 그가 상상하는 완전한 나라에서는, 경찰은 존재하겠지만 폭력은 거의 사용되지 않을 것이다. 처벌은 더 이상 없을 것이다. 감옥은 학교로 바뀔 것이다. 소송은 중재로 대체될 것이다.[12]

간디의 겸손과 진지한 목적에 대해서는 흠모하지 않을 수 없다. 하지만 그의 정책은 비현실적이라고 판단해야 한다. 그는 자신이 일본 침략자들에게(만일 그들이 온다면) 평화여단으로 저항할 것이라고 말했다. 하지만 그의 주장은 한 번도 시험대에 올라 본 적이 없다. 그는 유대인들에게 히틀러를 향해 비폭력적 저항을 하라고 촉구했지만, 그들은 그의 말을 마음에 두지 않았다.

1940년 7월에 그는 모든 영국인에게 다음과 같이 주장하면서, 적대 행위를 중단할 것을 호소했다. "나는 지난 50년간 끊임없이 비폭력과 그 가능성들을 매우 정확하게 실천해 왔습니다. 나는 그것을 가정적, 제도적, 경제적, 정치적인 삶의 모든 행보에 적용했습니다. 나는 그것이 실패한 경우를 단 한 번도 보지 못했습니다."[13] 하지만 그의 호소는 묵살되었다.

자끄 엘룰(Jacque Ellul)은 "간디의 성공에서 필수적 요소"는 그와 관련된 나라들이었다는 통찰력 있는 언급을 한다. 이 나라들은 "거룩함과 영적인 것에 대해 수십 세기 동안 관심을 가졌던 민중, 그의 메시지를 유일하게 이해하고 받아들일 수 있는 사람들"인 인도이고, 다른 한편으로는 "공식적으로 스스로가 기독교 국가라고 선포"했으며 "간디의 비폭력에 대한 장황한 설교에 무관심한 채 있을 수 없는" 영국이었다. "하지만 간디가 1925년 러시아나 1933년 독일에 있었다고 해 보자. 해결책은 간단했을 것이다. 며칠 후 그는 체포되었을 것이고 더 이상 그에 대한 소식은 들을 수 없었을 것이다."[14]

하지만 우리가 톨스토이와 간디의 의견에 동의하지 않는 주된 이유는 그들의 견해가 비현실적이었기 때문이 아니라 비성경적이었기 때문이다. 성경이 스스로 모순된 말을 하고 사도들이 예수님을 오해했다고 말할 생각이 아니라면 "악한 자를 대적하지 말라"는 예수님의 명령을 모든 무력(경찰을 포함해서) 사용을 완전히 금지하는 것으로 받아들일 수는 없기 때문이다. 신약은 국가가 하나님께서 권세를 부여한 기관이라고 가르친다(롬 13:1절 이하). 악을 행하는 자들을 벌하고(즉, 국가 자신도 악하지만 그런 국가의 벌을 받을 정도로 "악한 자를 대적"하도록) 또한 선을 행하는 자들을 상 주도록 위임받은(행정부 공직자들을 통해) 기관이라는 것이다.

그러나 억압적 체제의 제도화된 폭력을 정당화하기 위해 이 계시가 된 이 진리를 왜곡해서는 안 된다. 절대로 그래서는 안 된다. 실제로 로마서 13장에서 하나님의 권위를 행사하는 '하나님의 종'이라고 부르는 그 국가가 요한계시록 13장에서는 마귀의 권세를 휘두르는 마귀의 동맹군으로 묘사된다.

그렇지만 국가의 이 두 측면은 상호 보완적이지 모순되지 않는다. 국가가 하나님에 의해 제정되었다 해서 그 권세를 남용하거나 사단의 도구가 될 수 없는 것은 아니다. 국가가 때로 선한 사람들을 핍박했다는 역사적 사실로 해서 국가의 진짜 기능은 나쁜 사람들을 벌하는 것이라는 성경의 진리가 바뀌는 것도 아니다. 그리고 국가가 하나님이 주신 바 징벌의 권위를 행사할 때, 그것은 "하나님의 사역자가 되어 악을 행하는 자에게 진노하심을 따라 보응하는 자"(롬 13:4)가 된다.

이 원리는 전쟁에 어떻게 적용되는가? 모든 그리스도인은 분명 본질상 전쟁이 잔인하고 끔찍한 것이라는 데 동의하겠지만, 전쟁에 찬성하든 반대하든, 그 이유에 대한 매끄러운 대답을 얻기는 불가능한 듯하다. 또한 분명 토마스 아퀴나스(Thomas Aquinas)가 발전시킨 '의로운 전쟁', 곧 원인과 방법과 결과가 반드시 '의로워야' 하는 전쟁이라는 개념은 현대 사회와 관련시키기가 어렵다.

그럼에도 불구하고, 경찰과 감옥을 부인할 수 없는 것처럼, "악한 자를 대적하지 말라"는 것에 기초해서 전쟁을 절대적으로 부인할 수는 없다. 전쟁을 유일하게 정당화해 주는 경우는(성경적 관점에서 볼 때) 그것이 일종의 영화(靈化)된 치안 활동을 하는 경우이며 치안 활동의 핵심은 식별이다. 즉, 특정한 악행자들에게 정의를 시행하기 위해 그들을 체포하는 것이다.

현대의 많은 전쟁은 악을 행하는 자를 규정하는 일에서나 악을 벌하는 일에서나 이런 정확성을 갖지 못하기 때문에 그리스도인의 양심이 그것에 반감을 갖는다. 특히 핵전쟁의 무차별적 공포는 죄를 범한 사람들과 함께 무죄한 사람들을 삼켜 버릴 것이기 때문에 그것을 정죄하기에 충분하다.

내가 지금까지 말한 요점은 국가의 의무와 기능이 개인의 의무 및 기능과는 상당히 다르다는 것이다. 악을 행하는 사람에 대한 개인의 책임은 사도 바울이 로마서 12장 끝부분에서 규정해 놓았다. "아무에게도 악을 악으로 갚지 말고(이것은 분명 '악한 자를 대적하지 말라'는 구절을 반영한다) 모든 사람 앞에서 선한 일을 도모하라…내 사랑하는 자들아 너희가 친히 원수를 갚지 말고 하나님의 진노하심에 맡기라 기록되었으되 원수 갚는 것이 내게 있으니 내가 갚으리라고 주께서 말씀하시니라."

그렇다. "네 원수가 주리거든 먹이고 목마르거든 마시게 하라 그리함으로 네가 숯불을 그 머리에 쌓아 놓으리라"(즉, 그를 부끄럽게 하여 회개하게 하라). "악에게 지지 말고 선으로 악을 이기라"(롬 12:17-21).

바울이 복수를 금한 것은 보복 자체가 잘못된 것이기 때문이 아니라, 복수는 사람이 아닌 하나님의 특권이기 때문이다. "원수 갚는 것이 내게 있으니"라고 주께서 말씀하신다. 주의 목적은 지금은 법정을 통해 (바울이 이어서 로마서 13장에서 쓰듯이) 그리고 최종적으로는 심판의 날에 그의 진노와 보응을 드러내는 것이다.

악을 행하는 자를 벌주기 위한 국가와, 악을 악으로 갚지 않고 악을 선으로 극복해야 하는 개개 그리스도인이라는 두 '하나님의 종' 간에 하나님이 주신 기능의 차이는 우리 모두에게 고통스러운 긴장을 만들어 낼 수밖에 없다. 특히 모두 다, 정도 차는 있지만, 개인이고 또 국가의 국민이며, 그래서 두 기능을 모두 공유하고 있기에 더욱 그렇다.

예를 들어, 어느 날 밤 집에 강도가 들었는데 내가 도둑을 잡았다면 경찰에 전화를 하고 동시에 그를 앉혀서 그에게 먹을 것과 마실 것을 주는 것이 내 의무일 것이다.

루터는 우리의 '인격'과 '직무'를 유용하게 구분하여 이 긴장을 설명한다. 비판을 받은 '두 나라'에 대한 그의 가르침에 포함된 내용이다. 그는 그것을 "가이사의 것은 가이사에게, 하나님의 것은 하나님에게 드리라"는 본문에서 이끌어 냈다. 그는 이 말씀에서 영적인 '하나님의 나라'와 세속적이고 일시적인 '세상 나라'(혹은 '황제의 나라')가 둘 다 존재하는 것을 보았다.

그가 "하나님 우편의 나라"라고도 부르는 첫 번째 나라에서 그리스도인은 하나의 '인격'으로 산다. 두 번째인 "하나님 좌편의 나라"에서 그는 '아버지'로서든, '군주' 혹은 '재판관'으로서든 모종의 '직무'를 맡고 있다. "당신의 인격 혹은 당신의 직무라는 이 둘을 혼동해서는 안 된다"라고 루터는 말했다.[15]

그는 이러한 구분을 악한 자를 대적하지 말라는 명령에 적용한다. 즉 그리스도인은 "개인적으로 세상에서 온갖 종류의 일들을 견디며 모든 사람에 대해 그리스도인으로서 사는 동시에, 그가 사는 땅의 율법이 요구하는 모든 기능을 주장하고 사용하고 수행하면서 하나의 세속인으로 산다."

"그리스도인은 어떠한 악에도 대적하지 말아야 한다. 하지만 자신의 직무 한계 내에서 세속인은 모든 악에 대적해야 한다."

"간단히 말해 그리스도의 나라에서 규칙은 모든 것을 참는 것, 용서하고 악을 선으로 갚는 것이다. 다른 한편, 황제의 영역에서는 어떠한 불의에 대해서도 참아서는 안 되고, 오히려 악행을 방어하고 그것을 벌해야 한다. 각자의 직무 혹은 지위가 요구하는 바에 따라야 한다."

"그리스도는 '누구도 절대 악을 대적하지 말라'고 말씀하시는 것이 아니다. 그렇게 하면 모든 통치와 권위가 완전히 다 훼손될 것이기 때문이다. 그분이 말씀하시는 것은 '너, 너는 그것을 하지 말라'는 것이다."[16]

하지만 성경은 그 두 나라를 그렇게 완전히 대조시키는 것을 허용하지 않는다. 마치 교회는 사랑으로 다스리는 그리스도의 영역이고 국가는 정의로 다스리는 황제의 영역처럼 생각해서는 안 된다는 것이다.

예수 그리스도는 보편적인 권위를 가지고 계시며, 어떤 영역도 그분의 통치에서 배제될 수 없다. 게다가 국가의 정의 시행은 사랑으로 진정시킬 필요가 있는 반면, 교회에서 사랑은 때로 징계라는 견지에서 표현되기도 한다. 강퍅하고 회개하지 않는 범죄자는 고통스럽지만, 출교시켜야 할 필요가 있다고 예수님 자신이 말씀하셨다.

그럼에도 불구하고 나는 루터가 말한 '인격'과 '직무'를 구분한 것, 혹은 개인과 제도를 구분한 것에 타당성이 있다고 생각한다. 그리스도인은 행동에서뿐 아니라 마음으로도 복수에서 완전히 벗어나야 한다. 하지만 국가나 교회의 직무를 맡았을 때는 악에 대적하고 그것을 벌주기 위해 하나님으로부터 권위를 위임받을 수도 있다.

이 대조를 통한 가르침을 요약하면, 예수님은 정의를 시행하는 것을 금하고 계신 것이 아니다. 단지 우리 손으로 법을 시행하는 것을 금하신다. '눈에는 눈으로'라는 것은 법정에서 행해야 하는 정의의 원리다. 우리 개인적인 삶에서는 말과 행동으로 하는 모든 보복을 제거해야 할 뿐 아니라, 또한 모든 적대감을 제거해야 한다. 우리는 예수님이 그러셨던 것처럼, 선하고 의로우신 재판관이신 하나님께 대의를 맡겨야 한다(벧전 2:23). 개인적으로 보복하려고 애쓰거나 바라는 것은 우리가 할 일이 아니다. 우리는 손해를 보았을 때 보복하지 말고 견뎌야 한다. 그래서 악을 선으로 극복해야 한다.

따라서 악한 자를 대적하지 말라는 예수님의 명령은 기질적 약함이나 도덕적 타협, 혹은 정치적 무정부 상태나 심지어 절대적 평화주의를 정당화하는 데 사용되어서는 안 된다. 그 대신 예수님이 여기에서 모든 제자에게 요구하시는 것은 악을 행하는 자들에 대한 개인적 태도다. 그것은 정의가 아니라 긍휼을 보이며, 희생적 고난을 감수할 정도로 보복을 완전히 포기하며, 절대 그들에게 해를 끼치게 하려는 욕구에 지배당하지 말고, 언제나 최고의 선을 섬기려는 결단에 지배되어야 한다.

이것을 마틴 루터 킹(Martin Luther King)보다 더 적절하게 현대적 용어로 표현한 사람은 없을 것이다. 간디가 톨스토이에게서 배웠듯 킹은 간디에게 배웠다. 물론 킹이 예수님의 가르침을 간디와 톨스토이보다는 더 잘 이해했다고 여겨진다. 루터 킹이 어떤 부당한 고난을 견뎌야 했는지에 대해서는 의문의 여지가 있을 수 없다.

벤자민 메이스(Benjamin Mays) 박사가 그의 장례식에서 열거했듯이, "고난의 의미를 아는 사람이 있다면 바로 킹이었다. 집이 폭격을 맞았고, 13년 동안 날마다 끊임없는 죽음의 위협 속에서 살았으며, 공산주의자라는 부당한 비난을 받았고, 진실하지 못하다고 거짓 고발을 당했으며,

자신의 동족 중 한 명에게 칼에 찔렸고, 호텔 로비에서 주먹으로 맞았으며, 스무 번 이상 감옥에 갇혔고, 때로는 친구들의 배신으로 깊은 상처를 입었다. 그러면서도 이 사람은 마음속에 비통함이 없었고, 그의 영혼에는 깊은 원한이 없었으며, 그의 마음에는 복수심이 없었다. 그리고 그는 이 세상 방방곡곡을 종횡무진 누비면서 비폭력과 사랑의 구속적 능력을 전파했다."[17]

그의 가장 감동적인 설교 중 하나는 마태복음 5장 43-45절을 토대로 한 '원수를 사랑하라'는 제목의 설교로, 조지아의 감옥에서 쓴 것이다. 그는 왜 어떻게 그리스도인들이 사랑해야 하는가 하는 문제들을 갖고 씨름했다. 그리고 어떻게 "폭력의 하향 나선 속에서…미움이 미움을 증가시키는지", 또한 어떻게 희생당하는 사람에게 해로운 것과 마찬가지로 "미워하는 사람에게도 똑같이 해로운지" 말했다. 하지만 무엇보다도 "사랑은 원수를 친구로 변화시킬 수 있는 유일한 힘이다." 왜냐하면 그것은 "창조적"이고 "구속적"인 능력을 가지고 있기 때문이다.

그는 이어서 그 주제를 미국 내 인종적 위기에 적용했다. 무려 3세기 이상을 미국 흑인들은 억압과 좌절과 차별을 당해 왔기 때문이다. 하지만 루터 킹과 그의 친구들은 "미움에 사랑으로 대처하기로" 결심했다. 그러면 그들은 자유와 억압자들 둘 다를 얻을 것이며, "우리의 승리는 갑절의 승리가 될 것이다."[18]

적극적인 사랑

(43-48절)

우리는 "네 이웃을 사랑하고 네 원수를 미워하라"는 가르침이 얼마나 율법을 뻔뻔하게 곡해하는지 이미 살펴보았다. 거기에는 계명에서 빼는 것과 계명에 더하는 것이 있기 때문이다. 그것은 사랑의 기준(그 기준을 매우 높이는 '네 몸과 같이'라는 중대한 말을 빼 버림으로)과 그 대상('이웃'의 범주에서 원수를 명확하게 배제하고 그 대신에 그들을 미워하라는 명령을 추가함으로)을 의도적으로 좁힌다. 그러한 곡해는 정당성을 증명할 만한 것이 전혀 없기 때문에 '뻔뻔하다'고 말할 수 있다.

그럼에도 랍비들은 그것을 정당한 해석이라고 변호했을 것이며 이웃을 사랑하라는 불편한 명령의 전후 문맥을 포착해서 레위기 19장이 "이스라엘 백성의 모든 회중에게" 말한 것임을 지적한다. 그 구절은 이스라엘 사람들에게 부모에 대한 의무와, 보다 광범위하게는 '이웃'과 '형제'들에 대한 의무에 대해 가르친다. 그들은 상대의 사회적 지위가 어떠하든 그를 강탈하거나 억압하면 안 된다. "너는 네 형제를 마음으로 미워하지 말며…원수를 갚지 말며 동포를 원망하지 말며 네 이웃 사랑하기를 네 자신과 같이 사랑하라"(마 5:17–18).

의식적으로건, 무의식적으로건, 이 명령이 주는 부담을 덜기를 간절히 원하는 윤리적 궤변론자가 그것을 자신들에게 편리하게 왜곡시켜 버리기는 대단히 쉽다. 그들은 이렇게 주장했다. "내 형제는 내 동족 중 한 명이며, 동료 유대인이고, 나와 같은 인종 및 종교에 속한 일가친척이다. 그 율법은 이방인이나 원수들에 대해서는 아무것도 말하지 않는다. 그래서 그 명령은 오직 내 이웃만 사랑하라는 것이므로, 원수를 미워하라는 허가, 심지어 명령으로 받아들여야 한다. 원수는 내가 사랑해야 하는 이웃이 아니기 때문이다."

그런 추론은 확신을 갖고 싶어 하는 사람들에게 확신을 주고 그들 자신의 인종적 편견이 옳다는 것을 증명해 줄 만큼 충분히 합리적이다. 하지만 그것은 합리화이며, 그것도 허울만 그럴듯한 합리화다. 그들은 분명 같은 장 앞부분에 나오는 "가난한 사람과 **거류민**", 곧 유대인이 아니라 거주하는 외국인을 위하여 밭과 포도원에 이삭을 좀 남겨 두라는 교훈과, 그 장 끝부분에 나오는 인종적 편견에 대한 명료한 진술인 "너희와 함께 있는 거류민을 너희 중에서 낳은 자같이 여기며 자기같이 사랑하라"(레 19:34)는 말을 무시했다. "본토인에게나 너희 중에 거류하는 이방인에게 이 법이 동일하니라"(출 12:49)는 말도 무시한 것이다.

그들은 또한 원수들에 대해 어떻게 행동할지 규정한 다른 명령들에는 눈을 감아 버렸다. 예를 들어, "네가 만일 네 원수의 길 잃은 소나 나귀를 보거든 반드시 그 사람에게로 돌릴지며 네가 만일 너를 미워하는 자의 나귀가 짐을 싣고 엎드러짐을 보거든 그것을 버려두지 말고 그것을 도와 그 짐을 부릴지니라"(출 23:4-5). 형제의 소나 나귀에 관한 것과 거의 똑같은 지시가 나와 있다(신 22:1-4). 이것은 그 짐승이 '형제'에게 속했건 '원수'에게 속했건, 사랑으로 인해 거의 똑같은 것이 요구되었음을 나타낸다.

랍비들은 또한 잠언서의 가르침을 잘 알았을 것이다. 사도 바울은 후에 그것을 악에 복수하기보다는 악을 극복하는 것에 대한 실례로 인용했다. "네 원수가 배고파하거든 음식을 먹이고 목말라하거든 물을 마시게 하라"(잠 25:21; 롬 12:20).

서기관들과 바리새인들은 원수를 미워하라는 명령에 대한 성경적 근거로 분명 이스라엘 사람들이 가나안 사람들과 전쟁을 한 것이나 '저주 시편(시 139:19-24)'을 제시했을 것이다. 하지만 만일 그렇다면 그들은 그 전쟁들과 시편을 오해한 것이다.

현대의 근동 연구를 통해 가나안 사람들은 종교적으로나 문화적으로나 완전히 타락해 있었다는 것이 알려졌다. 그들의 혐오스러운 관행들은 너무나 역겨워서 땅이 스스로 "그 주민을 토하여 내느니라"고 나와 있다. 실로 이스라엘이 그들의 관행을 따른다면 그들과 똑같은 운명에 처할 것이다(레 18:25, 28; 20:22).

본회퍼는 다음과 같이 말했다. "이스라엘의 전쟁은 역사상 유일한 '성전(聖戰)이었다. 하나님이 세상의 우상들에 대항해서 싸운 전쟁이었기 때문이다. 예수님이 정죄하시는 것은 이러한 적의가 아니다. 만일 그렇다면 하나님께서 그분의 백성을 다루시는 역사 전체를 정죄하는 셈이 될 것이기 때문이다. 그와 반대로, 예수님은 옛 언약을 확언하신다. 하지만 이제부터는 더 이상 믿음의 전쟁은 없을 것이다."[19]

저주 시편에 대해 말하자면, 시편 기자는 개인적 적의를 말하는 것이 아니다. 그는 하나님의 선택된 백성의 대표로서 악인을 하나님의 원수로 여기고, 오직 자신이 하나님의 대의에 완전히 동일화되기 때문에 그들을 자신의 원수로 간주한다. 그는 하나님을 사랑하기 때문에 그들을 미워하고, 이 '미움'이 '완벽한 미움'이라고 너무나 확신한 나머지 다음 순간 하나님께 그를 살피사 그의 마음을 아시며 그를 시험하사 그의 생각을 아셔서 그의 안에 어떤 악함이 있는지 보시라고 요청한다.[20]

우리가 이것을 쉽게 열망하지 못한다는 것은 우리에게 영성이 없음을 나타내며, 사람들을 향한 우리의 우월한 사랑이 아니라 하나님에 대한 우리의 열등한 사랑을 나타내고, 실로 우리에게 '개인적'이지 않은 '완전한' 미움으로 악한 자들을 미워할 능력이 없다는 것을 나타내는 표시다.

악한 자들은 우리의 '사랑'의 대상이면서 동시에 우리의 '미움'의 대상이 되어야 한다. 그들이 하나님의 사랑과 미움의 대상이 되어야 하는 것과 마찬가지다(하나님의 '미움'은 '진노'로 표현된다). 그들을 '사랑하는' 것은 그들이 회개하여 믿고 구원받기를 열렬히 바라는 것이다. 그들을 '미워하는' 것은 그들이 회개하고 믿기를 고집스럽게 거부한다면 그들이 하나님의 심판을 당하기를 열심히 바라는 것이다.

당신은 악한 사람들(예를 들어, 하나님을 모독하는 사람들 혹은 이윤을 위해 동료 인간들을 짐승처럼 착취하는 사람들)의 구원을 위해 기도하지 않고, 그들이 하나님의 구원을 거절한다면 하나님의 심판이 임하게 해 달라는 기도로 곧장 넘어간 적이 있는가? 나는 그런 적이 있다. 그것은 하나님에 대한 우리의 믿음, 즉 그분이 구원의 하나님이자 동시에 심판의 하나님이시라는 것과, 그분의 완전한 뜻이 이루어지기를 바라는 우리 믿음의 자연스러운 표현이다.

그래서 의로운 분노가 있는 것과 마찬가지로 완전한 미움이 있다. 하지만 그것은 우리 자신의 원수가 아니라 **하나님의 원수들**에 대한 미움이다. 그것은 모든 원한이나 적의나 앙심에서 전적으로 자유로우며, 오로지 하나님의 영예와 영광을 사랑하는 마음에 의해서만 불타오른다. 완전한 미움은 하나님의 말씀을 위해 그리고 그것을 증명하기 위해 죽임당한 순교자들의 기도에서 나타난다(계 6:10). 그리고 마지막 날에 하나님의 구속받은 무리 전체에 의해 나타날 것이다. 그들은 하나님의 심판이 악한 자들에게 임하는 것을 보고는 그 완전한 정의에 동의하고, 한목소리로 "할렐루야 구원과 영광과 능력이 우리 하나님께 있도다 그의 심판은 참되고 의로운지라…"(계 19:1, 3, 4)라고 고백할 것이다.

이렇게 인간적 원한의 흔적이라곤 조금도 섞이지 않고 악과 악한 자를 미워하는 그런 순전한 '미움'이, 랍비들이 이웃을 사랑하라는 하나님의 명령을 우리를 미워하는 사람들, 곧 우리 개인의 원수들을 미워해도 된다는 허가로 바꿀 명분을 제공하지는 않는다. 하나님은 이웃과 원수에게 서로 다르게 적용되는 이중적 도덕 기준을 자기 백성에게 가르치지 않으셨다.

그래서 예수님은 그들이 추가한 부분을 율법에 대한 엄청난 왜곡이라고 반박하셨다. "나는 너희에게 이르노니 너희 원수를 사랑하며"(마 5:44). 후에 예수님이 선한 사마리아인의 비유에서 분명하게 예시하신 것처럼(눅 10:29-37), 우리 이웃이 반드시 우리와 같은 인종이나 계층 혹은 종교에 속한 사람일 필요는 없다. 그는 심지어 우리와 아무런 연관이 없을 수도 있다. 그는 우리의 원수, 칼이나 총을 들고 우리 뒤를 추적하는 사람일 수도 있다. 하나님이 말씀하신 우리 '이웃'에는 우리의 원수도 포함된다. 그가 우리 이웃이 되는 이유는 단지 그가 어려움에 처한 같은 인간이며, 우리가 그의 필요를 알고 어느 정도 경감시켜 줄 수 있다는 사실 때문이다.

그렇다면 친구가 되었건 적이 되었건, 이웃에 대한 우리의 의무는 무엇인가? 우리는 그를 사랑해야 한다. 게다가 누가복음에 나오는 산상수훈 이야기의 조항들을 덧붙이자면, 그에 대한 우리의 사랑은 우리의 행동과 말과 기도로 표현되어야 한다.

첫째, 우리의 행동이다. "너희 원수를 사랑하며 너희를 미워하는 자를 선대하며…너희는 원수를 사랑하고 선대하며…"(눅 6:27, 35). 오늘날 세상은 '선대하는 자'를 멸시한다. 그러나 자의식에 차 있고 선심 쓰는 것 같은 자세로 자선을 베푼다면, 예수님이 말씀하시는 '선대하는 것'이 아니다. 그분의 요점은, 참된 사랑은 감상이 아니라 섬김, 곧 실제적이고 겸손하고 희생적인 섬김이라는 것이다. 도스토예프스키가 말하듯이, "행동하는 사랑은 꿈속의 사랑보다 훨씬 더 대단한 것이다."

우리의 원수는 우리를 해치려고 애쓰고 있다. 그럼에도 우리는 그의 유익을 위해 애써야 한다. 이것이 하나님이 우리를 대하신 방식이기 때문이다. "우리가 원수 되었을 때" 그리스도께서는 우리를 하나님과 화목시키기 위해 죽으셨다(롬 5:10). 그분이 자신의 원수들을 위해 자신을 주셨다면, 우리도 우리 원수들을 위해 우리 자신을 주어야 한다.

하지만 우리의 사랑은 말로도 표현할 수 있다. 원수들에게 하는 말과 그들을 위해 하나님께 하는 말이 있다. "너희를 저주하는 자를 위하여 축복하며." 그들이 우리가 망했으면 좋겠다고 말하면서 우리에게 재난과 재앙이 일어나기를 빈다면, 우리가 그에 대응하는 방법은 그들이 잘

되기만을 바란다고 말하면서, 그들에게 하늘의 복을 빌어 주는 것이다.

최종적으로, 우리는 하나님을 향해 말한다. 두 복음서 기자 모두 예수님의 이 명령을 기록한다. "너희를 박해하는(혹은 모욕하는) 자를 위하여 기도하라"(마 5:44; 눅 6:28). 크리소스톰은 우리 원수를 위해 기도해야 하는 책임을 "절제의 절정"[21]이라고 보았다. 실제로 그는 이 마지막 두 대조에 나오는 요구사항들을 살펴보면서, 아홉 단계를 추적해 나간다. 그 가운데 중보가 최절정이다.

첫째, 우리 스스로 어떠한 악도 주도적으로 행해서는 안 된다. 둘째, 다른 사람의 악에 대해 복수를 해서는 안 된다. 셋째, 잠잠해야 한다. 넷째, 부당한 고난도 받아야 한다. 다섯째, 악을 행하는 자들에게 그들이 요구하는 것보다 훨씬 더 많이 내어 주어야 한다. 여섯째, 그를 미워해서는 안 되며, 일곱째, 그를 사랑하고, 여덟째, 그에게 선을 행해야 한다. 그리고 아홉 번째 의무는, "그를 위해 하나님께 탄원해야 한다."[22]

현대 주석가들 역시 그런 중보를 기독교적 사랑의 절정으로 보았다. 본회퍼는 말했다. "이것이 최고의 명령이다. 기도라는 매체를 통해 우리는 우리 원수들에게 가고, 그의 편이 되며, 그를 위해 하나님께 탄원한다."[23] 게다가 중보 기도가 우리가 어떤 사랑을 가졌는가에 대한 표현이라면, 우리의 사랑을 증가시키는 수단이기도 하다. 어떤 사람을 사랑하지 않고 그를 위해 기도할 수는 없다. 또한 그에 대한 우리의 사랑이 자라고 성장하는 것을 발견하지 않고 그를 위해 꾸준히 기도할 수는 없다.

그러므로 우리는 마음속에 원수에 대한 사랑을 약간이라도 느낄 때까지 기다렸다가 그를 위해 기도하려 해서는 안 된다. 그를 사랑하는 마음이 들기 전에 먼저 그를 위해 기도하기 시작해야 한다. 그러면 우리의 사랑이 싹트고 꽃피는 것을 발견할 것이다.

예수님은 철제 못이 자기 손과 발을 뚫고 들어오는 동안 실제로 그를 고문하는 자들을 위해 기도하셨다. 시제가 완료형이 아닌 것으로 보아 "아버지여 저들을 사하여 주옵소서 자기들이 하는 것을 알지 못함이니이다"(눅 23:34)라고 계속 반복해서 기도했다는 것을 시사한다. 우리 주님이 십자가 처형의 잔인한 고문을 받으면서도 잠잠하지 않으시고 자기 원수들을 위해 기도하셨다면, 어떠한 고통이나 교만이나 편견이나 게으름도 우리가 기도하지 않고 잠잠한 것을 정당화할 수는 없다.

나는 이 장에서 다른 어떤 주석가보다 본회퍼를 더 많이 인용하고 있다. 그는 전쟁 발발 전에 해설서를 썼지만, 나치주의가 사람들을 어디로 인도하고 있는지 볼 수 있었기 때문일 것이다. 그리고 우리는 그가 나치주의에 반대하여 기독교를 증언한 결과 결국 어떤 운명에 처하게 되었는지 안다. 그는 1880년의 빌마(A. F. C. Villmar)라는 사람의 글을 인용했다. 하지만 그의 말은 거의 본회퍼 자신의 시대에 대한 예언적인 말처럼 들린다.

"이 계명, 곧 원수를 사랑하고 복수를 그만두어야 한다는 명령은 우리 앞에 있는 거룩한 투쟁을 할 때 더욱 절박해질 것이다.…그리스도인들은 여기저기로 쫓겨 다닐 것이며, 온갖 육체적 공격과 학대와 죽음을 당할 것이다.…곧 우리가 기도할 때가 올 것이다.…그것은 증오로 불타는 눈으로 우리 주위에 서서 우리를 바라보며, 어쩌면 이미 우리를 죽이기 위해 손을 든 바로 그 멸망의 아들들을 위한 진지한 사랑의 기도일 것이다.…그렇다. 진정으로 주님을 기다리는 교회, 그리고 결단의 때가 언제인지 분별하는 교회는 최대한의 힘을 모아 경건한 삶의 갑주를 입고 이 사랑의 기도에 뛰어들어야 한다."[24)]

예수님은 원수들을 위한 우리의 사랑이 행동과 말과 기도로 표현되어야 한다고 말씀하시고, 이어서 그럴 때만 우리가 누구의 아들인지 결정적으로 입증할 것이라고 단언하신다. 그럴 때만 우리는 하늘에 계신 우리 아버지의 사랑과 같은 사랑을 보여 줄 것이기 때문이다. "이는 하나님이 그 해를 악인과 선인에게 비추시며(부수적으로 말하자면, 해가 누구에게 속해 있는지 생각해 보라!) 비를 의로운 자와 불의한 자에게 내려 주심이라"(마 5:45). 하나님의 사랑은 선인과 악인에게 평등하게 나타나는 무차별적 사랑이다.

신학자들은 (칼빈을 따라) 이 사랑을 '일반 은총'이라고 부른다. 그것은 죄인들이 회개하고 믿고 구원받을 수 있도록 해 주는 '구원의 은혜'가 아니라, 회개하건 회개하지 않건, 신자건 불신자건 모든 인류에게 똑같이 주어지는 은혜다. 하나님의 일반 은총은 구원의 선물에서 표현되는 것이 아니라 창조의 선물에서, 그리고 특히 비와 해 등 그것 없이는 우리가 먹을 수 없으며 이 땅에서의 삶을 계속할 수가 없는 축복들에서 표현된다. 그렇다면 이것이 기독교적 사랑의 기준이 되어야 한다. 우리는 사람들처럼 사랑하는 것이 아니라, 하나님처럼 사랑해야 한다.

"너희가 너희를 사랑하는 자만을 사랑하면 무슨 상이 있으리요?" 아니면 그것이 너희에게 무슨 자랑거리가 되겠는가? "죄인들도 사랑하는 자는 사랑하느니라"(눅 6:32). 타락한 사람은 사랑할 수 없는 것이 아니다.

전적 부패 교리는 원죄로 인해 사람들이 어떠한 선행도 전혀 할 수 없다는 의미가 아니라(그리고 절대 그런 의미였던 적이 없다), 그보다 그들이 행하는 모든 선이 어느 정도는 악에 물들어 있다는 의미다.

구속받지 않은 죄인도 사랑할 수 있다. 부모의 사랑, 형제의 사랑, 부부 간의 사랑, 친구들의 사랑 등 이 모든 것은 우리가 매우 잘 알듯이 그리스도 밖에 있는 사람들이 통상적으로 경험하는 것이다. **세리도**(세금을 강요하는 것 때문에 탐욕스럽다는 평판을 받는 쩨쩨한 세금 관리인) 그들을 사랑하는 사람들을 사랑한다. **이방인들도**(유대인들이 '개'라고 부르는 사람들, 유대인들을 대단히 싫어했으며 길에서 만나면 다른 쪽을 보면서 지나가는) 심지어 그들끼리 서로 문안한다. 이것은 왈가왈부할 여지가 없다.

하지만 모든 인간의 사랑은 가장 고귀하고, 가장 고상하며, 최상의 사랑이라도 어느 정도는 사리사욕이라는 불순함에 오염되어 있다. 우리 그리스도인들은 원수를 사랑하라고 부름 받았다(그 사랑에는 사리사욕이 없다). 그리고 이것은 하나님의 초자연적 은혜 없이는 불가능하다. 우리를 사랑하는 사람들만 사랑한다면, 우리는 사기꾼보다 나을 바 없다.

우리의 형제자매들, 같은 그리스도인들에게만 인사한다면, 우리는 이교도들과 다를 바 없다. 그들도 서로 인사한다. 예수님이 던지신 질문은 "남보다 더하는 것이 무엇이냐"(마 5:47)라는 것이었다. '더하는'이란 이 단순한 단어가 말씀의 핵심이다. 그리스도인들은 비그리스도인들과 비슷한 것만으로는 충분하지 않다. 우리는 그들의 선행을 능가해야 한다. 우리의 의는 바리새인들의 의보다 더 나아야(페리쎄우세…플레이온, perisseusē…pleion) 하며(마 5:20), 우리의 사랑은 이방인들을 능가해야, 그들보다 더해야(페리쏜, perisson) 한다(마 5:47).

본회퍼는 그것을 잘 표현한다. "그리스도인들을 다른 사람들과 다르게 만들어 주는 것은 '독특한', **'페리쏜'**, '비범한', '보통이 아닌' 것, '당연지사'가 아닌 것이다. 그것은 '더', '그 모든 것 이상'이라는 것이다. 자연적인 것은 이교도에게나 그리스도인에게나 '토 아우토(to auto, 완전히 동일한)'다. 그리스도인의 삶의 독특한 특성은 **페리쏜**과 함께 시작된다.…예수님이 보시기에 그리스도인의 전형적 특징은 '비범함'이다."[25)]

그리고 그리스도인들이 반드시 보여야 하는 이 **페리쏜**, '더하기', '추가의' 것은 무엇인가? 본회퍼의 대답은 이것이었다. "그것은 참을성 있게 순종하심으로 십자가로 가신 예수 그리스도 자신의 사랑이다.…십자가는 기독교를 차별화시킨다."[26)] 그 말은 사실이다. 그렇지만, 보다 정확히 말해서, 예수님은 이 '극상의 사랑(super-love)'이 사람의 사랑이 아니라 하나님의 사랑이라고, 일반 은총에서 해와 비를 악인에게 주는 그 사랑이라고 말씀하신다.

"그러므로 하늘에 계신 너희 아버지의 온전하심과 같이 너희도('너희'라는 말은 강조로, 그리스도인을 비그리스도인과 구분해 준다) 온전하라"(마 5:48). 하나님의 백성이 사람보다는 하나님을 본받아야 한다는 개념은 새로운 것이 아니다. 레위기에서는 "나는 너희의 하나님 여호와라…내가 거룩하니 너희도 거룩할지어다"(레 11:44-45; 19:2; 20:7, 26; 벧전 1:16)라는 명령을 후렴으로 다섯 번 반복한다. 그렇지만 여기에서, 그리스도께서 우리에게 명하시는 것은 '거룩하라'는 것이 아니라 '온전하라'는 것이다.

거룩함에 대해 가르치는 어떤 교사들은 이 구절을 기초로 이생에서 죄

없는 온전한 상태에 이를 수 있다는 원대한 꿈을 꾸었다. 하지만 예수님의 말씀을 이런 의미라고 주장하면 산상수훈과 불협화음을 일으킬 수밖에 없다. 그는 팔복에서 이미 의에 주리고 목마른 것이 제자들의 영속적 특징이라고 말씀하셨으며(마 5:6), 그다음 장에서 "우리 죄를 사하여 주시옵고"(마 6:12)라고 끊임없이 기도하도록 가르치실 것이기 때문이다.

의에 주리는 것과 죄를 사해 달라는 기도는 둘 다 지속적으로 해야 하는 것이므로, 그것은 예수님께서 제자들이 이생에서 도덕적으로 완전하게 되리라 기대하지 않으셨음을 분명하게 나타낸다. 전후 문맥은 예수님이 의미하시는 '온전함'이 사랑, 곧 보답하지 않는 사람들에게까지 보여 주시는 하나님의 온전한 사랑과 관련되어 있음을 보여 준다.

실로 학자들은 예수님이 사용하신 아람어는 '모든 것을 포괄하는'이라는 의미였다고 말한다. 누가복음의 산상수훈에 나오는 병행 구절은 이것을 확증해 준다. "너희 아버지의 자비로우심 같이 너희도 자비로운 자가 되라"(마 6:36). 우리는 사랑에 온전해지라고, 즉 원수들까지도 하나님의 자비롭고 포용적인 사랑으로 사랑하라고 부르심을 받는다.

그리스도가 우리를 부르신 것은 '거룩하라'는 것이기보다 '온전하라'는 명령이기 때문에만 새로운 것이 아니다. 우리가 본받아야 하는 하나님에 대한 묘사도 새롭다. 구약에서는 언제나 하나님을 "나는 너희의 하나님이 되려고 너희를 애굽 땅에서 인도하여 낸 여호와라 내가 거룩하니 너희도 거룩할지어다"라고 묘사했다. 하지만 이제 신약에서는 우리가 따르고 순종해야 하는 분은 유일무이한 이스라엘의 구속자가 아니다.

그분은 **하늘에 계신** 우리 **아버지**(마 5:45, 48)다. 그리고 우리의 순종은 우리의 새로운 성품의 표시로 마음으로부터 나올 것이다. 우리는 예수 그리스도를 믿는 믿음을 통해 하나님의 아들이며, 가족 간에 닮은 모습을 보일 때만, 하나님처럼 화평하게 하는 자가 될 때만(마 5:9), 하나님의 사랑처럼 포괄적인 사랑으로 사랑할 때만(마 5:45, 48) 우리가 누구의 아들인지 보여 줄 수 있기 때문이다.

시리즈의 마지막 두 대조는 진보를 보여 준다. 첫 번째는 **악한 자를 대적하지 말라**는 부정적 명령이다. 두 번째 것은 **너희 원수를 사랑하고 그들의 유익을 구하라**는 긍정적 명령이다. 첫 번째 것은 수동적인 보복하지 않음에 대한 명령이고 두 번째 것은 적극적인 사랑에 대한 명령이다. 어거스틴이 말했듯이, "많은 사람이 어떻게 다른 뺨을 돌려 대는지 배웠다. 하지만 어떻게 그들을 때린 사람을 사랑하는지는 알지 못한다."[27] 우리는 인내를 넘어서 섬김으로, 보복하지 않는 것을 넘어서 선으로써 악을 이기는 것으로 나아가야 한다.

예수님은 해설하시는 내내, 세속 문화와 기독교 대항문화가 잘 대비되도록 대안 모델들을 제시하신다. 비기독교 문화에 깊이 스며들어 있는 것은 보응의 개념, 곧 악에 대한 보복과 선에 대한 보답의 개념이다. 첫 번째 것은 분명하다. 그것은 복수를 의미하기 때문이다. 하지만 두 번째 것은 때로 간과된다. 예수님은 그것을 "선대하는 자를 선대하는 것"(눅 6:33)이라고 표현하셨다.

그래서 첫 번째 사람은 "네가 나에게 나쁘게 하면 나도 너에게 나쁘게 하겠다"고 말하고, 두 번째 사람은 "네가 나에게 좋게 하면 나도 너에게 좋게 하겠다." 혹은 (좀 더 구어체적으로 표현하면) "오는 정이 있으면 가는 정이 있다."고 말한다. 그래서 보응은 세상의 방식이다. 한편으로는 복수, 다른 한편으로는 보답으로, 손해를 되갚고 친절을 되갚는 것이다. 그러면 우리는 다 같은 셈이고 어떤 사람에게도 빚을 지지 않게 된다.

우리는 모든 사람과 다 청산이 끝나게 된다. 그러나 이것은 어떤 사람에게든 빚을 지고는 못사는 교만한 사람의 책략이다. 이것은 우리가 우리 자신에게 부과하는 변변치 못한 정의로 사회를 규제하여 누구도 어떤 식으로든 우리를 능가하지 못하게끔 만드는 것이다.

하지만 하나님 나라에서는 그것이 소용없을 것이다! 죄인들과 이방인들과 세리들은 그런 식으로 행동한다. 그들은 최대한 그 정도밖에 할 수 없다. 하지만 하나님 나라의 시민들은 그 이상을 넘어가야 한다. **너희가…남보다 더하는 것이 무엇이냐**고 예수님은 물으신다(마 5:47). 그래서 예수님이 주위 세상에 대한 대안으로 우리 앞에 제시하는 모델은 우리 위에 계시는 하나님 아버지이시다. 하나님은 선한 자들뿐 아니라 악한 자들에게도 친절하시므로, 그분의 자녀들도 그렇게 해야 한다. 옛 (타락한) 인류의 삶은 대체로 공정한 처리에 근거했다. 손해를 입으면 복수하고 호의에는 보답하는 것이다. 새 (구속받은) 인류의 삶은 하나님의 사랑에 근거하고 있다. 이는 복수를 거절하고 악을 선으로 이기는 것이다.

예수님은 바리새인들이 그들의 사랑에 두 가지 심각한 제한을 두었다고 비난하셨다. 물론 그들은 사랑을 믿었다. 모든 사람은 사랑을 믿는다. 하지만 그들에게 해를 끼친 사람들에 대한 사랑, 그리고 이방인과 외인들에 대한 사랑은 아니었다.

바리새적인 정신이 여전히 널리 퍼져 있다. 그것은 복수의 정신과 인종차별의 정신이다. 전자는 "나는 점잖고 악의 없는 사람은 사랑하겠지만, 나에게 해를 끼치는 사람에겐 그대로 갚아 주겠어"라고 말한다. 후자는 "나는 일가붙이는 사랑하겠지만, 내가 관심을 둘 만한 가치가 없는 사람을 사랑할 거라 기대하지는 마"라고 말한다.

실로 예수님은 자기 제자들에게 다른 사람들이 정당하게 기대할 수 없다고 생각하는 바로 그것을 **기대하신다**. 그분은 우리가 사랑에 부과하기 좋아하는 모든 편리한 제한(특히 복수와 인종차별)을 버리고, 대신 하나님처럼 우리도 모두를 포괄하는 적극적인 사랑을 하라고 명하신다.

여섯 개의 대조들을 되돌아볼 때, 그리스도인들이 지녀야 하는 '더 큰' 의가 무엇인지 분명해진다. 그것은 성령님이 율법을 써 놓으신 우리 마음에서 나오는 깊은 내적 의다. 그것은 나무의 새로움을 보여 주는 새 열매, 새로운 성품에서 싹트는 새 생명이다. 그래서 우리는 율법의 고상한 요구를 마음대로 살짝 피하거나 비켜 갈 수는 없다. 율법을 피하는 것은 바리새인의 취미다.

그리스도인들의 특징은 의에 대한 강한 욕구, 끊임없이 의에 주리고 목말라하는 것이다. 그리고 이 의는 정결함에서 표현되든, 정직함이나 자선에서 표현되든, 우리가 누구에게 속해 있는지 보여 줄 것이다. 우리 그리스도인들은 세상을 본받지 말고 하나님 아버지를 본받으라고 부르심 받는다. 그리고 이렇게 그분을 본받음으로 기독교적 대항문화가 드러난다.

The Message of the Sermon on the Mount

Chapter. 07

그리스도인의 종교 행위, 구제와 기도와 금식 (마 6:1-6, 16-18)

위선자가 되지 말라, 보시는 분도 갚으시는 분도 하나님이시다

예수님은 산 위에서의 가르침을 시작하시면서, 먼저 팔복으로 그리스도인의 성품의 필수 요소가 무엇인지 말씀하시고, 이어서 소금과 빛의 비유로 그리스도인들이 이 성품을 보이려면 공동체 안에서 어떤 선한 영향력을 발휘해야 하는지 말씀해 주셨다.

그리고 나서 그리스도인의 의에 대해 말씀하셨다. 그리스도인의 의는 어떤 것도 피하거나 인위적 제한을 두지 않고 율법의 완전한 의미를 받아들임으로 서기관과 바리새인들의 의보다 더 나아야 한다. 그리스도인의 의는 제한 없는 의다. 그것은 우리의 행동과 말을 넘어 우리 마음과 정신과 동기까지 침투해 들어오도록, 그리하여 감춰진 비밀스러운 곳에서도 우리를 지배하도록 해야 한다.

예수님은 '의'에 대해 계속 가르치신다. 6장은 (문자적으로) "사람들 앞에서 너희 의를 행하지 않도록 주의하라"는 말로 시작된다. 여기 사용된 단어는 (정확한 독법에 따르면) '디카이오수네(dikaiosunē)'로, 5장 6절과 20절에 나온 것과 같다. 하지만 단어는 같아도 강조점은 달라졌다. 5장에 쓰인 '의'는 친절함, 정결함, 진실함, 사랑 등과 관련되어 있었다. 여기에서는 구제, 기도, 금식 등과 관련된다. 따라서 예수님이 그리스도인의 도덕적 의에서 '종교적' 의로 넘어가신다는 것을 알 수 있다.

예수 그리스도에 따르면 '의'는 두 가지 차원을 가지고 있는데, 도덕적 차원과 종교적 차원이다. 어떤 사람들은 마치 그리스도인으로서 자신의 주된 의무가 공적인 것이든(교회 출석) 사적인 것이든(경건 훈련) 종교 활동 영역에 있다고 생각하는 것처럼 말하고 행동한다. 또 어떤 사람들은 경건을 그렇게 지나치게 강조하는 것에 너무나 격렬하게 반응한 나머지, '종교 없는' 기독교에 대해 말한다. 그들에게 교회는 곧 세속 도시가 되었으며 기도는 이웃과의 사랑의 만남이 되었다.

하지만 경건과 도덕, 교회 내에서의 종교적 예배와 세상에서의 적극적인 섬김, 하나님을 사랑하는 것과 이웃을 사랑하는 것 가운데 한 쪽을 선택할 필요가 없다. 예수님은 진정한 기독교적인 '의'는 둘 다를 포함한다고 가르치셨기 때문이다.

게다가 의의 두 영역 모두에서 예수님은 제자들에게 다르게 되라고 끈질기게 명하신다. 마태복음 5장에서 그분은 우리의 의가 바리새인들의 의보다 더 커야 하며(왜냐하면 그들은 율법의 자구, 字句를 순종하는 반면 우리의 순종은 마음을 포함해야 하므로), 또한 (사랑의 형태로) 이교도들의 사랑보다 더 커야 한다고 (왜냐하면 그들은 자기들끼리만 서로 사랑하는 반면 우리의 사랑은 우리의 원수들까지도 포함해야 하므로) 가르치신다.

이제 마태복음 6장에서, '종교적' 의와 관련해서 예수님은 두 가지 대조를 하신다. 먼저 바리새인들의 과시적 종교에 대해 말씀하시면서 "너희는…외식하는 자와 같이 하지 말라"(마 6:5)고 말씀하신다. 그런 다음 이교도들의 기계적인 형식주의로 넘어가 "그들을 본받지 말라"(마 6:8)고 말씀하신다. 그러므로 그리스도인들은 바리새인들 및 이교도들, 종교적인 사람들과 비종교적인 사람들, 교회와 세상 둘 다와 달라야 한다.

그리스도인들이 세상을 본받지 말아야 한다는 것은 신약에서 낯익은 개념이다. 그러나 예수님은 교회의 세속성 자체를 보셨으며 (또한 예견하셨고) 자기 제자들에게 명목상의 교회도 따르지 말고 종교적 기득권층과 구분되는 삶과 실천을 보여 주는 참으로 기독교적인 공동체, '에클레시아(ecclēsia)' 안의 '에클레시올라(ecclēsiola, 작은 교회)'가 되라고 명하신 것은 그리 잘 알려지지 않다. 도덕과 마찬가지로 종교에서도 본질적 차이는 진정한 기독교적 의는 외적 표현뿐만이 아니라 마음의 비밀스러운 것 중 하나라는 것이다.

> 사람에게 보이려고 그들 앞에서
> 너희 의를 행하지 않도록 주의하라 그리하지 아니하면
> 하늘에 계신 너희 아버지께 상을 받지 못하느니라(마 6:1).

예수님이 근본적으로 경고하시는 것은 **사람에게 보이려고 그들 앞에서 너희 의를 행하지** 말라는 것이다. 이 구절은 앞에서 말씀하신 "너희 빛이 사람 앞에 비치게 하여 그들로…보게 하라"(마 5:16)는 명령과 모순되는 것처럼 보인다. 두 구절 모두 '사람 앞에서' 선을 행하는 것에 대해 말하며, 그 목적 또한 진술되어 있다. 즉, 사람들에게 '보이기' 위함이라는 것이다. 하지만 앞 구절의 경우에는 예수님이 그것을 명령하신 반면, 뒤의 구절에서는 그것을 금하신다.

이러한 불일치를 어떻게 해결할 수 있는가? 말은 서로 모순되지만, 실질적 내용은 그렇지 않다. 단서는 예수님이 서로 다른 죄에 대해 말씀하고 계시다는 사실에 있다. 예수님이 "너희 빛을 사람 앞에 비치게 하라"고 말씀하신 것은 우리의 소심함 때문이고, 사람 앞에서 경건을 실천하지 않도록 주의하라고 말씀하신 것은 우리 인간의 허식 때문이다.

브루스는 우리가 **"숨기고 싶은 유혹을 받을 때 보여 주어야"** 하고 **"보여 주고 싶은 유혹을 받을 때 숨겨야"**[1] 한다고 잘 요약했다. 우리의 선행은 공개되어서 우리의 빛이 비치도록 해야 한다. 우리의 종교적 경건은 비밀에 부쳐 우리가 그것을 자랑하지 않도록 해야 한다. 게다가 두 교훈의 목적은 같다. 즉, 하나님의 영광을 위해서다.

왜 우리의 경건을 비밀에 부쳐야 하는가? 그것은 사람이 아니라 하나님께 영광이 돌아가도록 하기 위함이다. 왜 우리의 빛을 비추고 공공연하게 선을 행해야 하는가? 그것은 사람들이 우리 하나님 아버지께 영광을 돌리도록 하기 위해서다.

예수님이 제시하시는 '종교적' 의의 세 가지 실례, 곧 구제와 기도와 금식은 모든 종교에서 어떤 형태로든 나타난다. 예를 들면 코란에도 그런 것들이 두드러지게 등장한다. 분명 모든 유대인이 가난한 사람들에게 헌금하고 기도하고 금식해야 했으며, 독실한 유대인이라면 누구나 그렇게 했다. 분명 예수님은 자기 제자들도 똑같이 하기를 기대하셨을 것이다. 예수님은 각 단락을 시작할 때, '만일 너희가 구제하고 기도하고 금식하려면 이렇게 하라'고 말씀하시지 않고, 너희가 그렇게 **"할 때"**라고 말씀하시기 때문이다(마 6:2, 5, 16). 예수님은 그들이 그렇게 하는 것을 당연하게 여기셨다.

게다가 이 세 가지 종교적 행위는 어느 정도는 하나님, 다른 사람들, 그리고 우리 자신에 대한 우리의 의무를 표현한다. 구제하는 것은 이웃, 특히 궁핍한 사람들을 섬기려는 것이다. 기도하는 것은 하나님의 얼굴을 구하고 우리가 그분께 의지하고 있다는 것을 인정하는 것이다.

금식하는 것(영적인 이유로 음식을 끊는 것)은 부분적으로는 자신을 부인하고 그래서 훈련하려는 것이다. 예수님은 제자들이 이러한 일들을 할 것인지 아닌지 묻지 않으시고, 그들이 그런 일들을 하리라 추정하고는 어떻게 할지를 가르치신다.

그 세 단락은 똑같은 유형을 따른다. 예수님은 의도적으로 생생하고 유머러스한 비유적 표현을 사용하며 위선자들이 어떻게 종교적인지 말씀하신다. 그들은 겉치장과 과시를 통해 종교적인 모습을 유지한다. 그런 사람들은 자신들이 원하는 보상인 갈채를 받는다. 예수님은 이것을 그리스도인의 방식인 은밀한 것과, 그리스도인이 원하는 유일한 보상 곧 하늘 아버지이시며 은밀히 보시는 하나님의 복과 대조하신다.

그리스도인의 구제
(2-4절)

구약에는 가난한 자들을 긍휼히 여기라는 가르침이 많이 나온다. 2절에서 구제에 해당하는 헬라어 단어 '엘레모수네(eleēmosynē)'는 자비 혹은 불쌍히 여기는 행위를 의미한다. 예수님이 방금 강조하셨듯이, 우리 하나님은 "은혜를 모르는 자와 악한 자에게도 인자하신"(눅 6:35-36; 5:45, 48) 자비로우신 하나님이시므로, 하나님의 백성 역시 인자하고 자비로워야 한다. 예수님은 분명 자기 제자들이 관대하게 드리는 사람이 되기를 기대하셨다.

하지만 관대함으로는 충분하지 않다. 우리 주님은 산상수훈 처음부터 끝까지 동기, 곧 마음의 숨은 생각에 관심을 가지신다. 그분은 제6계명과 제7계명을 해설하시면서 살인과 간음 둘 다 마음속으로 범할 수 있다고 말씀하신다. 부적절한 분노는 일종의 마음의 살인이며, 음탕한 시선으로 보는 것은 일종의 마음의 간음이라는 것이다.

구제의 문제에서도 예수님은 은밀한 생각에 대해 똑같은 관심을 가지신다. 문제는 손이 무엇을 하고 있는지(현금이나 수표를 건네는) 보다는 손이 그 일을 하고 있을 때 마음이 무엇을 생각하고 있는가 하는 것이다. 세 가지 가능성이 있다. 사람들의 칭찬을 구하든가, 익명성을 유지하지만 조용히 우리 자신을 축하하든가, 아니면 오직 하나님 아버지께 인정받기만을 열망하든가.

사람들의 칭찬에 대한 탐욕스러운 갈망은 바리새인들을 따라다니는 죄였다. 예수님은 그들에게 "너희가 서로 영광을 취하고 유일하신 하나님께로부터 오는 영광은 구하지 아니하니"(요 5:44)라고 말씀하셨다. 마찬가지로, 복음서 기자 요한도 "그들은 사람의 영광을 하나님의 영광보다 더 사랑하였더라"(요 12:43)는 해설을 달았다. 인간의 칭찬을 받고자 하는 그들의 욕구는 너무나 탐욕스러운 것이어서, 그들의 구제를 완전히 망쳐 버렸다.

예수님은 그들이 그것을 공개적인 공연 수준으로 바꾸어 버린 것을 조롱하신다. 그분은 한 바리새인이 성전이나 회당에 있는 특별한 상자에 돈을 넣거나 가난한 사람들에게 구제금을 주러 가는 모습을 묘사하신다. 그 사람 앞에 나팔 부는 사람들이 팡파르를 울리면서 걸어가고, 순식간에 사람들이 모여든다.

바리새인들이 때로 정말로 이렇게 했는지 아니면 예수님이 재미있게 풍자하고 계신 것인지는 별로 중요하지 않다. 어쨌든 주님은 사람들에게 높이 평가받고자 하는 유치한 열망을 꾸짖고 계신다.

그리고 예수님은 이러한 과시가 지닌 특징을 나타내기 위해 '위선'이라는 말을 사용하신다. 헬라어에서 '휴포크리테스(hupokritēs)'는 웅변가와 배우를 의미했다. 그래서 비유적으로 그 단어는 세상을 자신의 연기 무대로 여기는 모든 사람에게 적용되었다. 그는 자신의 참된 정체성을 내려놓고 거짓된 정체성을 입는다. 그는 더 이상 자기 자신이 아니고, 다른 누군가로 분장하고 있다. 그는 가면을 쓰고 있다.

그런데 극장에서는 배우들이 자기 역할을 담당하는 것이 전혀 해롭지도 않고 속임수나 사기를 치는 것도 아니다. 그것은 받아들여지는 관례다. 청중들은 자신들이 연기를 보러 온 것을 안다. 그들은 그것에 현혹되지 않는다.

그러나 종교적 위선자들의 문제는 의도적으로 사람들을 속인다는 것이다. 그는 다른 사람인 척 가장한다는 면에서는 배우와 같지만(그래서 우리가 보고 있는 것은 진짜 그 사람이 아니라, 어떤 역할, 가면, 변장이다), 이 점에서 배우와는 완전히 다르다. 곧 그는 실제 활동인 어떤 종교적 관행들을 취하여 본래의 의도가 아닌 하나의 가장, 극장에서 하는 공연으로 바꾸어 버린다. 그리고 그 모든 것은 갈채를 받기 위한 것이다.

1세기의 그런 유대 바리새인들을 조롱하기는 쉽다. 그렇지만 그리스도인들의 바리새주의는 그렇게 재미있지 않다. 우리는 교회나 자선기관에 헌금할 때마다 나팔 부는 사람들을 동원해서 팡파르를 불게 하지는 않는다.

낯익은 비유를 사용하면, 우리는 '우리 자신의 나팔을 분다.' 즉, 자화자찬을 한다. 자선기관 기부자 혹은 좋은 일의 후원자 명단에 이름이 올라간 것을 보면 자부심이 한껏 높아진다. 그렇게 우리도 완전히 똑같은 유혹에 빠진다. "사람에게서 영광을 받으려고" 우리의 구제에 주의를 집중시킨다.

그렇게 사람들에게서 영광을 받으려 하는 사람들에 대해 예수님은 강조해서 말씀하신다. **"그들은 자기 상을 이미 받았느니라."** '받았다'고 번역된 동사 '아페초(apechō)'는 당시 상거래에서 사용되는 전문 용어였다. 그것은 "총액을 다 받고 영수증을 받았다"[2]는 의미로 파피루스에서 종종 사용된 말이었다. 그래서 갈채를 받고자 하는 위선자들은 그 갈채를 받을 것이다. 하지만 그렇게 "그들은 자신들이 받게 될 모든 상을 이미 받았다."[3] 더는 그들에게 지급할 것은 아무것도 없다. 마지막 날의 심판 외에는 말이다.

예수님은 자기 제자들이 바리새인들 같은 과시적 태도로 궁핍한 사람들에게 주는 것을 금하고 나서, 이제 기독교적 방식을 말씀하신다. 그것은 은밀하게 주는 것이다. 그분은 또 다른 부정어로 그것을 표현하신다. "너는 구제할 때 오른손이 하는 것을 왼손이 모르게 하여 네 구제함을 은밀하게 하라."

그 말의 의미를 파악하는 것은 어렵지 않다. 우리는 그리스도인으로서 헌금할 때 다른 사람들에게 말하지 않아야 할 뿐만 아니라, 심지어 우리 자신에게도 알리지 말아야 한다. 우리는 우리가 헌금했다는 사실에 대해 스스로 의식해서는 안 된다. 우리의 자의식은 쉽게 자기 의로 전락할 수 있기 때문이다. 마음의 죄성은 너무나 미묘해서 우리가 헌금했다는 사실을 사람들에게 비밀에 부치려고 일부러 애쓰면서도 동시에 자축하는 기분으로 마음속에 그것을 깊이 간직하고 있을 수 있다.

이것이 얼마나 잘못된 것인지는 아무리 강조해도 지나치지 않을 것이다. 구제는 진정한 필요를 가진 사람들을 포함하는 진정한 행동이기 때문이다. 그 목적은 궁핍한 사람들의 괴로움을 경감시키려는 것이다. 앞에서 보았듯이, 구제에 해당하는 헬라어는 그것이 자비의 행동임을 나타낸다.

하지만 자비의 행동을 허영심에서 나온 행동으로 바꾸어 버려서, 구제하는 주된 동기가 그 선물을 받는 사람의 유익이 아니라 그것을 주는 우리의 유익이 되게 할 수 있다. 이타주의가 왜곡된 이기주의로 대체된 것이다.

그러므로 예수님은 우리의 죄 된 허영심을 죽이기 위해, 우리의 구제를 다른 사람에게뿐 아니라 우리 자신에게도 비밀로 하라고 촉구하신다. 자기중심성은 옛 삶에 속한 것이기 때문이다. 그리스도 안의 새 삶은 계산하지 않는 관대한 삶이다. 물론 예수님의 이 명령을 정확히 문자 그대로 순종하는 것은 불가능하다.

성실한 그리스도인들이라면 구제 내역을 장부에 적고 계획해야 하며, 그러다 보면 자신이 얼마나 기부하는지 알 수밖에 없다. 수표를 쓰면서 눈을 감고 쓸 수는 없는 노릇이다! 그럼에도 불구하고, 구제금을 주기로 결정하고 주는 순간 그것을 잊어버리는 것이 예수님의 이 가르침에 맞다. 우리는 그것에 대해 흡족해하기 위해, 또는 우리의 구제가 얼마나 관대하고, 훈련되어 있고, 성실한 것이었는지 우쭐대기 위해 계속 그것을 마음에 떠올려서는 안 된다. 그리스도인의 구제의 특징은 자축이 아니라 자기희생과 스스로 잊어버리는 것이다.

우리가 궁핍한 사람을 구제할 때 추구해야 하는 것은 사람들의 칭찬도, 스스로를 칭찬할 만한 근거도 아니고, 오히려 하나님의 인정이다. 이것은 오른손과 왼손에 대한 주님의 언급에서 암시되어 있다. 우리는 우리가 구제하는 것을 다른 사람들에게 비밀에 부치고 심지어 우리 자신에게조차 어느 정도는 비밀로 하지만, 그것을 하나님께 비밀로 할 수는 없다. 어떤 비밀도 그분에게는 감춰져 있지 않다. 그래서 "은밀한 중에 보시는 너의 아버지께서 갚으시리라."

어떤 사람들은 예수님의 이 가르침에 대해 항변한다. 그들은 어떤 사람에게도 어떠한 상도 기대하지 않는다고 말한다. 게다가 그들은 상을 주신다는 우리 주님의 약속이 본질적으로 모순이라고 본다. "어떻게 다른 사람들 혹은 자신으로부터 칭찬을 받을 것을 바라지 말라고 하면서, 곧바로 하나님으로부터 그런 칭찬을 구하라고 명할 수가 있단 말인가? 분명 이것은 그저 한 가지 허영을 다른 허영으로 바꾸어 놓는 것 아닌가?"라고 그들은 말한다. 우리는 그보다 순전히 구제 자체를 위해 구제해야 하지 않는가? 사람에게든, 자신에게든, 하나님에게든, 칭찬을 구하는 것은 그들에게는 구제 행위의 가치를 떨어뜨리는 것처럼 보인다.

그런 논증들이 잘못된 첫째 이유는 상의 본질과 관련되어 있다. 사람들이 상이라는 개념이 별로 마음에 들지 않는다고 말할 때, 마음속으로 학교에서 상을 주는 모습을 상상하고 있는 것이 아닌가 하는 생각이 든다. 강단 탁자에는 은색 트로피가 번쩍이고 있고 모든 사람이 박수를 치는 그런 모습 말이다! 이런 장면을 떠올리게 된 것은 아마 AV의 "너에게 **공개적으로** 상을 주리라"는 말 때문일 것이다.

하지만 이 부사는 빼야 한다. 그것은 은밀한 구제와 공개적인 상을 대조하는 것이 아니라, 그 구제를 보지도 상주지도 않는 사람들과 그것을 보시고 또 상주시는 하나님을 대조한다.

루이스(C. S. Lewis)는 〈영광의 무게〉(*The Weight of Glory*)라는 논평에서 다음과 같이 지혜롭게 썼다. "상에 대한 이러한 약속 때문에 그리스도인들이 보수를 받기 위해 산다고 불신자들에게 비난받을 때, 고민할 필요가 없다. 상에는 여러 종류가 있다. 그것을 얻기 위해 하는 일들과 자연적으로 연관되지 않으며 그에 수반되어야 하는 욕구들과 전혀 상관없는 상이 있다. 돈은 사랑에 대한 자연적인 상이 아니다. 그 때문에 우리는 어떤 남자가 돈 때문에 어떤 여자와 결혼한다면 돈을 밝히는 사람이라고 부른다. 하지만 결혼은 진정한 연인들을 위한 적절한 상이며, 남자가 결혼을 바란다 해서 돈을 밝히는 것은 아니다."

마찬가지로 트로피는 열심히 공부한 학생에게 별로 적절한 상이 아닌 반면, 대학에서 주는 장학금은 그런 상이라고 말할 수 있을 것이다. 루이스는 그의 논증을 이렇게 결론 내린다. "적절한 상은 단순히 어떤 활동에 첨부되는 것이 아니라, 완성된 그 활동 자체다."[4)]

그렇다면 하늘의 아버지께서 은밀히 구제하는 사람에게 주시는 '상'은 무엇인가? 그것은 공개적인 것도 아니고 반드시 미래에 주어지는 것도 아니다.

아마 그것은 궁핍한 사람을 구제할 때 진정한 사랑이 원하는 단 하나의 상일 것이다. 즉, 그 궁핍한 사람의 필요가 경감되는 것이다. 자신이 준 선물에 의해 굶주린 사람이 먹게 되고, 헐벗은 사람이 옷을 입게 되며, 병든 사람이 고침을 받고, 억눌린 사람이 자유롭게 되며, 잃어버린 사람이 구원받을 때, 그 선물을 준 사랑은 만족한다. 그런 사랑은 사람을 통해 표현된 하나님 자신의 사랑으로 나름의 은밀한 기쁨을 수반하며, 그 외의 다른 어떤 상도 바라지 않는다.

요약하면, 우리 그리스도인들의 구제는 사람들 앞에서 행하는 것도(박수갈채가 시작되기를 기다리면서), 심지어 우리 자신 앞에서 행하는 것도(왼손이 오른손의 관대함에 갈채를 보내면서) 아니고, 우리의 은밀한 마음을 보시고 **예**

수님 말씀처럼 "주는 것이 받는 것보다 복이 있다"(행 20:35)는 것을 발견하는 상을 주시는 **하나님 앞에서** 행해야 한다.

그리스도인의 기도
(5-6절)

예수님은 '종교적' 의에 대한 두 번째 예에서 기도하는 두 사람에 대해 말씀하신다. 여기에서도 근본적 차이는 위선과 진실함에 있다. 주님은 그들이 기도한 이유와 그 보상을 대조시키신다.

예수님이 위선자들에 대해 말씀하시는 것은 얼핏 들으면 별문제가 없는 듯하다. "그들은…기도하기를 좋아하느니라." 하지만 유감스럽게도, 그들이 좋아하는 것은 기도도, 기도의 대상인 하나님도 아니다. 그렇다. 그들은 자신을 좋아하며 공적 기도가 그들에게 주는 자기 자랑의 기회를 좋아한다.

물론 정기적인 기도 훈련은 좋은 것이다. 모든 경건한 유대인들은 다니엘처럼 하루에 세 번 기도했다(단 6:10). 그리고 서서 기도하는 것은 전혀 잘못된 것이 아니다. 유대인들은 보통 서서 기도했기 때문이다. 또한 그들이 **회당에서**뿐 아니라 **길거리 어귀**에서 기도하는 것도 잘못된 것은 아니었다. 종교의 벽을 허물고 거룩한 곳뿐만 아니라 일상의 세속적인 삶에서도 하나님을 인식하려는 동기로 그렇게 한 것이라면 말이다.

하지만 예수님은 그들이 **사람에게 보이려고** 손을 하늘로 높이 들고 회당이나 거리에 서 있을 때, 그들의 참된 동기가 무엇인지 밝히셨다. 그들의 경건 배후에는 교만이 숨어 있었다. 그들이 정말로 원했던 것은 사람들의 칭찬이었다. 그리고 그들은 그것을 얻었다. "그들은 자기 상을 전부 다 받았느니라"(NIV).

종교적 바리새주의는 결코 죽지 않았다. 교회 출석자들은 종종 위선자라는 비난을 듣는다. 바리새인들이 회당에 간 것과 같은 잘못된 이유로 교회에 갈 수가 있다. 하나님을 예배하러 가는 것이 아니라 경건하다는 평판을 얻으려고 가는 것이다. 마찬가지로, 우리의 개인적 경건도 자랑할 수 있다. 두드러진 점은 모든 위선적 관행이 왜곡의 요소를 지니고 있다는 것이다.

하나님을 찬양하는 것은 사람들을 구제하는 것과 마찬가지로, 그 자체로는 당연히 옳은 행동이다. 마음속에 숨은 동기가 그 두 가지를 다 망가뜨린다. 그것은 하나님을 섬기는 일을 격하시키고 사람들이 비열하게 자기를 섬기게 만든다. 종교와 자선은 과시적 표현된다. 어떻게 그럴 수 있단 말인가, 실제로는 사람들의 칭찬을 받는 데 관심을 가지면서 겉으로는 하나님을 찬양하는 체하다니!

그렇다면 그리스도인들은 어떻게 기도해야 하는가? **"네 골방에 들어가 문을 닫고"**라고 예수님은 말씀하셨다. 우리는 방햇거리와 산만하게 하는 것들에 대해 문을 닫아야 한다. 또한 사람들의 눈을 차단하고, 하나님과 함께 골방에 틀어박혀야 한다. 그럴 때만 우리는 주님의 그다음 명령에 순종할 수 있다. 그것은 **은밀한 중에 계신**, 예루살렘 성경에 더 분명하게 기록되었듯이, '그 은밀한 장소 안에 계신' **네 아버지께 기도하**

라는 명령이다. 우리 하나님 아버지는 우리를 환영하기 위해 거기서 기다리신다.

인간 구경꾼들의 곁눈질보다 기도를 더 망치는 것은 없듯이, 하나님의 임재 의식보다 기도를 더 풍성하게 하는 것은 없다. 그분은 외모만이 아니라 마음을, 기도하고 있는 그 사람만이 아니라 그가 기도하는 동기를 보시기 때문이다. 그리스도인의 기도의 진수는 하나님을 찾는 것이다. 모든 참된 기도의 배후에는 하나님이 시작하시는 대화가 있다.

> 너희는 내 얼굴을 찾으라 하실 때에
> 내가 마음으로 주께 말하되
> 여호와여 내가 주의 얼굴을 찾으리이다 하였나이다(시 27:8).

우리는 그분을 있는 그대로, 즉 창조주 하나님, 여호와 하나님, 심판자 하나님, 구주 예수 그리스도를 통한 우리의 하늘 아버지 하나님으로 인정하기 위해 그분을 찾는다. 우리가 은밀한 곳에서 그분을 만나고자 하는 이유는 겸손한 경배와 사랑과 신뢰로 그분 앞에 엎드려 절하기 위해서다. 그러면 "은밀한 중에 보시는 네 아버지께서 갚으시리라"고 예수님은 말씀하셨다. 태스커는 우리가 기도하기 위해 들어가야 하는 '골방'에 해당하는 헬라어 '타메이온(tameion)'은 "보물을 간직할 수 있는 창고를 가리키는 말로 사용되었다"고 말한다. 그렇다면 그것이 함축하는 것은 우리가 기도할 때 "보물이 이미 기다리고 있다"는 것이다.[5] 기도할 때 받는 감췄던 상은 일일이 열거하기엔 너무 많다.

사도 바울의 말을 빌리면, 우리가 '아빠 아버지'라고 부르짖을 때, 성령님은 우리 영과 더불어 우리가 참으로 하나님의 자녀임을 증명하신다. 그리고 우리는 하나님이 아버지시라는 것과 그분의 사랑에 대한 강한 확신을 갖게 된다(롬 5:5; 8:16). 그분은 그 얼굴을 우리에게 향하여 드사 우리에게 그분의 평강을 주신다(민 6:26). 또 우리의 영혼을 새롭게 하시고, 우리의 주림을 만족시키시며, 우리의 목마름을 해소해 주신다.

우리는 우리가 더 이상 고아가 아니라는 것을 안다. 하나님 아버지께서 우리를 입양하셨기 때문이다. 더 이상 탕자가 아니다. 죄 사함을 받았기 때문이다. 우리는 더 이상 소외되어 있지 않다. 집으로 돌아왔기 때문이다.

물론 우리 주님이 은밀함의 필요성을 강조하신 것을 너무 극단화해서는 안 된다. 그것을 엄격하게 문자 그대로 해석하는 것은 그분이 우리에게 경고하시는 바로 그 바리새파의 죄를 짓는 것이다. 모든 기도가 은밀한 가운데 이루어져야 한다면, 우리는 교회에 가거나 가정 기도, 기도회 등을 하지 말아야 할 것이다.

주님이 여기에서 말씀하시는 것은 개인 기도에 대한 것이다. 흠정역에서 볼 수 있듯이, 헬라어는 단수로 되어 있다. "**너는**(thou) 기도할 때 **네**(thy) 골방에 들어가…문을 닫고, **네**(thy) 아버지께 기도하라"(NIV에 나오는 you, your로는 단수인지 복수인지 분명히 알 수가 없다—역주). 예수님은 아직 공 기도에 대해 말씀하시지 않는다. 나중에 공 기도에 대해 말씀하실 때는 복수형으로 "우리 아버지"라고 기도하라고 말씀하신다. 그리고 그 기도는 도저히 은밀한 곳에서만 할 수는 없다.

우리는 은밀하다는 것이 무엇을 말하는지에 대해 몰두하기보다는, 예수님이 '은밀한' 기도를 강조하신 목적을 기억할 필요가 있다. 그것은 기도할 때 우리의 동기를 정화하기 위한 것이었다. 사람들에게 진정한 사랑을 나눠주어야 하듯이, 우리는 하나님을 향한 진정한 사랑에서 기도해야 한다. 이 두 가지를 자기 사랑의 경건한 은폐 수단으로 사용해서는 절대 안 된다.

그리스도인의 금식
(16-18절)

바리새인들은 "이레에 두 번씩"(눅 18:12) 매주 월요일과 목요일에 금식했다. 세례 요한과 그의 제자들 역시 정기적으로 금식했다. 심지어 "자주" 했다. 그렇지만 예수님의 제자들은 금식하지 않았다(마 9:14; 눅 5:33). 그러면 어째서 산상수훈의 이 구절들에서 예수님은 그분의 제자들이 금식할 것을 기대하실 뿐 아니라 금식하는 방법에 대해서까지 가르쳐 주셨는가?

이 본문은 대개 무시된다. 어떤 그리스도인들은 마치 이 구절들이 성경에서 찢겨 나간 것처럼 살고 있는 게 아닌가 하는 생각이 든다. 대부분의 그리스도인은 매일 기도하고 희생적으로 헌금하는 것을 강조한다. 하지만 금식을 강조하는 사람들은 거의 없다.

특히 마음과 심령의 내적 종교를 강조하는 복음주의 기독교는 금식과 같은 외적인 육체적 관행을 쉽게 받아들이려 하지 않는다. 우리는 금식이 모세가 속죄일에 행하도록 규정한 것이며, 바벨론 포로 생활에서 돌아온 뒤 다른 몇몇 연례 절기에 행하도록 되어 있는 구약 관행으로, 지금은 예수님에 의해 폐기된 것이 아닌가? 하고 묻는다.

사람들이 예수님께 와서 "왜 요한의 제자들과 바리새인들의 제자들은 금식하는데 당신의 제자들은 금식하지 **아니하나이까**"라고 묻지 않았는가? 그리고 지금 우리는 이렇게 묻는다. 금식은 로마 가톨릭의 관행이 아닌가? 그래서 중세 교회가 '절기일'과 '금식일'에 대한 복잡한 달력을 만들지 않았는가? 그것은 또한 미사 및 '금식 영성체'에 대한 미신적 견해와 연관되지 않는가?

우리는 이 모든 질문에 '그렇다'고 대답할 수 있다. 그럼에도 우리는 성경과 교회사를 선택적으로 알고 선택적으로 사용하기 쉽기 때문에 균형을 잡기 위해, 여기 몇 가지 다른 사실들을 살펴볼 필요가 있다. 우리 주님이시며 선생이신 예수님이 친히 광야에서 사십일 밤낮으로 금식하셨다. 사람들이 던진 질문에 대한 대답으로, 그분은 "신랑을 빼앗길 날이 이르리니 **그때는** 그들이(즉 나의 제자들이) 금식할 것이니라"고 말씀하셨다(마 9:15).

산상수훈에서 예수님은 우리가 금식하리라는 가정하에 어떻게 금식할 것인지 말씀하셨다. 그리고 사도행전과 신약 서신서들에는 사도들의 금식에 대한 언급이 서너 번 나와 있다. 그러므로 금식을 신약에서는 폐기된 구약의 관행으로, 혹은 개신교에서 거부하는 가톨릭의 관행으로 묵살해 버릴 수는 없다.

그렇다면 우선 금식은 무엇인가? 엄밀히 말해서, 그것은 음식을 완전히 금하는 것이다. 하지만 부분적으로나 전체적으로나, 단기간으로나 장기간으로나 음식 없이 지내는 것으로 의미를 확장해도 타당하다. 그래서 매일 첫 번째로 먹는 끼니를 '아침(break-fast)'이라고 하게 된 것이다. 아침을 먹을 때 우리는 아무것도 먹지 않은 밤에 '금식을 중단하기(break our fast)' 때문이다.

성경에서 금식이 여러모로 자기 부인 및 자기 훈련과 관련되어 있다는 것은 의심의 여지가 없다. 우선, '금식하는' 것과 '하나님 앞에서 우리 자신을 낮추는' 것은 사실상 같은 말이다(예를 들어, 시 35:13; 사 58:3, 5). 때로 이것은 과거의 죄에 대한 참회의 표현이었다. 사람들은 자신들의 죄에 대해 심히 괴로워할 때 울며 금식했다. 예를 들어, 느헤미야는 "금식하며 굵은 베옷을 입고" 사람들을 모았으며, 그들은 "서서 자기의 죄를 자복했다." 니느웨 사람들은 요나의 설교를 듣고 회개했으며, 금식을 선포하고 베옷을 입었다.

다니엘은 "금식하며 베옷을 입고 재를 덮어쓰고 기도하며" 하나님을 구했고, 그의 하나님 여호와께 기도하고 그의 백성의 죄를 고백했다. 그리고 다소의 사울은 회심한 후 자신이 그리스도를 핍박한 것에 대해 회개하고, 3일 동안 먹지도 마시지도 않았다(느 9:1, 2; 욘 3:5; 단 9:2 이하; 10:2 이하; 행 9:9).

오늘날에도 하나님의 백성이 죄를 깨닫고 회개할 때, 참회의 표시로 애도하고 울고 금식하는 것은 부적절한 일이 아니다. 하지만 우리가 하나님 앞에서 자신을 낮춰야 하는 이유는 과거의 죄를 뉘우칠 뿐만 아니라, 또한 미래에 자비를 베풀어 주실 것을 의지하기 때문이기도 하다. 그리고 여기에서도 금식은 우리가 하나님 앞에서 자신을 낮추는 표현이다. 성경에서 '참회와 금식'이 함께 나온다면, '기도와 금식'은 더욱 자주 한 쌍을 이루어 나타나기 때문이다. 이것은 기도할 때마다 늘 금식한다는 말이 아니라, 이따금 특별하게 그렇게 하는 것을 말한다. 그래서 어떤 특별한 방향이나 축복을 위해 하나님을 구할 필요가 있을 때 음식이나 주의를 산만하게 하는 다른 것들을 제쳐놓는 것이다.

그래서 모세는 하나님께서 이스라엘을 자신의 백성으로 삼으신 언약을 새롭게 하신 직후 시내산에서 금식했다(출 24:18). 여호사밧은 모압과 암몬 군대가 그를 향해 나아오는 것을 보고 "여호와께로 낯을 향하여 간구하고 온 유다 백성에게 금식하라 공포"했다(대하 20:1 이하). 에스더 왕비는 목숨을 내걸고 왕에게 나아가기 전에, 모르드개에게 유대인들을 모아 그녀를 위해 "금식하라"고 촉구했으며, 자신과 시녀들도 똑같이 금식했다(에 4:16). 에스라는 바벨론 포로들을 다시 예루살렘으로 인도하여 오기 전에 "금식을 선포하고 우리 하나님 앞에서 스스로 겸비하여…평탄한 길을 그에게 간구"했다(스 8:21 이하).

특히 이미 말했듯이, 우리 주 예수님이 공생애를 시작하기 직전에 금식하며 기도하셨다(마 4:1-2). 초대 교회도 그분의 본을 따랐으며, 안디옥 교회는 바울과 바나바를 첫 번째 선교 여행에 파송하기 전에, 그리고 바울과 바나바는 자신들이 개척한 모든 새로운 교회에서 장로들을 임명하기 전에 그렇게 했다(행 13:1-3; 14:23). 특별한 일을 하려면 특별한 기도가 필요하다는 것, 그리고 그 특별한 기도가 금식을 포함한다는 증거는 분명하다.

금식을 해야 하는 또 다른 성경적 이유도 있다. 굶주림은 우리 인간의 기본적인 욕구 중 하나이며, 탐욕은 우리 인간의 기본적인 죄 중 하나다. 그러므로 '절제'는 우리 신체를 통제하는 것을 포함하지 않는다면 무의미하며, 자기 훈련 없이는 불가능하다.

바울은 운동선수를 예로 들어 설명한다. 경기에서 겨루려면 그는 육체적으로 튼튼해야 하기 때문에 훈련을 하기 시작한다. 그 훈련에는 음식과 잠과 운동을 잘 관리하는 것이 포함된다. "이기기를 다투는 자마다 모든 일에 절제하나니." 그리고 그리스도인으로서 경주하는 우리들도 똑같이 그렇게 해야 한다. 바울은 그의 몸을 '치는 것(온통 시퍼렇게 멍이 들도록 두들겨 패는 것)'과 '복종하게 하는 것(자기 몸을 종처럼 이끌고 다니는 것)'에 대해 쓴다(고전 9:24-27).

이것은 자기 학대(스스로에게 가한 고통에서 쾌락을 발견하는)도, 그릇된 금욕주의(껄끄러운 가죽으로 만든 옷을 입거나 못이 박힌 침대에서 자는 것과 같은)도, 성전 안의 바리새인처럼 공로를 얻으려는 것도(눅 18:12) 아니다. 바울은 그런 생각에 동의하지 않을 것이며 우리도 그래야 한다. 우리는 몸을 '벌할' 이유가 전혀 없으며(그 몸은 하나님이 만드신 것이므로), 다만 몸이 우리에게 순종하도록 만들기 위해 그 몸을 훈련해야 한다. 그리고 금식(자발적으로 음식을 끊는 것)은 절제력을 증가시키는 한 가지 방법이다.

금식에 대한 또 한 가지 이유를 말해야겠다. 즉 우리가 먹을 것(혹은 그 비용)을 영양을 공급받지 못한 사람들과 나누기 위해 의도적으로 음식 없이 지내는 것이다. 이에 대한 성경적 근거가 있다. 욥은 자신이 "혼자 그의 떡 덩이를 먹지" 않고 "고아와 과부와 그것을 나누었다"고 말할 수 있었다(욥 31:17 이하).

이에 반해, 이사야를 통해 하나님께서 예루살렘 거민들의 위선적 금식을 정죄하셨을 때 비난하신 내용은 그들이 **금식하는 날에** 그들 자신의 쾌락을 추구하며 그들의 일꾼들을 억압한다는 것이었다. 이는 그들이 마음으로든 행동으로든 금식하는 것이 일꾼들의 물질적 필요와 아무런 상관관계도 없다는 것을 의미한다. 그들의 종교는 정의나 자비가 없는 종교였다.

그래서 하나님은 말씀하셨다. "내가 기뻐하는 금식은 흉악의 결박을 풀어 주며…압제당하는 자를 자유하게 하…는 것이 아니겠느냐 또 주린 자에게 네 양식을 나누어주며 유리하는 빈민을 집에 들이…는 것이 아니겠느냐"(사 58:3 이하).

예수님은 거지가 자기 집 대문 앞에 누워 상에서 떨어지는 것으로 배를 불리는 것을 바라고 있는 동안 매일 호화로운 잔치를 벌였던 부자에 대해 이야기하실 때, 그와 비슷한 것을 암시하셨다(눅 16:19-31).

좀 더 현대적인 적용을 찾는 것도 어렵지 않다. 16세기 영국에서는 특정한 날에는 고기를 금하고 대신 생선을 먹게 했다. "바다 연안에 있는 어촌들"이 유지되어 "가난한 사람들이 영양을 섭취할 수 있도록 좀 더 적절한 가격으로 음식을" 공급하는 데 도움이 되기 위해서였다.[6]

오늘날에는 세계의 수많은 굶주린 사람의 참상이 날마다 텔레비전 화면에 등장한다. 가끔 (혹은 정기적으로) '기아 체험'을 하거나, 일주일에 한두 번 식사를 거르고, 식사량 조절로 과체중이 되지 않도록 하는 것, 이러한 것들이 하나님이 기뻐하시는 금식의 형태들이다. 그것은 가난한 사람들과의 연대를 표현하기 때문이다.

그래서 참회를 위해서든 기도를 위해서든, 자기 절제를 위해서든, 연대적 사랑을 위해서든, 금식을 할 만한 좋은 성경적 이유들이 있다. 금식하는 이유가 무엇이든, 예수님은 우리 그리스도인들의 삶에 당연히 금식이 존재하리라 여기셨다. 헌금과 기도와 마찬가지로, 금식에서도 외식하는 자들처럼 우리 자신에게 이목을 집중시켜서는 안 된다는 것이었다.

그들은 **슬픈 기색을 보이고 얼굴을 흉하게** 하곤 했다. '흉하게 하다'라고 번역된 단어 '아파니조(aphanizo)'는 문자적으로는 '사라지게 하다'라는 의미이며 그래서 '보이지 않게 혹은 알아차리지 못하게 만든다'라는 뜻이다.[7] 그들은 제대로 씻지 않았거나, 머리에 베옷을 덮어썼거나, 어쩌면 핼쑥하고 창백하고 우울하게, 그리고 눈에 띄게 거룩하게 보이기 위해 얼굴에 재를 문질렀을 수도 있다. 그들이 금식한다는 사실을 모든 사람에게 보이고 알리기 위해서였다. 그러므로 그들이 받을 상은 구경꾼들의 감탄뿐이다.

예수님은 이어서 "내 제자들아 너희는" **금식할 때 머리에 기름을 바르고 얼굴을 씻**으라고 말씀하셨다. 즉, "머리를 빗고 세수를 하라"[8]는 것이다. 예수님은 마치 그들이 특별한 즐거움을 누려야 한다는 듯이 색다른 일을 하라고 권하신 것이 아니다.

주님은 제자들이 매일 '세수하고 머리를 빗을' 테니, 금식하는 날에도 아무도 그들이 금식하는 것을 알아차리지 못하도록 평소처럼 하라고 말씀하시는 것이다. 그러면 다시 한번 **은밀한 중에 보시는 아버지께서 갚으시리라**는 것이다. 금식의 목적은 우리 자신을 광고하기 위함이 아니라 훈련하기 위함이며, 높은 명성을 얻기 위함이 아니라 하나님 앞에서의 겸손과 궁핍한 다른 사람들에 대한 관심을 표현하려는 것이기 때문이다. 이러한 목적들이 성취된다면, 그것으로 충분한 보상이 될 것이다.

지금까지 살펴본 구절들을 되돌아볼 때, 처음부터 끝까지 예수님께서는 두 대안적 경건, 곧 바리새인들의 경건과 그리스도인의 경건을 대조하신 것을 분명하게 알 수 있다. 바리새인들의 경건은 과시하는 경건으로, 허영심이 동기이고 사람들에게 상을 받는다. 그리스도인의 경건은 은밀한 것으로, 겸손이 동기이고 하나님께 상을 받는다.

그 대안을 더욱 분명하게 파악하기 위해, 두 형태의 원인과 결과를 살펴보면 도움이 될 것이다. 먼저, 그 결과를 살펴보자. 외식하는 자들의 종교는 왜곡되어 있다. 그것은 파괴적이기 때문이다. 우리는 기도하는 것, 구제하는 것, 금식하는 것 모두 그 자체로는 믿을 만한 활동이라는 것을 보았다. 기도하는 것은 하나님을 구하는 것이고, 구제하는 것은 다른 사람들을 섬기는 것이며, 금식하는 것은 자신을 훈련하는 것이다. 하지만 위선의 결과는 이것들을 각각 자기 과시로 바꾸어 버려 이 활동들의 진실성을 파괴한다.

그렇다면 원인은 무엇인가? 이것을 알 수 있다면 치료책 역시 발견할 수 있다. 이 본문에서 반복되는 구절 중 하나는 '사람에게 보이려고, 사람에게서 영광을 받기 위해, 사람 앞에서'라는 것이지만, 외식하는 자가 몰두하는 것은 사람들이 아니라 바로 자기 자신이다. 그렇다면 해결책은 분명하다. 하나님을 너무 의식하는 나머지 자신을 더 이상 의식하지 않게 되는 것이다. 그리고 예수님은 바로 이 사실에 집중하신다.

그것을 다음과 같이 표현할 수 있을 것이다. 누구도 완전히 은밀하게 행할 수는 없다. 구경꾼 없이 어떤 것을 하거나, 말하거나, 생각할 수는 없다. 설사 지켜보는 사람이 아무도 없다고 해도, 하나님이 우리를 지켜보고 계신다. 그분은 우리를 잡기 위해 '염탐하는' 하늘의 경찰 같은 존재가 아니라, 하늘에 계신 사랑의 아버지, 언제나 우리를 축복할 기회를 찾고 계시는 분이다.

문제는 어떤 구경꾼이 우리에게 더 중요하냐다. 이 세상의 구경꾼인가 하늘의 구경꾼인가, 사람들인가 하나님인가? 외식하는 자들은 "사람에게 보이려고" 그의 의식을 수행한다. 헬라어 단어는 '테아테나이(theathēnai)'다. 즉, 그들은 극장에서 공연을 한다. 그들의 종교는 공개적인 구경거리다. 참된 그리스도인 역시 누군가 자신을 지켜보고 있다는 것을 인식한다. 하지만 그의 경우 관객은 하나님이시다.

하지만 "왜 관객이 다르면 공연도 달라지는가?"라고 어떤 사람은 물을 것이다. 그 대답은 이것이다. 우리는 인간 청중에게 허세를 부릴 수 있다. 그들은 우리의 공연에 의해 현혹될 수도 있다. 우리는 그들을 속여서 우리가 연기를 하는 것뿐인데도 우리의 구제와 기도와 금식이 진짜라고 생각하게 만들 수 있다.

하지만 하나님은 조롱당하지 않으신다. 우리는 그분을 속일 수 없다. 하나님은 마음을 보시기 때문이다. 따라서 사람에게 보이기 위해 하는 모든 것은 격하될 수밖에 없는 반면, 하나님께 보이기 위해 하는 것은 존엄성을 부여할 수밖에 없다.

그러므로 우리는 주의 깊게 관객을 선택해야 한다. 인간 구경꾼들을 더 선호한다면, 그리스도인으로서 진실성을 잃어버릴 것이다. 우리가 우리 자신의 관객이 되는 경우에도 똑같은 일이 일어날 것이다.

그렇기 때문에 우리는 하나님을 우리의 관객으로 선택해야 한다. 예수님께서 성전 헌금함에 사람들이 헌금을 넣는 것을 지켜보셨듯이(막 12:41 이하), 하나님은 우리가 드릴 때 우리를 지켜보신다. 우리가 은밀히 기도하고 금식할 때, 그분은 그 은밀한 곳에 계신다. 하나님은 위선은 미워하시지만, 진실함은 사랑하신다. 그 때문에 그분의 임재를 의식할 때만 우리의 구제와 기도와 금식이 진짜가 될 것이다.

The Message of the Sermon on the Mount

Chapter. 08

그리스도인의 기도 (마 6:7-15)

기계적이고
무의미한 기도를 멈춰라

기도할 때 피해야 할 죄는 위선만이 아니다. 또 하나의 죄는 '헛된 반복' 혹은 무의미하고 기계적인 말이다. 전자는 바리새인들의 어리석음이며, 후자는 이방인 혹은 이교도들의 어리석음이다(마 6:7). 위선은 기도의 목적을 오용하는 것이며 목적을 하나님의 영광에서 자신의 영광으로 돌리는 것이다. 장황한 말은 기도의 본질을 오용하는 것이며 하나님께 대한 진실하고 인격적인 접근에서 단순히 말을 암송하는 것으로 전락시키는 것이다.

우리는 예수님의 방법이 두 대안을 생생하게 대조한 것임을 다시 한번 확인하려고 한다. 그분의 방식을 보다 분명하게 나타내기 위해서다. 주님은 일반적인 경건의 관행들에 관해서는 바리새인들의 방식(과시하는 듯하고 이기적인)과 그리스도인의 방식(은밀하고 경건한)을 대조하셨다. 특별히 기도 관행에 관해서는 무의미하게 수다를 늘어놓는 이교도들의 방식과 하나님과 의미 있는 교제를 나누는 그리스도인의 방식을 대조하신다.

이처럼 예수님은 언제나 주위 사람들, 그것이 종교적인 사람들이건 세속적인 사람들이건 그들이 도달한 것보다 더 높은 곳으로 제자들을 부르신다. 예수님은 그리스도인의 의는 비기독교 공동체에서 발견할 수 있는 어떤 것보다 더 크고(내적인 것이기에), 그리스도인의 사랑은 더 광범위하며(원수들까지 포함하기에), 그리스도인의 기도는 더 깊다고(진지하고 사려 깊은 것이기에) 강조하신다.

이교도들의 기도방식

예수님은 "이방인과 같이 중언부언하지 말라"고 말씀하신다(마 6:7). 헬라어 동사 '바탈로게오(battalogeō)'는 여기 외에는 성경 문서뿐 아니라 다른 곳에서도 나오지 않는다. 이 구절에 인용된 것 외에는 그 단어의 다른 용례는 전혀 알려지지 않았다. 그래서 그 말의 어원이나 의미에 대해서는 누구도 확실하게 알지 못한다.

'바타리조(battarizō)'는 더듬는 것을 나타낸다. 그리고 헬라인들의 귀에 '바'라는 음절을 지루하게 반복하는 것처럼 들리는 모든 외국인을 '바바로스(barbaros)', 곧 야만인(barbarian)이라고 불렀다. '바탈로게오'도 아마 비슷할 것이다. 윌리엄 틴데일(William Tyndale)은 같은 뜻의 영어 의성어로 '횡설수설하다(babble)'라는 말을 선택한 최초의 번역자였다.

예수님은 모든 반복을 금하실 리가 없다. 자신이 기도하실 때 반복해서 말씀하셨기 때문이다. 특히 겟세마네에서 "나아가 세 번째 같은 말씀으로 기도"하신 것을 볼 수 있다(마 26:44). 주님은 또한 기도에서 인내하며 심지어 끈질기게 조르는 것까지도 칭찬하셨다.

오히려 주님은 장황하게 말이 많은 것, 특별히 "생각 없이 말하는" 것을 정죄하신다. 그 말은 아무 의미도 없는 말만 하는 기도, 입으로만 나오고 생각이나 마음은 담겨 있지 않은 모든 기도를 말한다. '바탈로지아(battalogia)'는 같은 구절(마 6:7)에서 '폴루로지아(polulogia)', '말을 많이 하는 것'이라고 번역된다. 즉, 기계적이고 아무 생각이 없는 말을 마구 쏟아내는 것을 말한다.

오늘날에는 우리 주님이 금지하신 것을 어떻게 적용해야 하는가? 그것은 분명 기도문 통(prayer wheel: 라마교에서 기도할 때 돌리는 기도문을 넣은 통-역주)이나 '기도하는 일'을 편리하게 바람에 맡기는 기도 깃발(prayer flag)에 적용된다. 나는 그것을 초월 명상(Transcendental Meditation)에도 적용해야 한다고 생각한다. 마하리시 마헤시 요기(Maharishi Mahesh Yogi)가 자신이 '명상'이라는 단어를 선택하여 오해를 불러일으킨 것에 대해 후회를 표현한 적이 있기 때문이다. 참된 명상은 의식적으로 지성을 사용하는 것을 포함한다. 하지만 초월 명상은 신체와 정신 둘 다의 긴장을 풀기 위한, 단순하고 본질적으로 기계적인 기술이다. 그것은 생각을 자극하는 대신 완전한 정적과 비활동 상태로 몰아간다.

기도 습관에 대해 우리 주님은, 아무 생각 없이 묵주 알을 손가락으로 만지면서 단어를 암송하거나 '공허한 문구들'을 사용하여 마음은 이리저리 방황하면서 종교 용어들만 늘어놓는 등의, 정신이 관여하지 않은 상태에서 입으로만 하는 모든 기도를 금하신다.

그다음 말씀은 기도할 때 그렇게 허식을 부리는 것이 얼마나 어리석은 일인지 드러낸다. "그들은 말을 많이 하여야 들으실 줄 생각하느니라." "그들은 자신들이 더 많이 말하면 말할수록, 상대방이 더 많이 들을 가능성이 있다고 상상한다"(NEB). 얼마나 말도 안 되는 생각인가! 기도의 기계적 부분과 통계에 영향을 받고, 우리가 사용하는 단어의 분량과 기도할 때 들이는 시간의 양으로 응답을 결정하는 분은 대체 어떤 하나님이란 말인가?

"그들을 본받지 말라"고 예수님은 말씀하신다(8절). 왜 본받지 말아야 하는가? 그리스도인들은 그러한 하나님을 믿지 않는다. 우리가 그들이 하는 것처럼 해서는 안 되는 이유는, 우리는 그들이 생각하는 것처럼 생각하지 않기 때문이다. 반대로, "구하기 전에 너희에게 있어야 할 것을 하나님 너희 아버지께서 아시느니라."

하나님은 무지하신 분이 아니기 때문에 우리가 가르칠 필요가 있는 분도 아니며, 주저하시는 분이 아니기 때문에 우리가 설득할 필요가 있는 분도 아니다. 그분은 우리 아버지시다. 자기 자녀를 사랑하시고 그들의 필요에 대해 모두 아시는 아버지이시다. 만일 그렇다면, 기도를 하는 의미가 뭐냐고 묻는 사람이 있다. 칼빈의 대답을 들어 보자.

"신자들은 하나님이 모르는 것을 그분께 알려 드리기 위해서나 그분을 자극해서 의무를 다하시게 하려고, 혹은 마치 하나님이 내키지 않아 하시어 그분을 재촉하기 위해 기도하는 것이 아니다. 그와 반대로, 스스로 각성하여 하나님을 구하게 하려고, 하나님의 약속을 묵상하며 믿음을 발휘하기 위해, 하나님의 품에 자신을 쏟아 놓음으로 염려를 덜기 위해 기도한다. 한 마디로 자신을 위해서나 다른 사람들을 위해서나 모든 좋은 것은 오직 하나님께만 있음을 소망하고 기대한다고 선언하기 위해 기도한다."[1] 루터는 그것을 한층 더 간결하게 말한다. "기도를 함으로…우리는 그분을 가르치기보다는 우리를 더 가르치고 있다."[2]

그리스도인의 기도 방법

바리새인들의 기도가 위선적이고 이교도들의 기도는 기계적이지만, 그리스도인들의 기도는 진정한 것이 되어야 한다. 위선적인 것과는 다르게 진지한 것, 기계적인 것과는 다르게 사려 깊은 것이 되어야 한다. 예수님은 우리가 말할 때 생각과 마음이 관여하도록 하신다. 그렇게 되면 기도를 본래의 모습대로 보게 된다. 무의미한 단어의 반복도, 우리 자신이 영광을 받기 위한 수단도 아니고, 하늘 아버지와의 참된 친교로 보는 것이다.

소위 '주기도문'은 진정한 그리스도인의 기도가 어떤 것인지에 대한 모범으로 주신 것이다. 마태에 따르면 예수님은 그것을 본받아야 할 하나의 유형으로 주셨으며(너희는 이렇게 기도하라), 누가에 따르면 사용해야 할 하나의 형식으로 주셨다(너희는 기도할 때 이렇게 하라). 하지만 둘 중 하나를 선택해야 할 필요는 없다. 우리는 그 기도를 있는 그대로 사용할 수도 있고 그 기도를 본받아 우리 자신의 기도를 할 수도 있기 때문이다.

바리새인들의 기도와 이교도의 기도와 그리스도인들의 기도에 있는 본질적 차이는 기도의 대상인 하나님이 어떠한 하나님인가에 있다. 다른 신들은 기계적인 주문을 좋아할지도 모른다. 하지만 예수 그리스도에 의해 계시가 된 살아 계시고 참되신 하나님은 그렇지 않다. 예수님은 그분을 (문자적으로) "하늘에 계신 우리 아버지"라고 부르라고 말씀하셨다.

이것은 먼저 그분이 인격적인 분이심을 암시한다. 내가 '나'인 것처럼 '그'이신 것이다. 그분은 루이스의 말을 빌리면, '인격 이상의' 분이다. 현대의 급진적인 신학자들이 하나님에 대한 교리를 재구성하려 하는 것을 우리가 거부하는 이유 중 하나는 그들이 하나님을 비인격화하기 때문이다. 하나님을 "우리(인간) 존재의 기반"으로 보는 개념은 그분이 신적 아버지시라는 개념과 도저히 양립할 수 없다. 하나님은 우리와 마찬가지로 인격적인 분이시다. 사실상 우리보다 더 인격적이시다.

둘째, 하나님은 사랑이 많으시다. 그분은 무시무시한 잔인함으로 우리를 겁주는 분이 아니며, 또한 독재자나 바람둥이나 술주정뱅이와 같은 아버지가 아니다. 하나님 자신이 사랑으로 자기 자녀를 돌보심으로 이상적인 아버지상을 성취하신다.

셋째, 하나님은 권능이 많으시다. 그분은 선하실 뿐 아니라 또한 위대하시다. "하늘에 계신"이라는 말은 하나님의 거주 장소라기보다는 만물의 창조주이시며 통치자이신 그분의 권위와 권세를 나타낸다. 그래서 하나님은 아버지로서의 사랑을 하늘의 권능과 결합하시며, 그분의 사랑이 지시하는 것을 권능으로 수행하신다.

예수님이 하나님을 "하늘에 계신 우리 아버지"라고 부르라고 하셨을 때 관심을 가지신 것은 의식(우리에게 하나님께 접근하는 올바른 예절을 가르치려는 것)이 아니라 진리(우리가 올바른 사고방식을 가지고 그분께 나아갈 수 있다는 것)다. 기도하기 전에, 하나님이 누구인지 상기해 보는 시간을 갖는 것은 지혜로운 일이다. 그럴 때만 하늘에 계신 사랑이 많으신 우리 아버지에게 맞는 겸손과 헌신과 확신을 가지고 나아가게 될 것이다.

게다가 우리가 시간과 수고를 들여 하나님을 향하고, 인격적이시고 사랑과 능력이 많은 아버지이신 하나님이 어떤 분이신지 생각할 때, 기도의 내용은 두 가지 면에서 근본적인 영향을 받을 것이다. 첫째로, 하나님의 관심사, 즉 "하나님의 이름…하나님의 나라…하나님의 뜻"에 우선순위를 두게 될 것이다. 그리고 둘째로, 우리 자신의 필요는 하나님께 맡겨질 것이다("우리에게 주시옵고…우리 죄를 사하여 주시옵고…우리를 구하시옵소서").

주기도문이 두 부분으로 되어 있다는 것은 누구나 안다. 첫 부분은 하나님의 영광에 관한 것이고 그다음은 사람의 필요에 관한 것이다. 하지만 최초로 이것을 십계명과 대비시킨 주석가는 아마 칼빈이었을 것이다.[3] 십계명 역시 둘로 나뉘며, 그와 같은 우선순위를 표현한다. 첫 번째 판은 하나님께 대한 의무를, 그리고 두 번째 판은 이웃에 대한 의무를 개략적으로 말한다.

주기도문에 나오는 처음 세 간구는 하나님의 이름, 통치, 뜻과 관련하여 하나님의 영광에 대한 우리의 관심을 표현한다. 우리가 하나님을 비인격적인 힘과 같은 존재로 생각한다면 그분은 당연히 관심을 가질 만한 인격적 이름이나 통치나 뜻을 가지지 않을 것이다. 또한 하나님을 "우리 자신 안에 있는 궁극적 존재" 혹은 "우리 존재의 기반"으로 생각한다면, 그분의 관심사와 우리의 관심사를 구분하는 것이 불가능할 것이다.

하지만 그분이 정말로 "하늘에 계신 우리 아버지", 예수 그리스도에 의해 충만히 계시가 된 사랑과 능력의 인격적인 하나님, 만유의 창조주로 자신이 만드신 피조물과 자신이 구속하신 자녀들을 돌보시는 분이라면, 비로소 그 하나님의 관심사에 우선순위를 두고 그분의 이름, 그분의 나라, 그분의 뜻에 열중할 수 있다(사실 반드시 그래야 한다).

하나님의 이름은 단순히 하, 나, 님 이라는 글자의 결합이 아니다. 이름은 그 이름을 가진 사람의 인격, 그의 성품과 활동을 나타낸다. 그래서 하나님의 '이름'은 하나님 자신이다. 그 이름은 하나님이 스스로 계시하셨다. 하나님의 이름은 다른 모든 이름과 구별되고 그 이름들보다 높임 받는다는 의미에서 이미 '거룩하다.' 하지만 우리는 그 이름이 **거룩히 여김을 받으시라고** 기도한다. 우리 자신의 삶에서, 교회에서, 세상에서, 그 이름에, 즉 그 이름을 가지신 분께 응당 돌려져야 할 영광이 제대로 돌려지기를 열렬히 원하기 때문이다.

하나님 나라는 그의 왕적 통치다. 또한 그분이 이미 거룩하신 것처럼 그분은 이미 왕으로서, 절대적 주권으로 자연과 역사를 다스리는 분이시다. 하지만 예수님이 오셨을 때, 하나님의 왕적 통치가 새롭고 특별하게 개입하셨음을 알리셨다. 더불어 신적 통치가 암시하는 구원의 모든 축복과 복종에 대한 요구도 함께 임했다. 그 나라가 '임하시오며'라고 기도하는 것은 교회의 증거를 통해 사람들이 예수님께 복종하면서 그 나라가 성장하고, 예수님이 자신의 권세와 통치를 위해 영광 가운데 다시 오실 때 그것이 곧 절정에 이르기를 기도하는 것이다.

하나님의 뜻은 "선하시고 기뻐하시고 온전하신"(롬 12:2) 것이다. 그것은 지식과 사랑과 능력이 무한하신 "하늘에 계신 우리 아버지"의 뜻이기 때문이다. 그러므로 그 뜻에 저항하는 것은 어리석은 일이며, 그것을 분별하고, 바라고, 행하는 것이 곧 지혜다. 그분의 이름이 이미 거룩하고 그분이 이미 왕이신 것처럼, 그분의 뜻은 이미 "하늘에서" 이루어지고 있다.

예수님이 우리에게 기도하라고 명하시는 것은 이 땅에서의 삶이 하늘에서의 삶에 더 가까워지도록 하라는 것이다. "하늘에서 이루어진 것 같이 땅에서도 이루어지이다"라는 표현은 하나님의 이름이 거룩히 여김을 받으시는 것, 그분의 나라가 널리 퍼지는 것, 그분의 뜻을 행하는 것에 똑같이 다 적용된다고 볼 수 있다.

주기도문의 말을 앵무새처럼 (혹은 실로 이교도 '중언부언하는 사람'처럼) 반복하는 것은 쉬운 일이다. 하지만 그 말을 진지하게 기도한다는 것은 혁명적 함축을 지니고 있다. 그것은 그리스도인의 우선순위를 나타내기 때문이다.

우리는 끊임없이 자기중심적인 세속 문화에 따르라는 압력을 받는다. 그것을 따를 때 우리 자신의 하찮은 이름에 대해 (메모 용지에 그 이름을 새기거나 언론 1면에 대서특필되는 것을 좋아하고, 그 이름이 공격을 당할 때 방어하면서) 우리 자신의 하찮은 나라에 (우리의 자아를 부양시키기 위해 사람들을 쥐고 흔들고 '좌지우지하고' 조종하면서), 그리고 우리 자신의 어리석은 하찮은 뜻에 (언제나 우리 자신의 길을 원하고 그것이 좌절되면 화를 내면서) 관심을 갖게 된다.

그러나 기독교 대항문화에서, 우리의 가장 우선적 관심사는 우리의 이름과 나라와 뜻이 아니라, 하나님의 이름과 나라와 뜻이다. 우리가 진실하게 이러한 간구들을 기도할 수 있는지 아닌지는 그리스도인의 고백의 진실성과 깊이를 측정하는 엄중한 시험 수단이다.

주기도문 후반부에 하나님의 일에서 우리의 일로 방향이 전환되면서 소유 형용사는 '당신의'에서 '우리의'로 바뀐다. 하나님의 영광에 대한 열렬한 관심을 표현하고 나서, 이제 우리가 하나님의 은혜에 겸손히 의존하고 있음을 표현한다. 기도의 대상인 하나님, 하늘의 아버지와 위대한 왕이신 그분을 제대로 이해하면, 우리의 개인적 필요는 보조적 위치에 놓이게 되긴 하지만, 그렇다고 무시되지는 않을 것이다.

기도에서 그런 필요들에 대한 언급을 전혀 무시해 버리는 것(우리가 그런 사소한 것들로 하나님을 귀찮게 하고 싶지 않다는 생각에서)은 그런 필요들에 대해서만 기도하는 것만큼이나 중대한 오류다. 하나님은 "하늘에 계신 우리 아버지"이시며 아버지의 사랑으로 우리를 사랑하시므로, 자기 자녀의 전체적 복지에 관심이 있으시며, 우리가 신뢰하는 마음으로 양식과 죄 사함과 악에서 구하여질 필요를 그분께 가져가기 원하시기 때문이다.

"오늘 우리에게 일용할 양식(bread)을 주시옵고." 일부 초기 주석가들은 예수님이 우리에게 문자적인 양식, 몸을 위한 양식을 첫 번째로 요청하게 하셨다는 것을 믿을 수가 없었다. 그들이 보기에는, 특히 처음에 하나님의 영광과 관련된 고상한 세 가지 간구를 한 뒤, 갑작스럽게 너무나 현세적이고 물질적인 관심사로 전락하는 게 별로 적절하지 않아 보였다. 그래서 그들은 그 간구를 풍유적으로 해석했다. 그들은 주님이 말씀하신 양식은 분명 영적인 것이라고 말했다.

터툴리안(Tertullian), 키프리안(Cyprian), 어거스틴 같은 초대 교회 교부들은 그 말이 "하나님의 말씀이라는 눈에 보이지 않는 떡"[4] 아니면 성만찬을 언급하는 것이라고 생각했다. 제롬(Jerome)은 불가타 성서(Vulgate: 4세기 후반에 만들어진 라틴어역 성서-역주)에서 '일용할'에 해당하는 헬라어를 '초실질적인(super-substantial)'이라는 기괴한 말로 번역했다. 그것 역시 성만찬을 의미했다.

우리는 종교 개혁자들이 그 말을 더 심오하고, 현실적이고, 성경적으로 이해한 것에 감사해야 한다. 교부들의 영적 해석에 대한 칼빈의 해설은 "이것은 너무나 터무니없다"[5]는 것이었다.

루터는 그 '양식'이 "음식, 건강한 신체, 좋은 날씨, 집, 가정, 아내, 자녀, 좋은 정부, 평화 등과 같이 이생을 보존하기 위해 필요한 모든 것"[6]이라고 지혜롭게 이해했다. 예수님이 말씀하신 '양식'이 사치품보다는 필수품을 의미한다는 말을 덧붙일 수 있을 것이다.

물론 하나님이 우리에게 양식을 '주시옵고'라는 간구로 사람들이 스스로 생계를 꾸려 가야 한다는 것을 부인하지는 않는다. 농부는 기본적인 곡물을 공급하기 위해 밭을 갈고 씨를 뿌리고 수확해야 하고, 우리는 주린 사람들을 먹이라는 명령을 받는다(마 25:35). 대신에 그것은 목적을 성취하시기 위해 통상 생산과 분배라는 인간적 수단들을 사용하시는 하나님께 궁극적으로 의존한다는 표현이다. 게다가 예수님은 제자들이 날마다 의지해야 한다는 사실을 알기 원하셨다.

"우리에게 일용할 양식"에서 '에피우시오스(epiousios)'라는 형용사는 고대인들이 전혀 알지 못하는 단어여서 오리겐(Origen)은 복음서 기자들이 그 말을 만들어 냈다고 생각했다. 그것은 "당장 그날을 위해" 혹은 "그다음 날을 위해"라고 번역될 수 있을 것이다.[7] 어떤 번역이 옳든, 그것은 먼 미래가 아니라 바로 직후의 미래를 위한 기도다. 우리는 하루하루 하나님께 의지해 살아가야 한다.

양식이 신체에 없어서는 안 되는 것처럼, 죄 사함은 영혼의 생명과 건강에 없어서는 안 되는 필수적인 것이다. 그래서 그다음 기도는 "우리 죄를 사하여 주시옵고(forgive us our debts)"라는 것이다. 죄는 '빚(debts)'에 비유된다. 죄는 응징을 받아 마땅하기 때문이다. 하지만 하나님은 죄를 용서해 주실 때, 벌을 면제해 주시고 고소를 취하하신다.

여기 덧붙여진 "우리가 우리에게 죄 지은 자를 사하여 준 것 같이"라는 말은 이 기도 뒤에 나오는 14절과 15절에서 더 강조되며, 우리가 다른 사람들을 용서하면 하늘 아버지도 우리를 용서하시지만, 우리가 다른 사람들을 용서하기를 거절하면 그분도 우리를 용서하지 않으시리라고 말한다.

이 말은 우리가 다른 사람들을 용서해 주면 우리도 용서받을 권리를 얻게 되리라는 의미는 아니다. 그보다는 하나님은 죄를 뉘우치는 사람들만 용서하시며, 참된 뉘우침의 주된 증거 가운데 하나는 용서하는 정신이라는 것이다. 일단 우리의 눈이 열려 우리가 하나님께 얼마나 극악한 죄를 저질렀는지 본다면, 다른 사람들이 우리에게 범한 죄는 그에 비해 극히 사소한 것으로 보인다.

다른 한편, 우리가 다른 사람들의 죄를 지나치게 크게 생각하고 있다면, 우리 자신의 죄를 경시한다는 증거다. 용서할 줄 모르는 종의 비유(마 18:23-35)의 요점은 빚의 규모가 너무 차이가 난다는 것이다. 그 결론은 "내가 **네 빚을 전부**(그것은 막대한 금액이었다) 탕감하여 주었거늘 내가 너를 불쌍히 여김과 같이 너도 네 동료를 불쌍히 여김이 마땅하지 아니하냐"(마 18:32-33)는 것이다.

마지막 두 간구는 동일한 것의 소극적 측면과 적극적 측면으로 이해해야 할 것이다. "우리를 시험(temptation)에 들게 하지 마시옵고 다만 악에서 구하시옵소서." 과거의 악을 용서 받은 죄인은 미래에 악의 폭압에서 해방되기를 간절히 원한다. 그 기도의 일반적 의미는 분명하다. 하지만 두 가지 문제가 있다.

첫째, 성경은 하나님이 우리를 악으로 시험하지 않으신다고 말씀한다(약 1:13). 그러면 그분이 절대 하지 않겠다고 약속하신 것을 하지 마시라고 기도하는 게 무슨 의미가 있는가? 어떤 사람들은 이 질문에 대한 대답으로 '유혹(tempting)'이라는 말을 '시험(testing)'이라고 해석해서, 하나님은 절대 우리를 유혹해서 죄를 짓도록 하지는 않으시지만, 우리의 믿음과 성품을 시험하시기는 한다고 설명한다. 그럴 수도 있다. 내가 보기에는 더 나은 설명은 "들게 하지 마시옵고"라는 말을 그에 대응하는 말인 "구하시옵소서"라는 말에 비추어 이해하고, '악'을 '악한 자'(13:19에서처럼)

로 번역하는 것이다. 다시 말해, 여기에서 고려하고 있는 것은 마귀로, 그는 하나님의 백성을 유혹하여 죄를 짓게 하며, 우리는 그에게서 '구원받을(루사이, rusai)' 필요가 있다는 것이다.

두 번째 문제는 성경이 유혹과 시련이 우리에게 좋은 것이라고 말한다는 사실과 관계가 있다. "내 형제들아 너희가 여러 가지 시험(various trials 혹은 various temptations)을 당하거든 온전히 기쁘게 여기라"(약 1:2). 시험이 유익하다면, 왜 시험에 들지 않게 해 달라고 기도해야 하는가? 그것은 그 기도가 시험을 피하기보다는 극복할 수 있게 해 달라는 기도라고 대답할 수 있을 것이다.

그 간구 전체는 "우리가 시험에 들어 그 시험이 우리를 압도하도록 허용하지 마시고, 우리를 악한 자에게서 구하시옵소서"라고 풀어서 쓸 수 있을 것이다. 그래서 예수님이 이렇게 기도하라고 하셨을 때 그 말씀은 마귀가 우리에게는 너무 강하다는 것, 우리는 그에게 맞서 저항하기에는 너무 약하다는 것, 그리고 하늘에 계신 우리 아버지는 우리가 요청하면 구해 주시리라는 것을 배경으로 하고 있다.

이처럼 예수님이 우리 입에 넣어 주신 세 가지 간구는 더할 나위 없이 포괄적이다. 그 간구들은 원칙적으로 우리 인간의 모든 필요, 곧 물질적(일용할 양식), 영적(죄 사함), 도덕적(악으로부터 구원 받음) 필요를 망라한다. 우리는 이 기도를 할 때마다 삶의 모든 영역에서 우리가 하나님께 의존하고 있음을 표현한다. 게다가 삼위일체설을 신봉하는 그리스도인은 이 세 간구에서 삼위일체에 대한 숨겨진 암시를 본다.

우리는 성부 하나님의 창조와 섭리를 통해 일용할 양식을 받으며, 성자 하나님의 구속의 죽음을 통해 죄 사함을 받고, 성령님의 내주하시는 권능을 통해 악한 자로부터 구원을 받기 때문이다. 몇몇 고대 사본들이 "나라와 권세와 영광"을 삼위 하나님께 돌리는 송영으로 끝나는 것도 놀랄 일은 아니다. 그러한 것들은 오직 하나님께만 속한 것이기 때문이다.

그렇다면 예수님은 바리새인들과 이교도들의 기도와 구별하여, **진짜** 기도, **그리스도인**의 기도의 모범으로 주기도문을 주신 듯하다. 우리는 분명 주기도문을 위선적으로 암송하거나 기계적으로 읊거나 혹은 둘 다 할 수 있다. 하지만 우리가 진정으로 기도한다면 주기도문은 그 두 가지 형태의 그릇된 기도에 대한 대안이다. 그 기도의 전반부와 후반부 모두에 이것이 나와 있다고 보는 것은 지나친 상상은 아닐 것이다.

위선자들의 잘못은 이기심이다. 심지어 기도할 때조차 그는 자신이 다른 사람들 눈에 어떻게 보일까 하는 것에 몰두한다. 하지만 주기도문에서 그리스도인들은 하나님께 자신들의 이름과 나라와 뜻이 아니라, 하나님의 이름과 그 나라와 뜻에 몰두한다. 참된 그리스도인의 기도는 언제나 하나님과 그분의 영광에 열중한다. 그렇기 때문에 기도를 영광의 수단으로 사용하는 위선자들의 과시와는 정반대다.

이교도들의 잘못은 아무 생각이 없다는 것이다. 그들은 그저 계속 중언부언하면서, 무의미한 기도문을 입 밖에 내어 말한다. 그들은 자신이 뭘 말하고 있는지 생각하지 않는다. 그 이유는 그들의 관심사는 내용이 아니라 분량이기 때문이다. 하지만 하나님은 우리가 말을 많이 한다고 해서 감동을 하지 않으신다. 이러한 어리석음과 대조해서, 예수님은 겸손하고 사려 깊게 우리의 모든 필요를 하늘에 계신 우리 아버지께 알리라고 권유한다. 그래서 우리가 날마다 그분께 의존하고 있음을 표현하라는 것이다.

이처럼 그리스도인의 기도는 비그리스도인들의 기도와 대조를 이룬다. 바리새인들의 자기중심성(자신의 영광에만 몰두하는)과는 대조적으로 **하나님 중심적**(하나님의 영광에 관심을 가지는)이다. 그리고 이교도들의 기계적 주문과는 대조적으로 **지성적**(생각 깊은 의존을 표현하는)이다. 그러므로 기도로 하나님께 나아올 때 우리는 사람들의 갈채를 받고자 하는 배우처럼 위선적으로 나오는 것도, 아무 생각 없이 중언부언하는 이교도들처럼 기계적으로 나오는 것도 아니고, 사려 깊고 겸손하고 어린아이가 자기 아버지에게 나오듯이 신뢰하는 마음으로 나아온다.

갖가지 기도의 근본적인 차이는 그 배후에 있는 하나님에 대한 개념이 서로 다르기 때문임을 알게 될 것이다. 바리새인들과 이교도들, 위선자들과 이방 사람들의 비극적 잘못은 하나님에 대한 그들의 개념이 잘못되었기 때문이다. 실로 그 둘 다 실제로는 하나님을 전혀 생각하지 않는다. 위선자들은 자신들만 생각하는 한편, 이교도들은 다른 것들만 생각하기 때문이다.

도대체 어떤 하나님이기에 그런 이기적이고 생각 없는 기도에 관심을 가진단 말인가? 하나님이 우리의 지위를 높이기 위해 이용할 상품이나, 우리가 기계적으로 단어를 입력할 수 있는 컴퓨터 같은 분이라는 건가?

우리는 이런 합당치 못한 개념들에서 벗어나 하나님은 하늘에 계신 우리 아버지라는 예수님의 가르침으로 다시 눈을 돌린다. 우리는 그분이 가장 애틋한 사랑으로 자기 자녀들을 사랑하신다는 것, 가장 은밀한 곳에서도 자기 자녀들을 보신다는 것, 자기 자녀들과 그들의 모든 필요를 구하기 전에 아신다는 것, 하늘의 왕적 권세를 가지고 자기 자녀들을 위해 행하신다는 것을 기억해야 한다.

이처럼 우리는 먼저 성경을 통해 하나님에 대한 올바른 개념을 형성한 다음 그분의 성품을 기억하고 그분의 임재를 연습해야 한다. 그러면 우리는 절대 위선자처럼 기도하지 않고 언제나 진실하게 기도할 것이며, 기계적으로 기도하지 않고 하나님의 자녀답게 언제나 깊이 생각하면서 기도할 것이다.

The Message of the Sermon on the Mount

Chapter. 09

그리스도인의 야망 (마 6:19-34)

자신을 위한 야망인가, 하나님을 위한 야망인가

예수님은 마태복음 6장 전반부(1-18절)에서 '은밀한 곳'에서 이루어지는 그리스도인의 **사적인** 삶(구제, 기도, 금식)에 대해 말씀하셨다. 후반부(19-34절)에서는 세상에 속한 우리의 **공적인** 일(돈, 소유, 음식, 마실 것, 입을 것, 야망 등의 문제)에 관심을 가지신다. 아니면 동일한 대조를 우리의 '종교적' 책임과 '세속적' 책임이라는 말로 표현할 수도 있을 것이다. 이런 구분은 오해를 일으키기 쉽다. 왜냐하면 이것들을 완전히 분리할 수는 없기 때문이다. 교회사에서 신성한 것과 세속적인 것을 분리했을 때 그 결과는 비참했다.

우리가 그리스도인이라면, 우리가 하는 모든 것은 아무리 '세속적'으로 보일지라도 (쇼핑, 요리, 사무실에서 일하는 것 등과 같이) 하나님의 임재 안에서 하나님의 뜻에 따라 행해진다는 의미에서 '종교적'이다. 예수님이 이 장에서 강조하는 것 중 하나는 바로 이 점, 곧 하나님은 우리 삶의 두 영역, 곧 개인적 영역과 공적 영역, 종교적 영역과 세속적 영역에 똑같이 관심을 갖고 계시다는 것이다. 한편으로 "너의 아버지는 은밀한 중에 보시며"(마 6:4, 6, 18), 다른 한편으로 "너희 하늘 아버지께서 이 모든 것이 너희에게 있어야 할 줄을 아시기"(마 6:32) 때문이다.

또한 두 영역 모두에서 예수님은 똑같이 집요하게 명하신다. 대중문화와 다르게 되라는 명령이다. 종교적인 사람들의 위선과 다르게 되고(마 6:1-18), 비종교적인 사람들의 물질주의와 다르게 되라는(마 6:19-34) 것이다. 이 장 첫 부분에서 예수님이 대체로 마음에 두고 있던 사람들은 바리새인들이었지만, 이 부분에서는 우리에게 '이방인들'의 가치관과 관계를 끊으라고 명하신다(마 6:32).

실제로 예수님은 모든 단계마다 둘 중 하나를 선택할 것을 제시하신다. 두 보물(땅에 있는 것과 하늘에 있는 것, 마 6:19-21), 두 육체적 조건(빛과 어둠, 마 6:22, 23), 두 주인(하나님과 재물, 마 6:24), 두 관심사(우리의 육체와 하나님의 나라, 마 6:25-34). 중립적 태도를 취할 수는 없다.

하지만 어떻게 선택할 것인가? 세상적인 야망은 대단히 매력적이다. 물질주의의 마력은 끊기가 어렵다. 그래서 여기에서 예수님은 우리가 잘 선택하도록 도와주신다. 그분은 잘못된 길의 어리석음과 올바른 길의 지혜를 지적하신다. 경건과 기도에 대해 나온 앞부분과 마찬가지로, 야망에 대한 이 부분에서도 예수님은 거짓된 것과 참된 것을 대비시켜 스스로 그 둘을 비교하고 깨닫도록 권유하신다.

이 주제는 우리 세대에 새로이 절박하게 다가온다. 세계 인구가 우후죽순같이 늘어나고 국가 간의 경제적 문제들이 점점 더 복잡해지면서, 부자는 계속 더 부자가 되고 가난한 사람들은 더 가난해지고 있다. 우리는 더 이상 사실을 보고도 못 본 체할 수가 없다. 중산 계급 기독교의 오랜 자기만족은 혼란에 빠졌다. 잠자고 있던 많은 사람의 사회적 양심이 깨어났다. 사람들은 성경의 하나님이 가난하고 불우한 사람들 편이라는 것을 새롭게 발견했다. 책임 있는 그리스도인들은 풍요를 마음 불편하게 여기며 검소한 생활방식을 개발하려 애쓰고 있다. 그런 생활방식은 세계의 필요로 보나 주님의 가르침과 모범에 대한 충실함으로 보나 매우 적절하다.

보물의 문제
(19-21절)

여기에서 예수님이 주의를 집중시키시는 점은 두 보물의 상대적 내구성이다. 그분은 어떤 것을 모아야 할지 결정하기는 쉽다고 암시하신다. **땅에 쌓아 둔 보물**은 썩을 수 있어 안전하지 못하지만, **하늘에 쌓아 둔 보물**은 썩지 않으므로 안전하기 때문이다. 결국, 우리의 목적이 보물을 쌓아 놓는 것이라면, 우리는 아마 오래 가도 가치가 하락하거나 저하되지 않고 쌓아 놓을 수 있는 것에 집중할 것이다.

문제에 단호하고 정직하게 직면하는 것이 중요하다. 예수님이 우리를 위하여 땅에 보물을 쌓아 놓지 말라고 하셨을 때 무엇을 금하신 것일까? 먼저 금하지 않으신 (그리고 지금도 금하지 않으시는) 것들을 열거해 보면 도움이 될 것이다.

첫째, 소유 자체에 대한 금지는 없다. 성경은 어디에서도 사유 재산을 금하지 않는다. 둘째, "만일의 경우에 대비한 저축"은 그리스도인들에게 금지되어 있지 않다. 아니면 자발적 강요로 하는 일종의 저축인 생명 보험도 마찬가지다. 반대로, 성경은 개미가 여름날에 겨울에 필요할 양식을 저장해 놓는 것을 칭찬하며(잠 6:6 이하), 자기 가족을 돌아보지 않는 신자는 불신자보다 더 악하다고 단언한다(딤전 5:8). 셋째, 우리는 창조주께서 풍성하게 주신 좋은 것들을 멸시하지 말고 오히려 누려야 한다(딤전 4:3-4; 6:17). 그러므로 재산을 가지는 것도, 미래를 위해 대비하는 것도, 좋으신 창조주의 선물을 누리는 것도 땅에 보물을 쌓아 놓지 말라는 말에 포함되지 않는다.

그렇다면 무엇인가? 예수님이 그의 제자들에게 금하시는 것은 재물을 이기적으로 쌓아 놓는 것(NB, "너희 자신을 위하여 땅에 보물을 쌓아 놓지 말라"), 낭비적이고 사치스러운 삶, 혜택받지 못하는 전 세계 사람들의 엄청난 필요를 느끼지 못하는 몰인정함, 삶이 재산의 풍성함에 좌우된다는 어리석은 공상(눅 12:15), 그리고 우리 마음을 땅에 붙박아 놓는 물질주의 등이다. 산상수훈은 '마음'을 반복해서 언급하고 여기에서 예수님은 우리의 마음은 언제나 우리의 보물을 따라서 땅으로나 하늘로 간다고 단언하신다(마 6:21).

한 마디로 '땅에 보물을 쌓아 놓는 것'은 저축으로 장래를 준비하는 것(미래를 위해 합리적으로 대비해 놓는 것)이 아니라, 탐욕스러운 것(계속 비축해 놓기만 하는 수전노와 언제나 더 많은 것을 원하는 물질주의자들)을 의미한다. 이것이 예수님이 여기에서 경고하시는 진짜 함정이다.

예수님은 우리가 탐내는 땅의 보물들이 "녹슬고 좀 먹고, 도둑이 구멍을 뚫고 들어와 도둑질해 간다"(NEB)는 것을 상기시키신다. '녹'에 해당하는 헬라어 '브로시스(brōsis)'는 실제로는 '먹는 것'을 의미한다. 그것은 녹에 의해 생겨나는 부식을 말할 수도 있지만, 게걸스럽게 먹어 치우는 해충이나 기생충도 의미한다. 이처럼 당시 좀은 사람들의 옷을 갉아 먹고, 쥐는 저장해 놓은 곡식을 먹으며, 벌레들은 지하에 둔 것을 망쳐 놓고, 도둑은 집에 들어와 사람들이 보관해 놓은 것을 훔쳐 가곤 했다. 고대 사회에서 안전한 것은 아무것도 없었다.

반면에 살충제, 쥐약, 쥐덫, 녹 방지 처리 등으로 보물을 지키려 하는 현대인들에게는, 그 보물이 인플레, 평가 절하, 경제 불황 등을 통해 허물어져 버린다. 설사 그중 일부를 이생에서 계속 가지고 있다 해도, 내세까지 가지고 갈 수 있는 것은 아무것도 없다. 욥의 말이 옳았다. "내가 모태에서 알몸으로 나왔사온즉 또한 알몸이 그리로 돌아가올지라"(욥 1:21).

하지만 '하늘에 있는 보물'은 썩지 않는다. 그것은 무엇을 말하는가? 예수님은 설명하시지 않는다. 하지만 우리는 "보물을 하늘에 쌓아 놓는 것"은 영원토록 영향력이 지속되는 무엇인가를 이 땅에서 하라는 의미라고 분명히 말할 수 있다. 예수님이 가르치신 것은 땅에서 선행을 함으로써 하늘에 우리 혹은 다른 사람들이 꺼내 쓸 수 있는 일종의 외상거래 계정을 쌓는 것처럼 생각하는 공로의 교리나 '공로라는 보물'(중세 로마 가톨릭교회가 말하듯)이 아니다.

그런 기괴한 개념은 예수님과 그분의 제자들이 일관되게 가르쳤던 은혜의 복음과 상반된다. 그리고 어쨌든 예수님은 '이미' 하나님의 구원을 받은 제자들에게 말씀하고 있다. '하늘의 보물'은 그보다는 다음과 같은 의미인 듯하다.

그리스도를 닮은 성품을 계발하는 것(우리가 하늘에 가져갈 수 있는 것이라곤 우리 자신뿐이므로), (바울이 말하기를) "항상 있을"(고전 13:13) 것인 믿음과 소망과 자비를 키우는 것, 언젠가 우리가 얼굴을 맞대고 볼 그리스도를 아는 지식에서 자라 가는 것, 다른 사람들에게 그리스도를 소개해서 그들 역시 영생을 유업으로 받도록 적극적으로 노력하는 것(기도와 증거에 의해), 영원한 배당금을 받을 수 있는 유일한 투자, 곧 기독교적 대의를 위해 우리의 돈을 사용하는 것 등이다.

이 모든 것은 영원한 결과를 가지고 있는 일시적인 활동이다. 그렇다면 이것이 바로 '하늘에 있는 보물'이다. 어떤 강도도 그것을 훔칠 수 없으며, 어떤 해충도 그것을 파괴할 수 없다. 하늘에는 좀도, 생쥐도, 약탈도 없기 때문이다. 그래서 하늘에 있는 보물은 안전하다. 그것을 보호하기 위한 예방적 수단 같은 것은 필요 없다. 보험에 들 필요도 없다. 그것은 파괴할 수 없다. 그렇기 때문에, 예수님은 우리에게 '이것이 너희가 추구할 안전한 투자라면, 이보다 더 안전한 것은 없을 것이다. 그것은 절대 변색하지 않는 유일한 우량 증권이다'라고 말씀하시는 듯하다.

시각의 문제

(22-23절)

예수님은 두 보물의 상대적 내구성에서 두 조건에서 끌어낼 수 있는 상대적 유익으로 넘어간다. 이제 대조되는 것은 눈이 먼 사람과 눈이 보이는 사람, 그래서 그들 각각이 살아가는 빛과 어둠의 상태다. "눈은 몸의 등불이니." 몸이 하는 거의 모든 일은 보는 능력에 좌우된다. 우리는 달리고, 뛰며, 차를 운전하고, 길을 건너며, 요리를 하고, 수를 놓으며, 페인트를 칠하기 위해 보아야 한다.

눈은 말하자면 몸이 손과 발을 통해 하는 일을 '비춰 준다.' 눈이 먼 사람들이 종종 멋지게 어려움에 대처하여, 눈이 없이도 많은 것을 하는 법을 배우고, 보지 못하는 것을 상쇄할 다른 기능들을 계발하는 것은 사실이다. 하지만 원리는 그대로 적용된다. 눈이 보이는 사람은 빛 가운데서 걸어가지만, 눈이 먼 사람은 어둠 속에 있다. 그리고 몸의 빛과 어둠이 큰 차이가 나는 이유는 작지만 복잡한 눈이라는 기관 때문이다. "네 눈이 성하면 온몸이 밝을 것이요 눈이 나쁘면 온몸이 어두울 것이니." 눈이 완전히 멀면 완전한 어둠 속에 있게 된다.

이 모든 것은 사실에 입각한 묘사다. 하지만 그것은 또한 비유적인 것이기도 하다. 성경에서는 '눈'이 '마음'에 해당한다고 보는 경우가 많다. 어떤 것에 '마음을 고정하는' 것과 '눈을 고정하는' 것은 동의어다. 시편 119편에서 나온 한 가지 예만 들어도 충분할 것이다. 10절에서 시편 기자는 "내가 전심으로(with my whole heart) 주를 찾았사오니 주의 계명에서 떠나지 말게 하소서"라고 말하고, 19절에서는 "주의 계명들을 내게 숨기지 마소서(I have fixed my eyes on all thy commandments: 직역하면 '주의 모든 계명에 내 눈을 고정했나이다'-역주)"라고 쓴다. 마찬가지로, 여기 산상수훈에서 예수님은 우리 **마음**을 올바른 곳에 두는 것의 중요성(21절)에서 우리 눈을 건전하고 건강하게 하는 것의 중요성으로 넘어간다.

논지는 이렇게 진행되는 듯하다. 즉 눈이 몸 전체에 영향을 끼치는 것처럼, 야망(우리 눈과 마음을 고정하는 곳)은 삶 전체에 영향을 끼친다는 것이다. 보는 눈이 몸에 빛을 주는 것과 마찬가지로, 하나님과 사람을 섬기고자 하는 고상하고 한결같은 야망은 인생에 의미를 더해 주고 우리가 하는 모든 일에 빛을 비춰 준다. 또한 눈이 멀면 어둠에 이르게 되듯, 비열하고 이기적인 야망(예를 들어, 우리 자신을 위해 땅에 보물을 쌓아 놓는 것)은 도덕적 어둠에 빠지게 한다. 그것은 우리를 아량이 없고, 비인간적이며, 무자비한 존재로 만들고, 인생에서 모든 궁극적 의미를 빼앗아 간다.

그것은 모두 시각의 문제다. 우리가 육체의 시각을 가지고 있다면 우리가 하고 있는 일이 무엇이고 어디로 가고 있는지 볼 수 있다. 또한 영적 시각을 가지고 있고 영적 관점이 올바로 맞춰져 있다면, 우리의 삶은 목적과 의욕으로 가득 차 있다.

하지만 물질주의의 거짓 신들에 의해 시각이 흐려진다면, 그리고 가치의식을 잃어버리면, 삶 전체가 어둠 속에 있고 우리는 우리가 어디로 가고 있는지 볼 수가 없다. 어쩌면 탐욕에 의한 시각 상실이 내가 지금까지 밝힌 것보다 더욱 강조되고 있을 수도 있다.

성경적 사고에 따르면, '악한 눈(evil eye)'은 인색하고 욕심 많은 정신이고, '건전한 눈'은 관대한 정신이기 때문이다. 어쨌든 예수님은 하늘에 보물을 쌓아 놓는 것에 대한 새로운 이유를 추가하신다. 첫째 이유는 그것이 더 내구성이 있다는 것이고, 둘째 이유는 지금 세상에서 그런 시각을 갖는 것이 결과적 유익이기 때문이다.

가치의 문제
(24절)

예수님은 이제 두 보물(그 보물을 어디에 쌓아 놓는가?) 중 하나 혹은 두 시각(우리의 눈을 어디에 고정하는가) 중 하나를 선택하는 것 배후에는 두 주인(우리가 누구를 섬길 것인가) 중 하나를 선택하는 훨씬 더 기본적인 선택이 있다고 설명하신다. 그것은 하나님과 재물 간의 선택, 즉 살아 계신 창조주 자신과 우리가 만든 '돈'이라고 하는 물체('재물; mammon'이라는 말은 '부; wealth'에 해당하는 아람어의 음역이므로) 간의 선택이다. 우리는 둘 다 섬길 수 없기 때문이다.

어떤 사람들은 예수님의 이 말씀에 동의하지 않는다. 그들은 그런 냉혹하고 노골적인 선택에 직면하기를 거부하며, 그럴 필요를 느끼지 못한다. 그들은 동시에 두 주인을 섬기는 것이 완벽하게 가능하다고 장담한다. 그들 스스로 그것을 대단히 잘 해내고 있기 때문이다. 그들은 몇 가지 가능한 조합에 끌린다. 주일에는 하나님을 섬기고 주중에는 재물을 섬기든가, 입술로는 하나님을 섬기고 마음으로는 재물을 섬기든가,

겉으로는 하나님을 실제로는 재물을, 혹은 반은 하나님을 다른 반은 재물을 섬기든가 하는 것이다.

예수님이 불가능하다고 말씀하시는 것은 이러한 일반적 절충안이다. "한 사람이 두 주인을 섬기지 못할 것이니(No one can serve two masters)…너희가 하나님과 재물을 겸하여 섬기지 못하느니라(You cannot serve God and mammon)." 타협하는 자가 되려는 사람들은 그분의 가르침을 오해한다. 그들은 그분의 말 배후에 있는 종과 종의 주인에 대한 묘사를 놓치기 때문이다.

맥나일(McNeile)이 말하듯이, "사람이 두 고용주를 위해 일할 수는 있다. 하지만 어떤 종도 두 주인의 재산이 될 수는 없다."[1] "한 주인의 소유가 되는 것과 전임으로 일하는 것이 종살이의 기본이기 때문이다."[2]

그래서 하나님과 재물에 나누어 충성을 바치는 사람은 이미 재물에 빠진 것이다. 하나님은 전적으로 오로지 그만 전념해서만 섬길 수 있기 때문이다. 단지 그분이 하나님이시기 때문이다.

"나는 여호와이니 이는 내 이름이라 나는 내 영광을 다른 자에게, 내 찬송을 우상에게 주지 아니하리라"(사 42:8; 48:11). 그분과 다른 대상에 겸하여 충성을 바치는 것은 이미 우상숭배를 택한 것이다.

그리고 그 선택을 있는 그대로 본다면, 곧 창조주와 피조물 간의 선택, 영광스러운 인격적 하나님과 돈이라고 하는 볼품없는 것 간의 선택, 예배와 우상숭배 간의 선택으로 본다면, 누구도 잘못된 선택을 하리라고 생각조차 할 수 없을 듯하다.

이제 그것은 그저 상대적인 내구성과 상대적인 유익의 문제가 아니라 상대적 가치의 문제이기 때문이다. 한 분의 본질적 가치와, 다른 것의 본질적 무가치함이다.

야망의 문제
(25-34절)

교회에서 이 본문을 종종 앞부분과 분리해서 따로 읽는 것은 유감스러운 일이다. 그렇게 되면 "그러므로 내가 너희에게 이르노니"라는 서론적인 말이 그 의미를 상실하게 된다. 그래서 먼저 '그러므로', 예수님의 이 결론을 거기까지 이르게 한 가르침과 연관시켜야 한다. 예수님은 우리가 행동하도록 명하시기 전에 생각하도록 명하신다. 그분은 우리 앞에 놓인 대안들을 똑똑히 냉정하게 보고, 그것들을 주의 깊게 견주어 보라고 권하신다.

우리가 원하는 것이 보물을 쌓아 놓는 것인가? 그렇다면 두 가지 가능성 중 어떤 것이 더 내구성이 있는가? 우리의 움직임이 더 자유롭고 목적에 합한 것이 되기를 바라는가? 그렇다면 이를 촉진하기 위해 우리의 눈은 어떠해야 하는가? 최고의 주인을 섬기기 원하는가? 그렇다면 우리의 헌신에 더 합당한 것이 무엇인지 생각해 보아야 한다.

두 보물(썩는 것과 썩지 않는 것)의 상대적 내구성, 눈의 두 가지 상태(빛과 어둠)의 상대적 유용성, 두 주인(하나님과 재물)의 상대적 가치를 마음으로 제대로 이해했을 때만, 선택할 준비가 된다. 그리고 우리가 하늘의 보물, 빛, 하나님을 선택했을 때만 "그러므로 내가 너희에게 이르노니" 이것이 너희가 계속해서 행동해야 할 방식이다. "목숨을 위하여…몸을 위하여…염려하지 말라…너희는 먼저 그의 나라와 그의 의를 구하라"(마 6:25, 33).

다시 말해, 두 주인 중 어떤 주인을 섬기려는 가에 대한 기본적 선택은 둘 다에 대한 태도에 철저히 영향을 끼친다. 우리는 전자에 대해 염려하지 않을 것이며(그것을 물리쳤으므로), 후자에 우리의 마음과 에너지를 집중할 것이다(그분을 택했으므로). 우리는 자신의 관심사에 마음을 빼앗기지 않는 대신 하나님의 관심사를 **먼저 구할** 것이다.

추구에 대한 그리스도의 말씀(이방인들이 구하는 것과 그분의 제자들이 **먼저 구해야** 하는 것을 대조시키는, 마 6:32-33)은 야망이라는 주제를 소개해 준다. 예수님은 모든 인간이 '추구하는 자'라는 것을 당연하게 여기셨다. 사람이 플랑크톤처럼 아무 목적 없이 표류하는 것은 자연스러운 것이 아니다. 우리는 그것을 위해서 살아갈 어떤 것, 우리 존재에 의미를 부여하는 어떤 것, '추구해야' 할 어떤 것, '마음(hearts)'과 '생각(minds)'을 고정할 어떤 것이 필요하다. 오늘날에는 고대 헬라 철학자들의 언어를 사용할 사람은 거의 없겠지만, 우리가 추구하고 있는 것은 실제로는 그 철학자들이 '최고 선(Supreme Good)'이라고 부른 것, 우리 삶을 바칠 어떤 것이다.

아마 현대에 그에 해당하는 가장 적합한 말은 '야망'일 것이다. 그 말의 사전적 의미는 "성공을 이루기 위한 강한 욕구"이며 그렇기 때문에 종종 나쁜 이미지, 이기적인 느낌이 있는 것이 사실이다.

하지만 '야망'은 다른 강력한 욕구들을 의미하는 말이 될 수도 있다. 그것은 이기적이기보다는 이타적이고, 세상적이기보다는 경건한 욕구들이다. 한 마디로 '하나님을 위해 야망을 가지는' 것이 가능하다. 야망은 인생에서의 목표 및 그 목표를 추구하기 위한 동기와 관련되어 있다. 어떤 사람의 야망은 그 사람을 '움직이게' 만든다. 그것은 그의 행동의 주요 원인, 그의 은밀한 내적 동기를 드러낸다. 그렇다면 기독교적 대항문화에서 우리가 무엇을 '먼저 구해야' 하는지 규정하셨을 때 예수님이 말씀하신 것이 바로 이것이다.

다시 한번 우리 주님은 인생의 목표가 단 두 가지 대안만 있을 수 있다고 축소해서 말씀하심으로 문제를 단순화하신다. 주님은 여기에서 그 두 가지를 서로 대조하면서, 제자들에게 자신의 안전(음식, 마실 것, 입을 것)에 몰두하지 말라고 촉구하신다. 그것은 하나님을 모르는 '이방인들'이 하는 것이기 때문이다. 그보다 하나님의 통치와 하나님의 의, 그리고 세상에서 그것들이 전파되고 승리하는 것에 관심을 가지라고 하신다.

잘못된 혹은 세속적인 야망: 우리 자신의 물질적 안전

이 단락은 대부분 부정어로 되어 있다. 세 번에 걸쳐 예수님은 "염려하지 말라(Do not be anxious)"(마 6:25, 31, 34) 혹은 '걱정하지 마라'(Don't worry)라는 금지의 말을 반복하신다. 그분이 우리에게 금하시는 것은 음식, 마실 것, 입을 것에 몰두하는 일이다. "무엇을 먹을까 무엇을 마실까 무엇을 입을까"(마 6:31). 하지만 이것은 바로 "세상 염려의 삼위일체"[3]다.

"이는 다 이방인들이 구하는 것이라"(마 6:32). TV, 신문, 대중교통 수단에 나오는 광고들을 슬쩍 훑어보기만 해도, 예수님이 거의 2천 년 전에 가르치셨던 것에 대한 생생한 현대의 실례를 발견할 수 있다.

오해 없기를 바란다. 예수 그리스도는 몸의 필요를 부인하지도, 멸시하지도 않으신다. 사실상, 그분이 그것을 만드셨다. 그리고 그분이 그것을 돌보신다. 그분은 방금 우리에게 "오늘 우리에게 일용할 양식을 주시옵고"라고 기도하라고 가르치셨다.

그렇다면 예수님은 무엇을 말씀하시는가? 그분은 물질적 안락함에 몰두하는 것이 잘못이라고 강조하신다. 첫째, 그것은 비생산적이다(아마도 궤양들과 더 많은 염려를 생산하는 것을 제외하고는). 다음으로 그것은 불필요하다("너희에게 있어야 할 것을 하나님 너희 아버지께서 아시기" 때문이다, 마 6:8, 32).

특히 물질적 안락함은 가치가 없다. 그것은 인간에 대한 잘못된 견해(마치 인간이 단지 먹이고, 물을 주며, 옷을 입히고, 집에 재울 필요가 있는 몸으로만 구성된 존재인 것처럼 생각하는)와 인간의 생명에 대한 잘못된 견해(마치 그것이 단순히 보호하고, 기름을 바르며, 연료를 제공할 필요만 있는 생리학적 기계장치에 불과한 것처럼)를 나타낸다.

음식과 마실 것과 입을 것에만 몰두하는 것은 육체적 생존이 전부이고 궁극의 목적일 때에만 정당화될 수 있다. 우리가 그저 살기 위해 산다면 실제로 어떻게 몸을 유지할까 하는 문제가 첫 번째 관심사가 되는 것이 적절하다. 그러므로 긴급한 기근 상황에는 생존하기 위한 투쟁이 다른 것들보다 우선되어야 한다. 하지만 보통 때 그렇게 하는 것은 사람을 환원주의적으로 생각하는 것으로서 전혀 받아들일 수 없을 것이다. 그것은 사람을 동물 수준으로, 실로 새와 나무 수준으로 격하시킬 것이다.

하지만 오늘날 광고들은 대다수 몸을 대상으로 하고 있다. 몸이 가장 맵시 있게 보이게 하는 속옷, 몸에 늘 좋은 냄새가 나도록 하는 탈취제, 몸이 괴로울 때 원기를 북돋우기 위한 알코올음료 등이다.

이러한 것에 몰두하면 다음과 같은 질문을 할 수밖에 없다. 신체적 행복이 과연 우리가 삶을 바칠 만한 가치가 있는 것인가? 인간의 삶은 그것 이상의 의미가 없는가? "다 이방인들이 구하는 것이라." 그들은 그렇게 하게 하라. 하지만 그의 제자인 우리에게 그것들은 너무나도 하잘것없는 목표라고 예수님은 암시하신다.

우리는 이제 예수님이 금하시는 것이 무엇인지, 그리고 그것을 금하시는 이유들은 무엇인지 명확하게 할 필요가 있다.

첫째, 예수님은 생각하는 것을 금하시는 것은 아니다. 반대로, 예수님은 새와 꽃을 보고 하나님이 어떻게 그들을 돌보시는지 "생각하여 보라"는 말로 생각을 권하신다. 그래서 잘 알려진 흠정역의 "생각하지 말라(Take no thought)"는 번역은 잘못된 것이며 오해하기 쉽다.

둘째, 예수님은 사전에 고려하는 것을 금하시지 않는다. 성경이 개미를 칭찬하는 것에 대해서는 이미 말한 바 있다. 예수님이 칭찬하시는 새들 역시 둥지를 짓고, 알을 낳아 품으며, 자기 새끼들을 먹이면서 미래를 대비한다. 많은 새는 겨울이 오기 전에 따뜻한 나라로 이동하며(이것은 본능적이긴 하지만 선견지명을 갖고 사전에 고려하는 것에 대한 탁월한 예다), 어떤 새들은 심지어 음식을 저장하기까지 한다. 때까치가 곤충을 가시에 찔러 그들의 저장소에 쌓아 놓는 경우 등이다.

여기에는 그리스도인들이 미래를 위해 계획을 세우거나 자신의 안전을 위해 분별 있는 조처를 취하지 못하게 막는 것은 없다. 예수님이 금하시는 것은 생각하는 것이나 사전에 고려하는 것이 아니라, 염려하는 생각이다. 이것이 '메 메림나테(mē merimnate)'라는 명령의 의미다. 그것은 많은 섬김으로 '마음이 분주'했던 마르다에게, 이생의 '염려'에 기운이 막혀 있던 가시 떨기에 떨어진 좋은 씨에 대해, 그리고 바울이 "아무것도 염려하지 말라"(눅 10:40; 8:14; 빌 4:6)고 한 명령에서 사용한 단어다.

그것은 잘못된 것인가? 예수님은 그에 대한 대답으로 이런 종류의 강박적 염려는 기독교 신앙과도(25-30절) 상식과도(34절) 양립할 수 없다고 주장하신다. 하지만 전자에 더 많은 시간을 들여 설명하신다.

염려는 기독교 신앙과 양립할 수 없다(25-30절)

30절에서 예수님은 먹는 것과 입는 것에 안달하는 사람들을 "믿음이 작은 자들"이라고 부르신다. 왜 염려하는 대신 하나님을 신뢰해야 하는지에 대해 예수님이 제시하시는 이유는 둘 다 '아 포르티오리(a fortiori, 하물며 얼마나 더)' 논증이다. 전자는 인간의 경험에서 취한 것으로, 더 큰 것에서부터 더 작은 것으로 논증을 이어간다. 후자는 인간보다 낮은 존재들의 경험(새들과 꽃들)에서 취한 것으로 더 작은 것에서 더 큰 것으로 나아간다.

우리 인간의 경험은 이것이다. 곧 하나님은 우리의 삶을 창조하셨고 지금은 유지하신다. 이것은 날마다 체험하는 사실이다. 우리는 우리 자신을 창조하지도 않았고 우리 자신의 생명을 유지하지도 못한다. 그런데 우리의 '목숨'(하나님이 책임지신다)은 분명 그것에 영양분을 공급하는 음식과 마실 것보다 더 중요하다. 마찬가지로, 우리의 '몸'(역시 하나님이 책임지신다)은 그것을 덮어 주고 따뜻하게 하는 옷보다 더 중요하다.

그렇다면, 만일 하나님이 이미 더 큰 것(우리의 목숨과 우리의 몸)을 돌보신다면, 더 작은 것(우리의 먹을 것과 입을 것)도 돌보시리라 신뢰할 수 있지 않을까?

그 논리는 피할 수 없는 것이며, 예수님은 27절에서 "너희 중에 누가 염려함으로 그 키를 한 자라도 더할 수 있겠느냐"는 질문으로 그것을 강조하신다.

우리의 수명에 일정 기간을 더하는 것 역시 우리의 능력의 범위를 벗어난다. 인간은 스스로 이런 일을 이룰 수가 없다. 실로 우리가 모두 알 듯이, 염려는 그의 생명을 연장하기는커녕, "그것을 단축할 가능성이 매우 크다."[4] 그래서 우리가 이런 일들을 하나님께 맡겨 놓는 것과 마찬가지로(그것들은 분명 우리의 한계를 벗어나는 것이므로), 음식과 옷 같은 더 사소한 것들에 대해서도 주님을 신뢰하는 것이 분별 있는 것이 아닐까?

그다음에 예수님은 인간보다 낮은 존재들의 세계로 주의를 돌려 거꾸로 논증을 전개하신다. 그분은 하나님이 음식을 공급하는 것에 대한 예로 새를 사용하시고(26절) 하나님이 옷을 공급하시는 것에 대한 예를 들기 위해 꽃을 사용하신다(28–30절). 두 경우 모두 그것들을 '보라' 혹은 '생각하라'고 말씀하신다. 즉, 그들의 경우 하나님의 섭리를 통한 돌보심에 대해 생각해 보라는 것이다.

"공중의 새를 보라"고 예수님은 말씀하셨다. 그리고 이것은 "새를 관찰하라"는 말로 번역할 수 있다! 헬라어 동사 '엠블렙사테 에이스(emblepsate eis)'는 "너희 눈을 고정하여 잘 보도록 하라"는 의미이기 때문

이다.[5)]

정말로 새와 꽃에 관심을 갖는다면(그리고 분명 우리는 주님처럼 주위의 자연 세계를 감사함으로 잘 인식해야 한다), 새들이 "심지도 않고 거두지도 않고 창고에 모아들이지도 아니하되" 우리의 "하늘 아버지께서 기르시며," 또한 "들의 백합화"(백합이라는 말 대신 아네모네, 양귀비, 붓꽃, 글라디올러스라고 볼 수도 있다. 그 말은 일반적으로 갈릴리의 모든 아름다운 봄꽃을 가리키는 것일 수 있다)가 "수고도 아니하고 길쌈도 아니 하지만" 우리 하늘 아버지께서 그들을 "입히신다"는 것을 알 것이다. 실로 "솔로몬의 모든 영광보다" 더 화려하고 멋지게 입히시는 것이다.

그런데 새와 꽃보다 훨씬 더 많은 가치를 가지고 있는 우리를 하나님이 먹이고 입히시리라고 신뢰할 수 없단 말인가? 심지어 하나님은 "오늘 있다가 내일 아궁이에 던져지는 들풀"까지도 입히신다!

마틴 루터는 대단히 매혹적으로 이렇게 말한다.

> 그분은 새들을 우리의 교우요, 교사로 만드셨다.
> 복음서에서 참새가 가장 지혜로운 사람에게
> 신학자와 설교자가 되도록 하신 것은 크고도 영속적인 치욕이다.
> …그러므로 나이팅게일의 소리를 들을 때마다
> 당신은 탁월한 설교자의 소리를 듣고 있는 것이다.
> …그것은 마치 그가 '주님의 부엌 안에 있으면 더 좋겠네.
> 그분은 하늘과 땅을 만드셨고, 곧 요리사이시며 주인이시다.
> 매일 그분의 손으로 수없이 많은 작은 새를 먹이시고

살지게 하시네'라고 말하는 것과 같다.⁶⁾

그리스도인의 믿음과 관련된 문제

여기서 잠깐 본 주제에서 벗어나, 예수님이 우리에게 요구하시는 어린아이 같은 믿음과 관련된 세 가지 문제에 대해 말해 보겠다. 세 가지는 모두 큰 문제며, 여기서 깊이 다루기는 어렵다.

하지만 그 문제들은 하나님 아버지께서 우리를 먹이고 입히시리라 믿을 수 있다는 주님의 기본적인 약속을 들을 때 마음속에 떠오르는 것이기 때문에, 그 문제들을 피해 가는 것은 잘못일 것이다. 그것들을 하나님의 약속에 비추어 믿음이 취하지 않는 세 가지 자유라는 면에서, 혹은 하나님의 약속이 우리에게 면제해 주지 않는 세 가지라는 면에서 부정적으로 진술해 보겠다.

첫째, **신자들은 자신의 생계를 꾸려 나가는 일에서 면제되지 않는다.** 우리는 안락의자에 편안히 앉아 아무 일도 안 하고 빈둥거리면서, "하늘에 계신 내 아버지가 공급해 주실 거야"라고 중얼거릴 수는 없다. 우리는 일을 해야 한다. 바울은 말했다. "누구든지 일하기 싫어하거든 먹지도 말게 하라"(살후 3:10).

루터는 특유의 현실적 어조로 이렇게 썼다. "하나님은…염려하지도 않고 바쁘지도 않은 게으름뱅이들과 게걸스러운 대식가들과는 아무 관계도 맺고 싶어 하지 않으신다. 그들은 마치 그저 앉아서 하나님께서 구운 고기를 그들의 입에 떨어뜨려 주시기를 기다리는 것처럼 행동한다."⁷⁾

앞에서 보았듯이, 예수님은 하나님이 우리를 먹이시고 입히실 수 있는 능력을 갖고 계시다는 증거로 새와 꽃을 사용하셨다. 하지만 하나님은 어떻게 새를 먹이시는가? 한 가지 대답은 먹이시지 않는다는 것이다. 새들이 스스로 먹기 때문이다! 예수님은 예리한 관찰자셨다. 그분은 새의 먹이 먹는 습관에 대해 완벽하게 잘 알고 계셨다. 어떤 새들은 씨를 먹고, 어떤 새들은 썩은 고기나 생선을 먹는 반면, 또 어떤 새들은 벌레를 잡아먹거나 육식을 하거나 썩은 고기를 먹는다는 것이다. 하나님은 그들을 더할 나위 없이 잘 먹이신다. 하지만 그들에게 음식으로 가득 찬 손을 직접 뻗어서 먹이시는 것이 아니라, 자연에서 그들이 먹을 수단을 제공하심으로 먹이시는 것이다.

식물도 마찬가지다. 하나님이 그들을 입히신다. 기적을 통해서가 아니라, 그분이 마련하신 복잡한 과정에 의해 그렇게 하신다. 그 과정 안에서 그들은 해와 땅으로부터 자양분을 끌어온다.

그렇다면 인간들도 마찬가지다. 하나님이 공급하신다. 하지만 우리도 협력해야 한다. 허드슨 테일러(Hudson Taylor)는 1853년 처음으로 중국으로 항해할 때 이 교훈을 배웠다. 웨일스 앞바다에서 격렬한 폭풍으로 재난이 일어날 징후를 보였을 때, 그는 구명띠를 매는 것이 하나님께 불명예를 가져오는 일이라고 느꼈다. 그래서 그는 자기 구명띠를 내주었다. 하지만 후에 그는 자신의 실수를 깨달았다. "수단을 사용하는 것이 하나님에 대한 믿음을 줄어들게 만들어서는 안 되며, 하나님을 믿는다고 해서 하나님 자신의 목적을 성취하기 위해 우리에게 주신 수단을 사용하지 않으려 해서는 안 된다."[8]

마찬가지로, 하나님은 모든 자녀를 엘리야같이 만들어서, 천사나 까마

귀를 통해 기적적으로 우리의 음식을 공급하시는 것이 아니라, 농부, 방앗간 주인, 채소 기르는 사람, 어부, 정육점 주인, 식료품 상 등의 보다 통상적인 수단을 통해 공급하신다.

예수님은 우리에게 하늘에 계신 우리 아버지를 단순하게 신뢰하라고 촉구하신다. 하지만 믿음에 대한 예수님의 이해는 제2의 원인(second causes)을 알지 못하는 순진한 것도, 현대 과학과 양립하지 않는 케케묵은 것도 아니었다.

둘째, 신자들은 다른 사람들을 위한 책임에서 면제되지 않는다. 나는 제2의 문제(second problem), 곧 과학의 문제라기보다는 섭리의 문제와 관련해서 이 말을 하는 것이다. 하나님이 자기 자녀를 먹이고 입히시겠다고 약속하신다면, 어떻게 많은 사람이 잘 입지 못하고 영양실조 상태에 있는가?

하나님이 자신의 자녀를 돌보시며, 음식과 옷을 제대로 공급받지 못하는 사람들은 모두 하나님의 가족이 아닌 불신자들이라고 그럴싸하게 말하는 것으로는 소용이 없다. 분명 세계에서 가뭄과 기근에 시달리고 있는 일부 지역에는 대단히 궁핍한 그리스도인들이 있기 때문이다.

이 문제에 대한 간단한 해결책은 없다. 하지만 한 가지 중요한 사항은 말해야 한다. 굶주림의 가장 기본적인 원인 중 하나는 하나님의 공급이 충분치 못해서가 아니라 인간의 분배가 공정하지 못해서다.

사실 하나님은 땅과 바다에 풍부한 자원을 제공하셨다. 땅은 씨를 내는 식물들과 열매를 맺는 나무들을 낸다. 그분이 지으신 동물들, 새들, 물고기는 열매를 잘 맺으며 번식한다.

그런데 사람들은 이러한 자원들을 쌓아 놓든가 망쳐 버리든가, 낭비한다. 그리고 그것을 다른 사람들과 나누지 않는다.

여기에서 (하늘에 계신 우리 아버지가 자기 자녀를 먹이고 입히신다고 말씀하시는) 예수님께서 같은 책인 마태복음 뒷부분에서는 우리가 주린 자를 먹이고 헐벗은 자를 입혀야 하며 그에 따라 심판을 받을 것이라고 말씀하시는 것은 의미심장한 듯하다. 언제나 성경이 성경을 해석하게 하는 것이 중요하다. 하나님이 그분의 자녀를 먹이고 입히신다 해서 우리가 그러한 하나님의 일의 대행자가 될 책임에서 면제되는 것은 아니다.

셋째, 신자들은 괴로움을 경험하는 것에서 면제되지 않는다. 예수님이 제자들에게 염려하지 말라고 하시는 것은 사실이다. 하지만 염려가 없는 것과 괴로움이 없는 것은 다르다. 그리스도께서는 우리에게 걱정하지 말라고 명하신다. 하지만 우리가 모든 불운한 일을 면하게 될 것이라고 약속하지는 않으신다. 반대로 예수님의 가르침을 보면 자신이 재난에 대해 모두 알고 계신다는 것을 나타내는 여러 가지 표시가 있다. 그래서 비록 하나님이 **들풀도 입히시긴** 하지만, 그 풀은 여전히 깎이고 불태워진다.

하나님은 심지어 참새도 보호하신다. 참새는 당시에 너무나 흔하고 값싼 것이라 몇 마리를 사서 그 중 한 마리는 행운을 빌며 던져 버렸다. "너희 아버지께서 허락하지 아니하시면 그 하나도 땅에 떨어지지 아니하리라"고 예수님은 말씀하셨다(마 10:29; 12:6).

그런데 참새는 실제로 땅에 떨어지며 죽임을 당한다. 그분의 약속은 그것이 땅에 떨어지지 않으리라는 것이 아니라 이 일이 하나님이 알고 동의하지 않은 채 일어나지는 않으리라는 것이다. 사람들도 떨어지고 비행기도 마찬가지다. 그리스도의 말씀은 중력 법칙이 우리에게 잠시 중단되리라는 약속으로 받아들일 수는 없으며, 역시 하나님이 사고들에 대해 알고 계시고 그것을 허용하신다는 의미로 받아들여야 한다.

게다가 이 단락 마지막 부분에서 예수님이 우리가 내일 일을 위하여 염려하지 말아야 할 이유로 "한 날의 괴로움은 그 날에 족하니라"(마 6:34)고 말씀하신 것은 의미심장하다. 따라서 '괴로움'(카키아, kakia, 악)이 있을 것이다. 그리스도인이 염려하지 않는 것은 괴로운 일이 없을 것이라고 보장받았기 때문이 아니라, 염려는 어리석은 것이라는 사실(그것에 대해서는 뒤에서 다룰 것이다)과, 특히 하나님이 우리 아버지이시며, 심지어 허용된 고난도 그분의 돌보심의 범위 안에 있고(욥 2:10), "하나님을 사랑하는 자 곧 그의 뜻대로 부르심을 입은 자들에게는 모든 것이 합력하여 선을 이루"(롬 8:28)기 때문이다.

헬무트 틸리케 박사가 제2차 세계 대전 직후의 끔찍한 기간 동안 (1946-1948) 슈투트가르트(Stuttgart) 성 마가 교회(St. Mark's Church)에서 산상수훈에 대한 연속 설교를 하는 동안 그를 든든하게 받쳐 주고 있었던 것은 바로 이러한 확신이었다. 그런 배경에서 새들과 백합화를 보라는 명령은 공허하게 들렸을 수도 있다.

그는 이어서 이렇게 말했다. "그럼에도 불구하고 나는 **이 사람**, 이 땅에서의 삶이 절대 새와 같고 백합화와 같지 않았던 사람이 새와 백합화의 아무 염려 없는 모습을 가리킬 때, 우리가 멈춰서 들어야 한다고 생각합니다. 십자가의 다소 우울한 그림자가 이미 산상수훈을 말하는 이 때 아련히 나타나고 있지 않습니까?"

다시 말해 극악한 괴로움이 있는 때에도 하늘에 계신 우리 아버지의 사랑을 신뢰하는 것은 타당하다. 왜냐하면 우리는 그리스도와 그분의 십자가 안에서 그것이 계시되는 것을 보는 특권을 지녔기 때문이다.

그렇다면 하나님의 자녀들은 일도, 책임도, 괴로움도 면제될 것이라고 약속받지 않으며, 오직 염려만 면제될 것이라고 약속받는다. 우리는 염려해서는 안 된다. 염려는 기독교 신앙과 양립하지 못한다.

염려는 상식과 양립하지 못한다(34절)

잠시 본론을 벗어나 믿음의 문제들에 대해 살펴보았으니 이제 본제로 되돌아가서, 이제 염려가 기독교 신앙과 양립할 수 없는 것과 마찬가지로 상식과도 양립하지 못한다는 것을 살펴보자.

34절에서 예수님은 **오늘**과 **내일**을 둘 다 언급한다. 모든 염려는 음식에 대한 것이든 의복에 대한 것이든 다른 어떤 것에 대한 것이든, 다 **내일**에 대한 것이다. 하지만 모든 염려는 **오늘** 경험한다. 우리는 염려할 때마다 미래에 일어날 수도 있는 어떤 사건에 대해 현재에 걱정을 한다. 하지만 **내일**에 대한 이러한 두려움들, 오늘 너무나 민감하게 느끼는 그 일들은 일어나지 않을 수도 있다.

"염려하지 말라. 그 일은 일어나지 않을 수도 있다"는 일반적인 조언은 분명 매정하지만, 완벽하게 맞는 말이다. 사람들은 그들이 시험에 합격하지 못하거나, 일자리를 찾지 못하거나, 결혼을 하지 못하거나, 그들의 건강을 유지하지 못하거나, 어떤 사업에 성공하지 못할까 봐 염려한다. 하지만 그것은 모두 공상이다. "두려움은 거짓말쟁이일 수도 있다." 실제로 종종 그렇다. 많은 염려, 아마 대부분의 염려는 절대 실현되지 않는다.

염려는 낭비다. 시간 낭비, 생각과 신경 과민한 에너지의 낭비. 우리는 하루하루 살아가는 법을 배울 필요가 있다. 우리는 물론 미래를 위한 계획을 세워야 한다. 하지만 미래에 대해 염려하지는 말아야 한다. 하루의 괴로움은 하루로 족하기 때문이다.

그러면 왜 그런 괴로움들을 미리 앞당겨 생각하는가? 그렇게 하면 그 괴로움을 두 배로 만드는 것이다. 우리가 염려한 일이 실제로 일어나지 않는다면, 한 번 헛되이 염려한 것이다. 실제로 일어난다면, 한 번 염려할 일을 두 번 염려한 것이다. 두 경우 다 어리석은 일이다. 염려는 괴로움을 두 배로 만든다.

이제 세상의 그릇된 야망에 대한 예수님의 해설을 요약해 보자. 물질적인 것들에 너무나 몰두해서 그것이 우리의 주의를 빼앗고, 에너지를 빨아들이며, 염려라는 짐을 지우게 하는 것은 기독교 신앙과도 상식과도 양립하지 않는다. 그것은 하늘에 계신 우리 아버지를 신뢰하지 않는 것이며, 어리석은 일이다. 이것은 이교도들이 하는 것이다. 그것은 그리스도인들에게는 전적으로 적합하지 않고 합당하지 않은 야망이다.

그래서 예수님이 이미 산상수훈에서 우리를 더 큰 의, 더 넓은 사랑, 더 깊은 경건으로 부르신 것처럼, 이제는 우리를 더 높은 야망으로 부르신다.

참된 혹은 기독교적인 야망: 하나님의 통치와 의

31-33절을 보는 것이 중요하다. 31절은 다시 한번 음식, 마실 것, 입을 것에 대해 염려하지 말라고 말한다. 32절은 "이는 다 이방인들이 구하는 것이라"고 덧붙인다. 이것은 예수님이 사용하신 '구하다'와 '염려하다'라는 말은 서로 교환해서 사용할 수 있는 것임을 보여 준다. 주님은 염려보다 야망에 대해서 많이 이야기하신다.

그런데 이교도들의 야망은 물질적 필요에 초점이 맞춰져 있다. 이것은 그리스도인들에게는 옳은 것이 될 수가 없다.

부분적으로는 "너희 하늘 아버지께서 이 모든 것이 너희에게 있어야 할 줄을 아시"기 때문이지만, 주된 이유는 이러한 것들이 그리스도인이 추구할 만한 합당한 대상이 아니기 때문이다. 그리스도인은 다른 어떤 것, 더 고귀한 어떤 것, 그가 정력적으로 추구할 '최고 선'을 가지고 있어야 한다. 물질적인 것이 아니라 영적인 가치들, 그 자신의 유익이 아니라 하나님의 유익, 사실상 먹을 것과 입을 것이 아니라 하나님의 나라와 의다.

이것은 주기도문의 가르침을 상세히 설명하는 것에 불과하다. 이에 따르면 그리스도인들은 몸의 필요를 인정해야 하고 실제로 인정한다("오늘 우리에게 일용할 양식을 주시옵고"). 하지만 우리의 우선적 관심사는 하나님의 이름, 나라, 뜻이다. 우리의 야망이 깨끗하게 정화될 때까지 우리는 주기도문을 기도할 수 없다. 예수님은 우리에게 "먼저 하나님의 나라와 그의 의를 구하라"고 말씀하신다. 주기도문에서 우리는 이러한 최고의 추구를 간구로 바꾼다.

1) 먼저 하나님의 나라를 구하라

예수님은 하나님 나라에 대해 말씀하셨을 때, 자연과 역사에 대한 하나님의 일반적 주권이 아니라, 자기 백성에 대한 명확한 통치를 언급하시는 것이다. 그 통치는 그분 자신이 시작하셨으며 누구든 자신을 낮추고, 회개하고, 믿고, 굴복하고, 거듭날 때 그 사람의 삶에서 시작된다. 하나님 나라는 예수 그리스도가 완전한 축복과 완전한 요구로 그분의 백성을 다스리는 것이다. 이 나라를 "먼저 구하라"는 것은 예수 그리스도의 통치를 전파하는 것을 가장 중요하게 바라는 것이다. 그런 바람은 우리 자신으로부터 시작된다.

우리 삶의 모든 부분 하나하나, 즉 가정, 결혼과 가족, 개인적 도덕, 직업 생활과 사업 윤리, 은행 잔고, 소득 신고, 생활방식, 시민권 등이 기쁘고 자유롭게 그리스도께 복종할 때까지다. 그것은 우리가 당면한 환경에서, 친척, 동료, 이웃, 친구들에 복음을 전하는 책임을 받아들이는 것과 함께 계속될 것이다. 그리고 교회가 전 세계에 복음을 전하는 일에서 또한 뻗어 나갈 것이다.

그렇다면 우리는 참된 선교의 동기를 분명히 해야 한다. 왜 우리는 전 세계에 복음을 전파하기를 바라는가? 우리 자신을 위해서, 교회를 위해서, 심지어 '기독교'를 위해서인가? 죄악된 제국주의나 승리주의 때문인가? 복음전도가 우리 그리스도인의 순종의 일부이긴 하지만 그것 때문만은 아니다. 또한 그것이 다른 사람들을 행복하게 하지만, 그것 때문만도 아니다. 그것은 특별히 하나님의 영광과 그리스도의 영광이 걸려 있기 때문이다.

하나님은 왕이시며, 그리스도를 통해 구원하시는 통치를 시작하셨고, 피조물의 삶 안에서 다스릴 권리를 가지고 계시다. 그렇다면 우리의 야망은 먼저 하나님의 나라를 구하고, 그분의 이름이 사람들에게서 합당한 영광을 받기를 열렬히 바라는 것이다.

지금 이곳에서의 하나님 나라의 관심사에 우선순위를 둔다 해서 역사를 초월하는 그 나라의 목표를 잊어버리는 것은 아니다. 하나님 나라는 현재는 부분적으로 나타날 뿐이기 때문이다. 예수님은 또한 다가올 영광의 나라에 대해 말씀하셨으며, 우리에게 그 나라가 오도록 기도하라고 말씀하셨다. 그래서 그 나라를 '먼저 구하는' 것에는 종말에 그 왕의 모든 원수가 그의 발등상이 되고 그분의 통치가 확실하게 될 완성의 때를 바라고 그것을 위해 기도하는 것을 포함한다.

2) 먼저 하나님의 의를 구하라

왜 예수님이 **그의 나라**와 **그의 의**를 그리스도인이 우선적으로 추구해야 하는 한 쌍이지만 별개의 대상으로 구분했는지는 분명하지 않다. 하나님의 통치는 의로우며, 이미 산상수훈에서 예수님은 우리에게 의를 위해 주리고 목마를 것을, 그것을 위해 기꺼이 박해를 받을 것을, 그리고 서기관과 바리새인들의 의보다 더 큰 의를 보일 것을 가르치셨기 때문이다. 이제 먼저 하나님의 나라를 구하는 것에 더하여 하나님의 의를 **먼저 구하라**는 명령이 나온다.

그 둘의 차이에 대해 가설적 제안을 해 보자. 하나님의 나라는 예수 그리스도가 의식적으로 인정되는 곳에서만 존재한다. 그 나라에 있다는 것은 구원을 누린다는 것과 동의어다. 오직 거듭난 사람들만이 그 나라를 보고 거기 들어간다. 그리고 먼저 그것을 구하는 것은 그리스도 안에 있는 구원의 복된 소식을 전파하는 것이다.

하지만 하나님의 '의'는 틀림없이 하나님의 '나라'보다 더 광범위한 개념일 것이다. 그것은 산상수훈 앞부분에서 언급한 바 있는 개인적 사회적 의를 포함한다. 그리고 하나님 자신이 의로우신 하나님이시기 때문에, 모든 기독교 공동체에서뿐 아니라 모든 인간 공동체 안에서 의를 바라신다.

히브리 선지자들은 단지 이스라엘과 유다 안에 있는 불의뿐 아니라 주위의 이교도 나라들 안에 있는 불의도 공공연히 비난했다. 예를 들어, 아모스 선지자는 하나님의 심판이 하나님의 백성에게뿐 아니라, 수리아, 블레셋, 두로, 에돔, 암몬과 모압 등에게 임할 것이라고 경고했다. 그들이 전쟁에서 행한 잔인한 행위와 다른 잔학행위들 때문이다. 하나님은 어디에서나 불의를 미워하시고 의를 사랑하신다.

그런데 하나님의 새롭고 구속받은 공동체를 위한 주님의 목적 가운데 하나는 하나님의 의를 매력적인 것으로 만들어 (개인, 가정, 사업, 국가, 국제적 삶에서) 그것을 모든 사람에게 권하는 것이다. 그러면 하나님 나라 밖에 있는 사람들이 그것을 보고 그것을 바랄 것이며, 하나님 나라의 의가 말하자면 비그리스도인의 세계로 흘러넘칠 것이다.

물론 예수님이 산상수훈에서 강조하시는 마음의 깊은 의는 중생한 사람들 외에는 누구도 지닐 수 없다. 하지만 어느 정도의 의는 중생하지 않은 사회에서도, 개인 생활, 가정의 기준, 공적 예절에서 가능하다. 분명 그리스도인들은 이보다 훨씬 더 진전되어 사람들이 실제로 예수 그리스도를 믿음으로 하나님 나라에 들어오는 것을 보기 원한다. 동시에 우리는 하나님 나라의 범위 밖에서 의가 불의보다, 정의가 불법보다, 자유가 억압보다, 사랑이 미움보다, 평화가 전쟁보다 하나님을 더 기쁘시게 한다는 것을 담대하게 주장해야 한다.

만일 그렇다면 "먼저 그의 나라와 그의 의를 구하는 것"은 우리 그리스도인들의 복음전도 책임과 사회적 책임을 포괄하는 것이라고 말할 수 있을 것이다. '소금'과 '빛'의 비유가 그랬던 것과 마찬가지다. 먼저 하나님의 나라를 구하기 위해서는 전도를 해야 한다. 그 나라는 그리스도의 복음이 전파되고, 사람들이 듣고 믿고 순종할 때만 퍼져 나가기 때문이다. 먼저 하나님의 의를 구하기 위해서도 여전히 복음을 전해야 한다(그렇지 않으면 마음의 내적 의가 생겨날 수 없기 때문이다). 하지만 또한 하나님을 기쁘시게 하는 더 높은 의의 기준들을 공동체 전역에 전파하기 위해 사회적 활동과 노력에도 관여해야 한다.

그렇다면 우리 그리스도인의 야망은 무엇인가? 모든 사람은 뭔가가 되거나 뭔가를 하려는 야망을 가지고 있다. 대개 어린 시절부터 그렇다. 어린 시절의 야망들은 특정한 고정관념을 따르는 경향이 있다. 예를 들면, 경찰이나 우주비행사나 발레리나 등이 되겠다는 것이다. 어른들도 그들 자신의 협소한 고정관념이 있다. 예를 들면 부자가 되겠다거나 유명해지겠다거나 많은 권력을 갖겠다거나 하는 것이다.

하지만 궁극적으로는 인간에게는 단 두 개의 야망만이 있을 수 있다. 지금까지 우리는 예수님이 어떻게 그릇된 야망을 참된 야망과, 세속적인 것을 기독교적인 것과, 물질적인 것을 영적인 것과, 이 땅의 보물을 하늘의 보물과, 먹을 것과 입을 것을 하나님의 나라 및 의와 대조시키셨는지 보았다. 하지만 이 모든 것 배후와 그 너머에는 더욱 근본적인 대조가 있다. 결국 자기중심적인 것과 하나님 중심적인 것이라는 단 두 가지의 경건만이 있는 것과 마찬가지로, 단 두 가지의 야망만 있다. 우리는 자신을 위해 야망을 가질 수도 있고 아니면 하나님을 위해 야망을 가질 수도 있다. 제3의 대안은 없다.

자신을 위한 야망들은 상당히 수수한 것(산상수훈에 나온 것처럼 먹고 마시고 입을 만큼 충분한 것)이 될 수도 있고, 거창한 것(더 큰 집, 더 빠른 자동차, 더 많은 급료, 더 높은 명성, 더 많은 권력)이 될 수도 있다. 하지만 수수한 것이건 거창한 것이건 이러한 야망들은 나 자신을 위한 것(내 안락, 내 재물, 내 지위, 내 권력)이다.

하지만 하나님을 위한 야망들은 합당한 것이 되려면 절대 수수할 수가 없다. 하나님을 위해 작은 야망을 품는 것은 뭔가 본질적으로 부적절하다. 어떻게 그분이 세상에서 조금만 더 영광을 받으시는 것으로 만족할 수 있단 말인가?

일단 하나님이 왕이시라는 사실을 분명하게 인식한다면, 우리는 그분이 영광과 존귀로 관 쓰시고, 그분의 참된 위치는 최고의 위치를 부여받으시는 것을 보기를 갈망하게 된다. 우리는 도처에 그분의 나라와 의가 퍼지기를 바라는 야망을 갖게 된다.

이것이 진정 우리의 지배적인 야망일 때, "이 모든 것을 너희에게 더하실"(우리의 물질적 필요가 공급될) 뿐 아니라, 이차적 야망들을 가지는 것도 전혀 해롭지 않을 것이다. 이러한 야망들은 우리의 일차적 야망에 도움이 될 것이며 그것과 경쟁하지 않을 것이기 때문이다. 그리고 바로 그럴 때 이차적 야망들이 건강해진다.

그리스도인들은 은사를 개발하고, 기회를 넓히며, 영향력을 확장하고, 직장에서 승진하도록 열심히 노력해야 한다. 그들 자신의 자아를 부추기거나 그들 자신의 제국을 건설하기 위해서가 아니라, 그들이 하는 모든 일을 통해 하나님께 영광을 드리기 위해서다. 그보다 더 사소한 야망들은 그 자체가 목적(우리 자신)이 아니라 더 큰 목적(하나님의 나라와 의를 전파하는 것), 모든 목적 중 가장 위대한, 하나님의 영광을 위한 수단이라면 무방하다. 이것이 우리가 **먼저 구해야** 하는 '최고 선'이다. 다른 것은 없다.

The Message of the Sermon on the Mount

Chapter. 10

그리스도인의 관계 (마 7:1-12)

아버지, 형제자매, 바깥에 있는 사람들을 향한 태도

　마태복음 7장은 독립적으로 되어 있는 것처럼 보이는 수많은 단락으로 구성되어 있다. 그 단락들이 서로 어떻게 연결되어 있는지는 분명하지가 않다. 또한 이 장 전체가 분명한 사고의 흐름에 따라 앞 장과 이어지지도 않는다. 그래서 많은 주석가는 원래 이 부분은 다른 문맥에 속해 있었는데, 마태가 그것을 정리했으며, 이렇게 '오려 붙이는' 작업이 약간 서툴렀을 것이라고 결론을 내린다.

　하지만 이 장을 느슨하게나마 죽 연결해 주는 것이 있다. 바로 관계라는 끈이다. 그리스도인의 성품, 영향력, 의, 경건, 야망 등을 말하시고 나서, 예수님이 마지막으로 관계에 집중하시는 것은 상당히 논리적으로 보인다.

기독교적 대항문화는 개인이 아니라 공동체의 문제이기에, 공동체 안에서의 관계와 공동체들 사이의 관계 그리고 다른 사람들과의 관계는 중요하다. 그래서 마태복음에는 예수님의 제자로서 우리가 맺어야 하는 관계망에 대한 약간의 설명이 나와 있다. 다음과 같이 정리할 수 있다.

1. 그들의 눈 속에서 우리가 가시를 발견할 수 있고 우리가 도울 책임이 있는 우리 형제, 자매에게: 비판하지 말라(1-5절).
2. 놀랍게도 '개'와 '돼지'라고 불리는 집단에게: 그들은 물론 사람들이다. 하지만 그들은 너무나 동물적인 본성을 갖고 있어서 그들에게 하나님의 복음을 나누지 말라고 말씀한다(6절).
3. 하늘에게 계신 우리 아버지께: 우리는 그분이 우리에게 '좋은 것'만 주실 것이라 확신하면서 기도 가운데 그분께 나아온다(7-11절).
4. 모든 사람에게: 황금률이 그들에 대한 우리의 태도와 행동을 인도하는 지침이 되어야 한다(12절).
5. 좁은 길을 따라 우리와 함께 걷는 동료 순례자들에게(13-14절).
6. 거짓 선지자들에게: 우리는 그들을 바로 알고 조심해야 한다(15-20절).
7. 우리 주 예수 그리스도께: 우리는 그분의 가르침에 주의를 기울이고 순종해야 한다(21-27절).

형제, 자매들에 대한 우리의 태도(1-5절)

예수님은 기독교 공동체가 완벽할 것이라고 예상하지 않으신다. 반대로 사소한 죄들이 있을 것이고, 이러한 것들이 관계의 문제를 일으킬 것이라고 추정하신다.

특히, 그리스도인은 나쁜 짓을 한 다른 그리스도인을 향해 어떻게 행동해야 하는가? 예수님은 공동체 내의 징계에 대한 교훈을 주신 적이 있는가? 그렇다. 그런 상황에서 예수님은 우리에게 두 가지를 금하시며, 그보다 더 나은 더 '기독교적인' 방식을 권하신다.

그리스도인은 비판자가 되어서는 안 된다(1-2절)

비판을 받지 아니하려거든 비판하지 말라는 예수님의 말씀은 잘 알려져 있지만, 많은 오해를 받고 있다. 톨스토이는 이 구절에 대해 "그리스도는 법정이라는 인간의 제도를 모두 완전히 금하신다"며 "그 말은 다른 어떤 것도 의미할 수 없다"[1]고 말했다.

우리는 이 믿음을 단호히 거부해야 한다. 예수님이 금하시는 것은 톨스토이의 확신에 찬 주장과 전혀 다르다. 전후 문맥을 보면 법정에서의 재판관을 말하는 것이 아니라 오히려 개인들이 서로에 대해 갖고 있는 책임을 말하기 때문이다.

또한 "비판하지 말라"는 주님의 명령은 다른 사람들과 관련해서 우리의 비판적 기능을 발휘하지 말고, 그들의 잘못을 눈감아 주며, 모든 비판을 삼가고 진리와 오류, 선과 악 사이를 분별하는 일을 거부하라는 명령이 아니다.

예수님이 이런 것들을 언급하시는 것이 아님을 어떻게 확신할 수 있는가? 그런 행동은 정직하지 않고 위선적이기 때문이다. 우리는 다른 성경 구절을 통해 예수님이 진실함을 사랑하시고 위선을 미워하신다는 것을 알고 있다.

또 그것이 사람의 본질과 모순되기 때문이다. 사람이 하나님의 형상으로 창조되었다는 것에는 가치를 판단할 능력이 있다는 것도 포함된다. 또 하나 산상수훈에 나오는 그리스도의 가르침 중 많은 부분이 우리가 비판적 능력을 사용하리라는 (그리고 사용해야 한다는) 가정에 기초하고 있기 때문이다.

예를 들어, 우리는 세상과 다르게 되라는 예수님의 명령을 반복해서 들었다. 바리새인의 의를 능가하는 의를 계발해야 하고, '다른 사람보다 더' 높은 사랑의 기준을 채택해야 하며, 외식하는 자들과 같은 경건을 지니거나, 이교도들과 같은 야망을 갖지 말아야 한다. 하지만 먼저 다른 사람들의 성과를 평가하고 나서 우리의 성과가 그들의 것과 다르고 그들보다 더 높다는 사실을 확인하지 않는다면, 어떻게 이 모든 가르침에 순종할 수 있단 말인가?

마찬가지로, 마태복음 7장에 보면 다른 사람들을 판단하지 말라는 바로 이 명령 직후에 두 가지 명령이 더 나온다. "거룩한 것"을 개에게 혹은 진주를 돼지에게 주지 말라는 것(6절)과 거짓 선지자들을 삼가라(15절)는 것이다. 우리의 비판적 판단력을 사용하지 않고는 이 두 명령 다 순종할 수가 없을 것이다. '개', '돼지', '거짓 선지자'에 대한 행동을 결정하기 위해서는, 우리는 먼저 그들이 누구인지 알 수 있어야 하고, 그렇게 하기 위해서는 어느 정도 비판적 분별력을 발휘해야 하기 때문이다.

만일 예수님이 법정을 폐하는 것도 비판을 금하는 것도 아니라면, "**비판하지 말라**"는 말씀은 무슨 의미일까? 한 마디로 '검열관 같은 비판'을 말한다. 예수님의 제자들은 분별력을 사용한다는 의미에서 여전히 '비판적'이다.

하지만 검열관같이 된다는 의미에서 '재판관'은 아니다. 검열관같이 되는 것은 몇 가지 유쾌하지 않은 요소들로 구성된 복합적 죄다. 그것은 사람들을 비판적으로 평가하는 것을 의미하는 것이 아니라, **가혹하게 판단하는 것**을 의미한다.

검열관같이 비판하는 사람은 다른 사람들에 대해 부정적이고 파괴적이며, 사람들의 실수를 적극적으로 찾아내어 흠잡는 것을 즐기는 사람이다. 그는 사람들의 동기에 대해 가능한 최악의 분석을 하며, 그들의 계획에 찬물을 끼얹고, 그들의 실수에 대해 인색하다.

그보다 더 나쁜 것으로, 검열관같이 되는 것은 자신을 검열관으로 만드는 것이며, 그래서 자신이 다른 사람들 위에 군림하는 심판자의 능력과 권위가 있다고 주장하는 것이다. 하지만 이렇게 한다면 스스로에게나 다른 사람에게나 잘못된 역할을 맡기는 셈이다.

언제부터 그들이 책임을 져야 하는 나의 종이 되었는가? 언제부터 내가 그들의 주인이며 재판관이 되었는가? 바울은 마태복음 7장 1절의 진리를 로마인들의 상황에 적용해 사용했다. "남의 하인을 비판하는 너는 누구냐 그가 서 있는 것이나 넘어지는 것이 자기 주인에게 있으매"(롬 14:4).

바울은 또한 적대적인 비방자들에게 둘러싸였을 때 같은 진리를 자신에게 적용했다. "다만 나를 판단하실 이는 주시니라 그러므로 때가 이르기 전 곧 주께서 오시기까지 아무 것도 판단하지 말라 그가 어둠에 감추인 것들을 드러내고 마음의 뜻을 나타내시리니"(고전 4:4-5).

바울이 이 구절들에서 주장하고 있는 단순하지만 중대한 요점은 사람은 하나님이 아니라는 것이다. 어떤 인간도 다른 인간들의 재판관이 될 자격이 없다. 우리는 다른 사람들의 마음을 읽거나 각 사람의 동기를 평가할 수 없기 때문이다. 검열관이 되는 것은 교만하게 심판의 날을 감히 앞지르는 것, 신적 재판관이신 하나님의 특전을 빼앗는 것, 사실상 하나님 노릇을 하려 하는 것이다.

우리는 재판관이 아닐 뿐 아니라, 또한 비판받는 사람 가운데 속하며, 우리가 감히 다른 사람들을 비판한다면 우리 자신은 더 엄격하게 비판을 받을 것이다. "비판을 받지 아니하려거든 비판하지 말라 너희가 비판하는 그 비판으로 너희가 비판을 받을 것이요 너희가 헤아리는 그 헤아림으로 너희가 헤아림을 받을 것이니라."

이론적 근거는 분명하다. 우리가 재판관 노릇을 하려 하면, 우리는 우리가 집행할 수 있다고 주장하는 그 법에 대한 무지를 주장할 수 없다. 우리가 판사석에 앉는 것을 즐긴다면, 피고인석에 앉게 되더라도 놀라서는 안 된다. 바울이 말하듯이, "그러므로 남을 판단하는 사람아, 누구를 막론하고 네가 핑계하지 못할 것은 남을 판단하는 것으로 네가 너를 정죄함이니 판단하는 네가 같은 일을 행함이니라"(롬 2:1; 약 3:1).

요약하면, "비판하지 말라"는 명령은 맹목적으로 되라는 요구가 아니라 관대해지라는 간청이다. 예수님은 우리에게 (우리를 짐승과 구분하는 데 도움이 되는 것인 비판적 능력을 중지시킴으로) 더 이상 사람이 되지 말라고 말씀하시는 것이 아니라, (우리 자신을 재판관으로 제시함으로) 하나님이 되려는 주제넘은 야망을 포기하라고 말씀하신다.

그리스도인은 위선자가 되어서는 안 된다(3-4절)

예수님은 이제 사람들의 눈에 있는 '이물질', 즉 한편으로는 톱밥 얼룩과 다른 한편으로는 널빤지에 대한 유명한 비유를 들려주신다.

앞 장에서 예수님은 하나님과 관련해서 우리의 위선을 드러내셨다. 즉 사람들에게 보이기 위해 사람들 앞에서 경건을 행하는 위선이었다. 이제 그분은 다른 사람들과 관련해서 우리의 위선을 드러내신다. 즉, 그들의 작은 과오에 쓸데없이 참견하면서, 더 심각한 자기 잘못들은 제대로 처리하지 않는 것이다.

여기에 우리가 재판관으로 적절치 못한 이유가 또 하나 있다. 우리는 오류를 범할 수 있는 인간이며 하나님이 아닐 뿐 아니라, 또한 타락한 인간이다. 타락은 우리 모두를 죄인으로 만들었다. 그러므로 우리는 다른 죄인들을 판단할 입장이 아니다. 우리는 판사석에 설 자격이 없다.

어떤 사람이 자기 시야를 다 가려 버리는 거대한 널빤지를 눈앞에 놓고 친구의 눈에서 아주 작은 티를 제거하느라 애쓰는 모습은 엄청나게 우스꽝스럽다. 하지만 그것이 우리가 우스꽝스럽게 다른 사람들의 흠을 잡는 모습을 풍자할 때는, 그 농담을 제대로 인식하지 못할 때가 많다.

우리는 다른 사람들의 잘못은 과장하고 우리 자신의 잘못은 사소한 것으로 만들어 버리는 치명적인 경향이 있다. 우리 자신을 다른 사람들과 비교할 때, 엄격하게 객관적이고 편벽되지 않는다는 것은 도저히 불가능하다.

반대로, 우리는 자신에 대해서는 낙관적 견해를, 다른 사람들에 대해서는 편견적 견해를 가진다. 사실 우리는 종종 다른 사람 안에서 우리의 잘못을 보고 그 잘못들을 대신 심판한다. 그렇게 우리는 참회의 고통 없이 자기 의의 기쁨을 경험한다.

그래서 여기에서는 "외식하는 자여"(5절)라는 말이 핵심 표현이다. 게다가 이러한 외식은 겉으로 보기엔 친절한 행동(어떤 사람의 눈에서 티를 빼 주는)이 우리의 자아를 우쭐하게 하는 수단이 된다는 것 때문에 더욱 불쾌하다.

바리새인과 세리의 비유는 이러한 심술궂음에 대한 우리 주님의 해설이다. 주님은 "자기를 의롭다고 믿고 다른 사람을 멸시하는 자들"(눅 18:9)에게 그렇게 말씀하셨다. 바리새인은 얄밉고 부정확한 비유를 하면서, 자신의 덕과 세리의 악을 과장했다.

그 대신 우리는 적어도 다른 사람들에게 적용하는 것만큼 엄격하고 비판적인 기준을 우리 자신에게도 적용해야 한다. 바울은 "우리가 우리를 살폈으면 판단을 받지 아니하려니와"라고 썼다(고전 11:31). 우리는 하나님의 심판을 벗어날 뿐만이 아니라, 또한 죄를 범한 형제를 겸손하고 부드럽게 도울 수 있을 것이다. 먼저 우리의 눈에서 들보를 제거하고 나면, 그의 눈에서 티를 빼낼 수 있을 만큼 분명하게 볼 수 있다.

그리스도인은 오히려 형제, 자매가 되어야 한다(5절)

어떤 사람들은 이물질에 대한 비유에서 예수님은 우리에게 도덕적 혹은 영적 안과 의사처럼 행동하지 말고 대신 우리 일이나 신경 쓰라고 말씀하신다고 생각한다. 그런데 사실 그렇지 않다. 검열관 같은 행동과 외식이 금지되었다 해서 서로에게 형제로서의 책임을 갖지 않아도 되는 것은 아니다. 반대로, 예수님은 후에 형제가 우리에게 죄를 짓는다면, 우리가 해야 할 첫째 의무는(보통 소홀히 여겨지지만) "가서 너와 그 사람과만 상대하는"(마 18:15) 것이라고 가르치셨다. 여기에서도 우리에게 동일한 책임을 규정한다.

분명히 특정한 상황에서는 간섭하지 말아야 한다. 그 특정한 상황이란 우리 눈에 있는 훨씬 더 큰 이물질을 제거하지 않았을 때다. 하지만 다른 경우에는 예수님은 실제로 형제를 타이르고 바로잡으라고 명하신다. 일단 우리의 눈 속에 있는 문제를 해결하고 나면, 이것을 해결할 수 있을 만큼 분명하게 보게 될 것이다.

형제의 눈에 있는 약간의 오물은 결국 '이물질'이라고 부르는 것이 적절하다. 그것은 거기 속한 것이 아니다. 언제나 이질적인 것이다. 그것은 보통은 고통스럽고 때로는 위험하다. 그것을 그냥 놔두고, 제거하려는 노력을 전혀 하지 않는 것은 형제 사랑과 조화를 이루지 못한다.

그렇다면 그리스도인의 의무는 자신의 눈에서 **들보를 깨닫지 못하**면서 동시에 **형제의 눈 속에 있는 티를 보는** 것이 아니다(마 7:3). 하물며 자신의 눈에서 들보를 아직 빼내지 못했으면서 형제에게 "나로 네 눈 속에 있는 티를 빼게 하라"고 말하는 것도 아니다(마 7:4). 오히려 **먼저** 우리 자신의 눈에서 **들보를 빼어서** 그 결과 명료한 시야로 형제의 눈에서 **티를 빼낼 수** 있어야 한다(마 7:5).

다시 한번, 예수님은 비판 자체를 정죄하시는 것이 아니라, 상응하는 자기비판은 하지 않고 다른 사람들을 비판하는 것을 정죄하신다. 또한 바로잡는 것 자체를 정죄하는 것이 아니라, 먼저 우리 자신을 바로잡지 않고 다른 사람들을 바로 잡는 것을 정죄하신다.

기독교적 대항문화에서 관계에 대한 예수님의 기준은 높고 건전하다. 다른 사람들에 대한 모든 태도와 행동에서 우리는 재판관이 되어서도 (가혹하고, 검열관 같고, 정죄하는), 위선적이 되어서도(우리 자신에 대해서는 변명을 하면서 다른 사람들을 비난하는) 안 되고, 형제가 되어야 한다. 다른 사람들을 너무나 잘 보살피는 나머지 먼저 우리 자신을 비난하고 바로잡으며 그다음에 건전하게 그들을 돕고자 애써야 하는 것이다.

우리는 종종 다른 사람들에게 하는 것처럼 우리 자신에 대해 비판적일 필요가 있으며, 언제나 우리 자신에게 하는 것처럼 다른 사람들에게 관대할 필요가 있다. 그렇게 되면 우리는 예수님이 12절에서 말씀하시는 황금률을 예상할 수 있을 것이고, 다른 사람들이 우리에게 해 주었으면 하고 바라는 대로 다른 사람들에게 행동하게 될 것이다.

'개'와 '돼지'에 대한 우리의 태도(6절)

얼핏 보기엔 예수님의 입에서 이런 말이 나오다니 깜짝 놀랄 만한 일 같이 보인다. 특히 산상수훈에서, 그리고 실로 형제로서 건설적 행동을 하라고 말씀하신 직후에 나오다니 말이다. 하지만 예수님은 언제나 그분의 생각을 있는 그대로 숨김없이 말씀하셨다. 그분은 거리낌 없는 솔직함으로 헤롯 안티파스를 "저 여우"라고, 위선적인 서기관들과 바리새인들을 "회칠한 무덤"과 "독사의 새끼"라고 부르셨다(눅 13:32; 마 23:27, 33). 여기에서 그는 짐승처럼 행동하기 때문에 '개'와 '돼지'라고 불러 마땅한 사람들이 있다고 단언하신다.

전후 문맥을 보면 건전한 균형을 이룰 수 있다. 다른 사람들을 '비판' 하지 않으려면 검열관같이 정죄하는 마음으로 대하지 말고, 위선적으로 그들의 흠을 찾지 않으려면 그들의 잘못을 무시하지도 모두 다 똑같은 사람들인 것처럼 생각하지도 말아야 한다. 두 극단을 다 피해야 한다.

만일 우리가 먼저 우리 눈의 들보를 제거하여 형제자매의 눈에 있는 제거할 수 있다면, 그 또는 그녀는 (주 안에서 가족일 때) 우리의 도움에 감사할 것이다.

그런데 모든 사람이 비판과 교정에 감사하는 것은 아니다. 잠언에 따르면 이것은 지혜로운 사람과 어리석은 사람을 분명하게 구별해주는 점이다. "거만한 자를 책망하지 말라 그가 너를 미워할까 두려우니라 지혜 있는 자를 책망하라 그가 너를 사랑하리라"(잠 9:8).

그렇다면 이 '개'와 '돼지'는 누구인가? 예수님은 그들에게 이런 이름을 붙이심으로 그들이 사람보다 짐승에 가깝다는 것뿐 아니라 또한 그들이 더러운 습관을 갖고 있는 짐승임을 암시하신다. 예수님이 생각하는 개는 우아한 집에 사는 잘 훈련된 애완용 개가 아니라 야생의 들개, 도시의 쓰레기 더미에서 먹을 것을 찾아 헤매며 방랑하는 잡종 개다. 그리고 돼지는 유대인들에게 부정한 동물이었다. 돼지들의 진흙 사랑은 말할 것도 없다.

사도 베드로는 후에 두 속담을 합해서 언급했다. '개가 그 토하였던 곳에 돌아간다'는 것과 '돼지가 씻었다가 더러운 구덩이에 도로 누웠다'는 것이다(벧후 2:22). 그 말은 적어도, 본성이 새롭게 되어 본 적이 한 번도 없는 불신자들은 육체적 혹은 동물적 생명은 가지고 있지만, 영적 혹은 영원한 생명은 가지고 있지 않음을 말한다.

우리는 또한 유대인들이 이방인 외인들을 '개'라고 불렀다는 것을 기억한다(마 15:26, 27; 빌 3:2; 계 22:15). 하지만 그리스도인들은 분명 비그리스도인들을 이렇게 경멸하지는 않는다. 그래서 예수님의 말씀이 어떤 의미인지보다 깊이 꿰뚫어 보아야 한다.

주님의 명령은 "거룩한 것을 개에게 주지 말고, 진주를 돼지 앞에 던지지 말라"는 것이다. 상황은 분명하다. 유대인이라면 절대 '거룩한' 음식(제사에 드려졌던 음식)을 부정한 개에게 건네지 않을 것이다. 또한 진주를 돼지에게 던지는 것은 꿈도 꾸지 않을 것이다. 돼지 역시 부정했을 뿐 아니라, 아마 진주를 견과류나 콩으로 잘못 알고 먹으려 하든가, 먹을 게 아니라는 걸 발견하고 나면 그것을 짓밟고 심지어 그것을 준 사람을 공격까지 할 것이다.

하지만 그 묘사 혹은 비유가 분명하다면, 그 의미는 무엇인가? '거룩한' 것은 무엇이고 '진주'는 무엇인가? 일부 초대 교부들은 그 말이 성찬식을 말한다고 생각하며, 그것을 근거로 믿지 않는 사람, 세례를 받지 않은 사람은 성찬식에 참석하도록 허용해서는 안 된다고 주장한다.[2]

그들의 이런 가르침은 분명 옳았지만, 예수님이 이 문제를 염두에 두고 계셨는지는 극히 의심스럽다. 오히려 예수님이 나중에 비유하신 "극히 값진 진주"와의 연관을 발견하는 것이 더 낫다. 그 진주는 하나님 나라(마 13:46) 혹은 구원을 말하며, 더 나아가 복음을 말한다. 하지만 이 때문에 예수님이 우리가 불신자들에게 복음을 전하는 것을 금한다고 추론할 수는 없다. 이렇게 추측하는 것은 신약 전체를 완전히 뒤집는 것이며 "가서 모든 민족을 제자로 삼으라"는 대위임령(마태복음의 끝부분에 나오는)과 모순된다.

그렇다면 우리가 복음이라는 진주를 나누면 안 되는 '개'와 '돼지'는 단순한 불신자들이 아니다. 그들은 분명 그보다는 복된 소식을 듣고 받을 기회가 충분히 있었지만 단호히, 심지어 반항적으로 그것을 거부한 사람들임이 분명하다. 칼빈은 지혜롭게 이어서 말했다.

> 개와 돼지는 모든 종류의 타락한 사람들
> 혹은 하나님과 참된 경건에 대한 경외함이 없는 사람들이 아니라,
> 분명한 증거에 의해 하나님에 대한 냉담한 경멸을 보인 사람들,
> 그래서 그들의 질병이 치유할 수 없는 것처럼 보이는 사람들에게

주어진 이름이다.[3]

사실 그런 사람들에게 복음을 제시하면서 특정 시점을 넘어서 계속 주장하면 그들은 경멸과 심지어 신성모독의 태도를 보이며 복음을 거부한다. 예수님은 열두 제자를 첫 번째 선교 여행으로 보내기 전 그들에게 위임할 때 동일한 원리를 적용하셨다. 그들이 들어가는 모든 성과 집에서, 어떤 사람들은 그들을 영접하거나 '합당'하겠지만, 또 어떤 사람들은 그들을 영접하지 않거나 '합당하지 않을' 것이라고 경고하셨다. 이어서 "누구든지 너희를 영접하지도 아니하고 너희 말을 듣지도 아니하거든 그 집이나 성에서 나가 너희 발의 먼지를 떨어 버리라"(마 10:14; 눅 10:10-11)고 말씀하셨다.

사도 바울 역시 설교 사역에서 이 원리를 따랐다. 첫 번째 선교 여행에서 그와 바나바는 비시디아 안디옥에서 그들의 설교를 "반박"하는 유대인들에게 이렇게 말했다. "하나님의 말씀을 마땅히 먼저 너희에게 전할 것이로되 너희가 그것을 버리고 영생을 얻기에 합당하지 않은 자로 자처하기로 우리가 이방인에게로 향하노라." 그리고 유대인들이 성의 지도자들을 선동해서 그들을 쫓아내게 할 때, "두 사람이 그들을 향하여 발의 티끌을 떨어버리고" 이고니온으로 갔다(행 13:44-51).

두 번째 선교 여행 때 고린도에서도 비슷한 일이 일어났다. 유대인들이 바울을 대적하고 비방했을 때 그는 "옷을 털면서" 그들에게 말했다. "너희 피가 너희 머리로 돌아갈 것이요 나는 깨끗하니라 이후에는 이방인에게로 가리라"(행 18:5-6). 바울은 로마에서 유대인 제자들이 복음을 거부했을 때 세 번째로 마찬가지 반응을 보였다. "그런즉 하나님의 이 구원이 이방인에게로 보내어진 줄 알라 그들은 그것을 들으리라"(행 28:17-28)고 말했다.

그러므로 그리스도인들의 증거와 전도 설교는 무차별적으로 해서는 안 된다. 사람들이 진리를 들을 기회는 매우 많은데 거기 반응을 잘 보이지 않는다면, 그들이 그리스도에게 고집스럽게 등을 돌린다면, 다른 말로, 그들이 '개'와 '돼지' 역을 맡는다면, 우리는 그들과 계속 함께 갈 수는 없다. 그럴 때 그들은 하나님의 은혜를 발밑에 짓밟으면서 그 복음을 값싸게 만들어 버리기 때문이다. 하나님의 값비싼 진주를 아무 가치도 없는 것으로 잘못 생각하고 실제로 진흙 속으로 밟아 버리는 것보다 더한 타락이 있을 수 있을까?

하지만 동시에 사람들을 포기하는 것은 대단히 심각한 단계다. 나는 그렇게 하는 것이 옳다고 느꼈던 때가 한두 번밖에 없었다. 예수님의 이 가르침은 예외적인 상황만을 위한 것이다. 통상적인 그리스도인의 의무는 다른 사람들을 인내하고 견디는 것이다. 하나님이 우리를 인내하고 견디셨던 것처럼 말이다.

하늘에 계신 우리 아버지에 대한
우리의 태도(7-11절)

예수님이 다른 사람들과의 관계에서 하늘에 계신 우리 아버지와의 관계로 넘어가는 것은 자연스러워 보인다. 그리스도인들의 식별의 의무(다른 사람들을 비판하지 않는 것, 돼지 앞에 진주를 던지지 않는 것, 위선적이지 않으면서 도움이 되는 것)는 하나님의 은혜가 없다면 너무나 어려운 일이기 때문에 더욱 그렇다.

예수님이 하시는 약속

이 본문은 산상수훈에서 기도에 대해서 첫 번째로 하시는 교훈이 아니다. 예수님은 이미 우리에게 바리새인들의 위선과 이교도의 형식주의에 대해 경고하셨으며, 몸소 기도의 모범을 주셨다. 하지만 이제 예수님은 몇 가지 대단히 은혜로운 약속들을 주시면서 우리에게 기도를 하도록 적극적으로 권면하신다.

"그분은 우리가 소심하고 부끄러움이 많다는 것, 우리의 필요를 하나님께 내어놓기에는 합당하지 못하고 부적당한 것처럼 느낀다는 것을 아신다. 우리는 하나님이 너무나 위대하시고 우리는 너무나 미약해서 감히 기도할 수 없다고 생각한다. 그 때문에 그리스도는 우리를 그런 소심한 생각에서 끌어내고, 우리의 의심을 제거해서, 우리가 확신을 갖고 담대하게 앞으로 나아가게 하기를 원하신다."[4)]

예수님은 반복해서 강타하심으로 우리의 마음과 기억에 그의 약속들을 강하게 새겨놓으려 하신다.

첫째, 직접적인 명령들에 약속들이 첨부된다. "구하라…찾으라…두드리라…"(7절). 이러한 것들은 의도적으로 갈수록 더 절박해진다. 세 동사는 모두 현재 명령형이며, 우리의 요청들을 하나님께 끈질기게 알려야 한다는 것을 나타낸다.

둘째, 그 약속들은 보편적 진술로 표현되어 있다. "구하는 이마다 받을 것이요 찾는 이는 찾아낼 것이요 두드리는 이에게는 열릴 것이니라"(8절).

셋째, 예수님은 가정적 비유로 자신의 약속을 예시하신다(9-11절). 예수님은 그 말씀을 듣는 사람들 누구나 날마다 익숙하게 경험할 만한 상황을 상상한다. 즉, 아이가 자기 아버지에게 와서 뭔가를 달라고 하는 것이다. 아이가 떡을 달라고 하는데 떡 대신에 돌을 주거나 생선 대신에 뱀을 주겠는가? 즉 아이가 뭔가 건강에 좋은 먹을 것(떡이나 생선)을 달라고 하는데 건강에 좋지 않은, 먹지 못하는 것이나(돌) 아니면 정말로 해로운 것(독이 있는 뱀)을 주겠는가? 물론 그렇지 않다! 부모는 설사 그들이 **악한** 자라도, 즉 본성상 이기적이라도, 여전히 자기 자녀를 사랑하며 좋은 것만 준다. 여기에서 예수님은 인간의 본성이 본질적 죄성을 지니고 있다고 가정하시고, 동시에 나쁜 사람이라도 선을 행할 능력이 있다는 것을 부인하지 않으신다.

반대로, **악한** 부모라도 자기 자녀들에게 **좋은** 것을 준다. 예수님이 말씀하시는 것은 심지어 그들이 선을 행하고 있을 때, 부모라는 고상한 본능을 따라 자녀들을 돌보고 있을 그때도, 그들은 '악한'이라는 칭호를 면할 수 없다는 것이다. 인간은 바로 그런 존재이기 때문이다.

그래서 그 비유의 취지는 하나님과 인간을 비교한다기보다는 그 둘을 대조하는 것이다. 그것은 또 하나의 '하물며(a fortiori 혹은 how much more)' 논증이다. 인간 부모가 (비록 악할지라도) 자기 자녀에게 좋은 것을 주는 법을 안다면, 하물며 하늘에 계신(악하지 않으시고 전적으로 선한 분이신) 우리 아버지께서 "구하는 자에게 좋은 것으로 주시지 않겠느냐"(11절).

우리가 기도의 대상인 그 하나님이 "아빠, 아버지"이시며, 무한히 선하시고 인자하시다는 것을 기억할 때 우리의 기도가 달라진다는 것은 의문의 여지가 없다.

예레미아스 교수는 예수님의 이 가르침이 색다른 것이었음을 보여 주었다. 그는 자기 조수들의 도움을 받아 "제대로 연구되지 않은 고대 유다의 방대하고, 풍성한 기도 문헌들"을 주의 깊게 검토했지만, "이 엄청난 문헌 어디에서도 하나님을 이렇게 **아빠**(Abba)라고 부르는 것을 발견하지 못했다. **아빠**는 일상적인 단어, 가정에서 사용하는 가족의 단어였다. 어떤 유대인도 감히 하나님을 이런 식으로 부르지 못할 것이다. 그러나 예수님은 언제나 그렇게 부르셨다. 그리고 자기 제자들이 자신처럼 **아빠**라는 단어를 사용할 수 있도록 권한을 주셨다."[5]

기도에 대한 이보다 더 간단한 개념이 뭐가 있겠는가? 우리가 그리스도께 속한다면, 하나님은 우리의 아버지이시고, 우리는 그분의 자녀이며, 기도는 우리의 요구를 가지고 아버지께 나아오는 것이다. 문제는 많은 사람이 보기에 그것은 너무 단순하게, 심지어 극단적으로 단순화된 것으로 보인다는 것이다. 복잡하게 생각하는 경향이 있는 우리는 그것을 믿을 수 없다고 말하며, 어쨌든 그것은 우리의 경험과 전적으로 부합되지는 않아 보인다. 그래서 우리는 그리스도의 기도 약속에서 우리의 기도 문제로 넘어간다.

사람들이 제기하는 문제들

"구하라 그리하면 너희에게 주실 것이요 찾으라 그리하면 찾아낼 것이요"라는 예수님의 단도직입적인 약속들에 직면해서, 사람들은 서너 가지 반대를 제기한다.

기도는 부적절하다: "기도하라는 이러한 권면은 하나님에 대한 그릇된 모습을 제시한다. 그것은 우리에게 없는 것을 하나님께 말씀드려야 하거나 아니면 그분을 들볶아서 그것을 주시도록 해야 한다는 것을 암시한다. 반면 예수님은 앞에서 하늘에 계신 우리 아버지는 그것을 다 아시며 우리를 돌보신다고 말씀했다. 게다가 분명 우리의 사소한 일들로 하나님을 귀찮게 할 수는 없다. 왜 우리가 구해야만 하나님이 주신다고 생각하는가? 인간 부모는 자기 자녀들이 필요한 것을 구할 때까지 주지 않고 기다리는가?"

이러한 질문에 대한 대답은 이것이다. 즉, 우리가 구해야만 하나님이 주시는 이유는 우리가 하나님께 알려 드릴 때까지는 그분이 그것을 모르시기 때문도 아니고, 우리가 하나님을 설득할 때까지는 그분이 내키지 않아 하시기 때문도 아니라는 것이다. 이유는 하나님과 관련된 것이 아니라 우리와 관련된 것이다. 문제는 그분이 주실 준비가 되어 있는가 아닌가 하는 것이 아니라, 우리가 받을 준비가 되어 있는가 아닌가 하는 것이다.

그래서 기도로 우리가 하나님을 '설득하는' 것이 아니라, 오히려 우리가 하나님께 복종하도록 자신을 설득한다. '하나님을 설득한다'는 말이

기도와 관련해서 종종 사용되는 것은 사실이다. 하지만 그것은 인간의 연약함에 맞춘 말이다.

사실 하늘에 계신 아버지는 절대 자기 자녀를 버릇없는 아이로 만들지 않으신다. 그분은 우리가 원하든 원하지 않든 준비가 되어 있든 아니든 우리에게 선물들을 쏟아부어 주시는 분이 아니다. 대신 하나님은 우리가 우리의 필요를 인식하고 겸손하게 그분께 의지할 때까지 기다리신다. 이 때문에 그분은 "구하라 그리하면 너희에게 주실 것이요"라고 말씀하셨으며, 야고보는 "너희가 얻지 못함은 구하지 아니하기 때문이요"(약 4:2)라고 말한다.

그렇다면 기도는 '부적절한' 것이 아니다. 그것은 우리가 하나님이 필요하다는 의식이며 그분께 대한 겸손한 의존을 표현하도록 하나님 자신이 선택하신 바로 그 방법이다.

기도는 불필요하다: 이 두 번째 반대는 신학보다 경험에서 나온 것이다. 사려 깊은 그리스도인들은 주위의 많은 사람들이 기도하지 않고서도 잘 지내고 있는 것을 본다. 그들은 우리가 기도하여 받는 바로 그것들을 기도하지 않고도 받는 것처럼 보인다. 그들은 자신들에게 필요한 것을 기도가 아니라 노력을 통해 얻는다.

농부는 기도가 아니라 노동에 의해 많은 수확을 얻는다. 어머니는 기도가 아니라 의술에 의해 아기를 얻는다. 가족은 기도가 아니라 부모가 돈을 벌어들임으로 먹고 살아간다. 우리는 '분명 이것은 기도가 털끝만큼도 변화를 가져오지 않는다는 것을 증명한다'고 말하고 싶을 것이다.

하지만 잠깐! 이 질문에 대해 생각하면서, 창조주 하나님이 주시는 선물과 아버지로서 그분이 주시는 선물을, 혹은 하나님의 창조의 선물과 그분의 구속의 선물을 구분할 필요가 있다. 사람들이 기도를 하든 안 하든, 사람들이 믿든 안 믿든, 하나님이 특정한 선물들(추수, 아기, 음식, 생명)을 주시는 것은 완벽하게 사실이다. 하나님은 모든 사람에게 생명과 호흡을 주신다. 모든 사람에게 하늘에서 비를 내려 주시고 풍성한 열매를 맺는 계절을 주신다. 자신의 해를 악인과 선인에게 똑같이 떠오르게 하신다(마 5:45). 그분은 어머니가 아이를 임신하고 출산하게 하신다. 이 모든 선물은 사람들이 그들의 창조주를 인정하든 안 하든 그분께 기도하든 안 하든 상관없이 주어진다.

하지만 하나님의 구속의 선물은 다르다. 하나님은 모든 사람에게 똑같이 구원을 주시지는 않는다. "그를 부르는 모든 사람에게 부요하시도다 누구든지 주의 이름을 부르는 자는 구원을 받으리라"(롬 10:12-13). 구원 이후에 받는 축복들, 예수님과 하나님 아버지가 자신의 자녀들에게 주시는 '좋은 것'도 마찬가지다.

주님이 여기에서 말씀하고 계시는 것은 물질적 축복이 아니라 영적 축복들, 곧 날마다 죄 사함 받는 것, 악으로부터 구원받는 것, 평화, 믿음이 자라는 것, 소망과 사랑, 무엇보다 사실상 하나님의 포괄적 축복인 '성령'의 내주하시는 역사다. 누가는 '좋은 것'을 그렇게 번역한다(마 7:11, 눅 11:13). 우리는 분명 이러한 선물들을 위해 기도해야 한다.

예수님이 산상수훈 앞부분에서 가르치신 주기도문은 두 종류의 선물을 결합한다. '일용할 양식'은 창조의 선물인 반면, '죄 사함'과 악에서 '구원받는 것'은 구속의 선물이기 때문이다. 그렇다면, 어떻게 그 두 가지가 같은 기도에서 결합하여 있는가? 그 대답은 이것일 것이다.

우리가 일용할 양식을 위해 기도하는 것은 그렇게 하지 않으면 굶주릴지 두려워서가 아니라(수많은 사람이 일용할 양식을 위해 기도하거나 식사 전에 감사 기도를 하지 않고서도 일용할 양식을 얻으므로), 궁극적으로 그것이 하나님께로부터 온다는 것을 알기 때문이며, 우리가 하나님의 자녀로서 그분께 물리적으로 의존하고 있음을 늘 인정하는 것이 적절하기 때문이다.

하지만 우리가 죄 사함과 악에서 구원받는 것을 위해 기도하는 것은 이러한 선물들이 기도에 대한 대답으로만 주어지기 때문이며, 그런 선물들이 없으면 우리는 구원받지 못하기 때문이다. 그러므로 기도는 불필요한 것이 아니다.

기도는 비생산적이다: 세 번째 반대는 명백히 두 번째 반대의 당연한 결과다. 사람들은 하나님이 구하지 않는 많은 사람에게 주시기 때문에 기도가 **불필요하다고** 주장한다. 그리고 하나님이 구하는 많은 사람에게 주시지 않기 때문에 기도가 **비생산적이라고** 주장한다. "시험에 합격하게 해달라고 기도했는데 떨어졌어. 병이 낫게 해달라고 기도했는데 더 나빠졌어. 평화를 위해 기도했는데 세상은 전쟁의 소리로 가득 차 있어. 기도해도 소용없어!" 이것이 응답되지 않은 기도라는 낯익은 문제다.

이 문제에 접근하는 가장 좋은 방법은 산상수훈에 나오는 예수님의 약속이 무조건적 약속이 아님을 기억하는 것이다. 잠깐만 생각해보면 그것을 깨닫게 될 것이다.

"구하라 그리하면 너희에게 주실 것이요"라는 약속이 어떤 단서도 달려 있지 않은 절대적 서약이라고, "두드리라 그리하면 너희에게 열릴 것이다"라는 말이 예외 없이 모든 닫힌 문을 여는 주문이라고, 그리고 기도라는 마법의 지팡이를 흔들면 바라는 모든 것이 주어지고 모든 꿈이 현실이 되리라고 생각하는 것은 어리석은 일이다. 그런 생각은 매우 우스꽝스럽다.

그것은 기도를 마술로, 기도하는 사람을 알라딘 같은 마술사로, 그리고 하나님을 마치 요술 램프 속의 지니처럼 작은 기도의 램프를 문지를 때마다 우리 분부대로 행하기 위해 즉시 나타나는 종으로 만들어 버릴 것이다. 게다가 기도에 대한 이런 개념은 모든 민감한 그리스도인들에게 견딜 수 없는 부담을 줄 것이다. 자신이 구하는 모든 것을 반드시 받는다는 것을 안다면 말이다.

알렉 모티어(Alec Motyer)는 "우리가 무엇을 구하든 하나님이 주시겠다고 약속하셨다면, 나는 절대 다시는 기도하지 않겠다. 하나님께 뭔가를 구하려는 나 자신의 지혜에 대해 충분히 확신하지 못하기 때문이다. 당신도 곰곰이 생각해 보면 그 말에 동의할 것이다. 하나님의 기도에 대한 약속들이 우리가 구하는 것은 무엇이든, 우리가 그것을 구하는 때에, 그리고 우리가 구하는 바로 그 조건으로 주기로 서약하시는 것이라면, 연약한 인간의 지혜에 견딜 수 없는 짐을 부과하는 셈이 될 것이다. 우리가 어떻게 그 짐을 견딜 수 있단 말인가?"[6]

그것을 이런 식으로 표현할 수도 있을 것이다. 하늘에 계신 우리 아버지는 **좋으신** 분이기 때문에 그분의 자녀들에게 좋은 것만을 주신다. 그분은 또한 **지혜로우시기** 때문에 어떤 선물이 좋은 것이고 어떤 것이 그렇지 않은지 아신다. 우리는 이미 예수님께서 인간 부모는 떡이나 생선을 구하는 자녀들에게 절대 돌이나 뱀을 주지는 않으시리라고 말씀하시는 것을 들었다.

하지만 그 자녀가 (몰라서 혹은 어리석어서) 실제로 돌이나 뱀을 구한다면 어떻게 되는가? 그렇다면 어떻게 할 것인가? 분명 극도로 무책임한 부모는 아이의 요구를 들어줄 것이다. 하지만 대부분의 부모는 지혜롭고 사랑이 많다.

분명히 하늘에 계신 우리 아버지는 우리에게 절대 해로운 것을 주지 않으실 것이다. 설사 우리가 그것을 절박하게 반복해서 구할지라도 말이다. 그분이 자녀들에게 '좋은 것'만을 주신다는 단순한 이유 때문이다.

그러므로 우리가 좋은 것을 구한다면, 하나님은 그것을 주신다. 우리가 좋지 않은 것(그 자체로 좋지 않거나, 우리나 다른 사람들에게 직접적으로나 간접적으로나 즉시 혹은 궁극적으로 좋지 않은 것)을 구한다면 하나님은 주시지 않는다. 그리고 오직 그분만이 그 차이를 아신다.

우리가 자신의 필요를 구하고, 찾고, 두드리느냐의 여부만이 아니라, 또한 우리가 구하고, 찾고, 두드리면서 바라는 것이 선한 것인가 아닌가에 따라, 조건부로 채워 주시는 것에 대해 하나님께 감사해야 한다. 하나님이 기도에 응답하시는 것을 감사하라. 그분이 또한 때로 우리의 요구를 거절하시는 것도 감사하라.

우리가 배우는 교훈

예수님이 기도에 대해 가르치실 때 기도는 대단히 단순한 것처럼 보인다. 그저 "구하라…찾으라…두드리라…." 그러면 각 경우 너는 응답받을 것이다. 하지만 이 단순함은 겉보기와는 다르다. 많은 것이 그 배후에 있다.

첫째, 기도는 지식을 전제한다. 하나님은 그분의 뜻에 맞는 경우에만 선물을 주시므로 우리는 그분의 뜻을 발견해 내려 애써야 한다. 성경을 묵상함으로, 그리고 묵상으로 훈련된 기독교적 지성을 사용하여 그렇게 해야 한다.

둘째, 기도는 믿음을 전제한다. 하나님의 뜻을 아는 것과, 그분 앞에 겸손하게 서서 그분이 뜻을 이루실 수 있다는 확신을 표현하는 것을 별개다.

셋째, 기도는 욕구를 전제한다. 우리는 하나님의 뜻을 알고 그것을 행하실 수 있음을 알면서도 그것을 바라지 않을 수가 있다. 기도는 하나님이 우리의 가장 깊은 욕구를 표현하도록 정하신 주된 수단이다(롬 10:1). 이 때문에 '구하라, 찾으라, 두드리라'는 명령은 현재 명령형으로 되어 있고 우리의 인내심에 점증적으로 도전한다.

그러므로 우리는 구하기 전에 무엇을 구할 것인지 그것이 하나님의 뜻에 맞는지 알아야 한다. 우리는 하나님이 그것을 주실 수 있다는 것을 믿어야 한다. 그리고 진정으로 그것을 받기 원해야 한다. 그러면 예수님의 자비로운 약속들이 실현될 것이다.

다른 사람들에 대한 우리의 태도(12절)

이 구절 첫 부분에 나오는 '그래서' 혹은 '그러므로(오운, oun)'의 논리는 분명하지가 않다. 그것은 앞 구절을 되돌아보고 하나님이 기도로 자기를 찾는 모든 사람에게 선하시다면 그분의 자녀도 마찬가지로 모든 사람에게 선해야 한다는 의미일 수도 있다. 아니면 더 앞에 나오는 "비판하지 말라"는 명령을 말하는 것으로, 검열관 같은 비판적 태도와 위선에 반대하는 근원적 논지를 말하는 것일 수도 있다.

어쨌든 예수님은 이 원리를 여러 경우에 여러 상황에서 말씀하시는 듯하다. 누가복음에 나오는 산상수훈에서는 그 원리가 원수를 사랑하라는 명령을 예시하는 세 개의 짧은 장면 직후에 나오기 때문이다(눅 6:31).

분명 하나님의 은혜가 없으면 우리는 도저히 그런 사랑을 실천할 수 없다. 사실상 그것은 하나님 자신의 사랑이며 하나님이 우리의 기도에 대한 응답으로 성령을 통해 우리에게 주시는 '좋은 것' 중 하나다(11절, 눅 11:13).

여러 주석가는 황금률이 다른 곳에서도 비슷한(하지만 언제나 부정적인) 형태로 발견된다는 사실을 중시했다. 예를 들어, 공자는 "다른 사람들이 하지 않기를 바라는 것은 너도 다른 사람들에게 행하지 말라"는 말을 했다. 그리고 스토아학파들도 거의 똑같은 금언을 가지고 있었다.

구약에는 "너 자신이 싫어할 만한 것을 누구에게도 하지 말라"[7]는 말이 나온다. 그리고 이것은 유명한 랍비 힐렐이 주전 20년경 개종자가 되려는 어떤 사람이 한 발로 서 있는 동안 완전한 율법을 가르쳐 달라고 요구했을 때 인용한 것 같다. 그의 라이벌 랍비 샴마이는 대답을 할 수 없었거나 대답할 마음이 없었다. 그리고 그 질문을 한 사람을 쫓아 버렸다. 하지만 힐렐은 "당신에게 싫은 일은 다른 누구에게도 하지 마시오. 이것이 완전한 율법이오. 다른 것들은 모두 그것에 대한 주석일 뿐이오"[8]라고 말했다.

이것은 소위 유대교의 탈무드와 산상수훈 간의 유사점에 대한 가장 잘 알려진 예이므로, 더 해설을 하는 것이 적절할 것 같다. 어떤 사람들은 산상수훈에 나오는 **모든 것**이 탈무드에 나오며 그보다 훨씬 더 많은 것이 나온다고 주장하기까지 한다.

예레미아스 교수의 반응은 이렇다. "바로 그렇다. 탈무드에는 '훨씬 더 많은 것'이 나오고, 우리는 대단히 많은 가라지 가운데서, 산상수훈의 말씀에 비교할 수 있는 얼마 안 되는 알곡 중의 알곡을 찾으려 애써야 한다."[9]

알프레드 에더쉐임(Alfred Edersheim)은 지난 세기말쯤 쓴 글에서 더 거리낌 없이 말했다. 그는 탈무드에는 "재치와 논리, 재빠름과 준비성, 진지함과 열정"이 있지만, 동시에 그것과 신약 간에는 "정신과 내용 면에서 불일치" 한다. 실로 "전체적으로 보면, 그것은 전적으로 영적이지 않을 뿐 아니라 영성에 반(反)한다."[10]

황금률로 돌아가면, 힐렐의 소극적이고 다소 마지못해하는 금언("너에게 싫은 것을 다른 사람들에게 하지 말라")과 예수님의 가르침에 포함된 적극적 주도성("무엇이든지 남에게 대접을 받고자 하는 대로 너희도 남을 대접하라") 간에는 실제로 엄청난 차이가 있다. 심지어 그것조차 "네 이웃을 네 몸과 같이 사랑하라"처럼 다소 낮은 기준으로 들릴 수도 있다. 하지만 그것은 실제로는 대단히 높은 기준이다. 자기에 대한 사랑은 우리의 삶에서 강력한 힘이기 때문이다.

또한 그것은 놀랄 만큼 융통성 있는 윤리적 원리다. 사람들은 자기에게 유리하기 때문에 종종 자기 일에 몰두한다. 이제 다른 사람들에 대한 우리의 행동 역시 같은 원리에 따라 이루어져야 한다. 우리가 해야 할 것이라곤 상상력을 사용하고, 다른 사람의 입장이 되어 보고, '나는 저런 상황에서 어떻게 대접받기를 원할까?'라는 질문을 던져 보는 것이다.

실로 그것은 너무나 광범위하게 적용되는 원리이기 때문에, 예수님은 "이것이 율법이요 선지자니라"라고 덧붙일 수 있었다. 즉, 누구든 다른 사람들이 자신에게 해주었으면 하는 방식에 따라 행동하는 사람은 율법과 선지서를 이루었다는 것이다. 적어도 이웃 사랑 면에서는(마 5:17; 롬 13:8-10).

우리는 이 장 첫 부분에서 기독교적 대항문화는 단지 개인의 가치 체계나 생활방식이 아니라 공동체의 문제라는 것에 주목했다. 그것은 관계를 포함한다. 그리고 기독교적 공동체는 본질상 하나의 가족, 하나님의 가족이다. 그리스도인의 의식에서 가장 강력한 두 가지 요소는 아버지이신 하나님에 대한 인식 및 그리스도를 통해 형제자매가 된 다른 그리스도인들에 대한 의식일 것이다. 동시에 우리가 가족 안에 데리고 들어오기를 간절히 바라는 가족 밖에 있는 사람들에 대한 책임도 절대 잊을 수 없다.

그래서 마태복음 7장 1-12절에서 예수님은 우리에게 이런 기본적 관계를 소개하셨다. 그 핵심부에는 하늘에게 계신 우리 아버지가 계신다. 우리는 그분께 왔고, 그분께 의지하고 있으며, 그분은 자기 자녀에게 좋은 것 외에는 절대 주시지 않는다. 그다음에 동료 신자들이 있다. 그리로 검열관 같은 정신(비판을 하는)과 위선적 정신(들보에도 불구하고 티를 보는)이라는 변칙적인 것은 기독교 형제애와 양립할 수 없다. 동료 그리스도인들이 참으로 주 안에서 우리의 형제자매라면, 그들에 대한 우리의 태도는 그들을 돌보는 건설적인 것이 되어야 한다.

그리스도인 가족 외의 사람들 중 예수 그리스도를 단호하게 거부하는 '집요하고'(dogged), '고집이 세다'(pig headed)고 말할 수 있는 예외적으로 완강한 사람들이 있다. 흔쾌히는 아니지만, 우리는 그들과 관계를 끊어야 한다. 6절이 예외라면, 12절은 규칙, 황금률이다. 그것은 우리의 행동을 변화시킨다. 민감하게 다른 사람의 입장에 서 본다면, 그리고 우리 자신이 바랄 만한 것을 그를 위해 바란다면, 우리는 절대 인색하지 않고 언제나 관대할 것이다. 절대 가혹하지 않고 언제나 이해할 것이다. 절대 무자비하지 않고 언제나 친절할 것이다.

The Message of the Sermon on the Mount

Chapter. 11

그리스도인의 선택 (마 7:13-20)

넓은 길과
양털을 쓴 이리를 경계하라

예수님의 설교(혹은 가르침)는 이제 본론이 끝났고, 13절에서는 적용 또는 결론부가 시작된다고 수많은 주석가가 말한다. 예수님은 여기에서 선택의 필요성에 대해 어느 때보다 훨씬 더 강하게 강조하신다.

그분은 "좁은 문으로 들어가라"는 말로 시작하신다. 지금까지 두 종류의 의와 경건, 두 개의 보물, 두 주인과 두 개의 야망이 신실하게 묘사되었다.

이제는 결단의 때가 이르렀다. 사단의 나라가 될 것인가, 하나님의 나라가 될 것인가? 일반 문화인가, 기독교 대항문화인가? 예수님은 두 길(넓은 길과 좁은 길), 두 선생(거짓 선생과 참 선생), 두 호소(말과 행동), 그리고 마지막으로 두 기초(모래와 바위)에 대해 묘사하시면서 계속 대안을 제시하신다.

피할 수 없는 선택
(13-14절)

이 구절들에서 곧바로 눈에 들어오는 것은 우리 앞에 놓인 선택의 절대성이다. 우리는 단 한 가지를 선택하기보다는 여러 가지 선택을 할 수 있거나, 아니면 그보다 더 좋은 것으로 모든 선택권을 합쳐 하나의 결합한 종교를 만들어서, 아예 선택할 필요가 없도록 만드는 편을 좋아할 것이다.

하지만 예수님은 우리의 안이한 혼합주의를 초월하신다. 주님은 우리가 제안하는 편안한 해결책을 허용하지 않으신다. 대신에 궁극적으로 두 가지 중에서 단 하나의 선택만 있다고 주장하신다.

먼저 두 길이 있다. 이 개념은 구약에서 이미 발견된다. 예를 들어, 시편 1편은 '의인의 길'과 '악인의 길'을 대조시킨다. 한 길은 안락하다. 그 말은 "폭넓은, 광범위한, 널찍한"(AG)이라는 의미이며, 어떤 사본들은 이 이미지들을 결합해서 이 길을 '넓고 쉬운' 길이라고 부른다. 그 길에는 다양한 의견들과 방종한 도덕이 들어설 여지가 많다. 그것은 관용과 허용성의 길이다. 거기에는 도로 경계석도, 생각이나 행동의 경계도 없다. 이 길을 가는 여행자들은 자신의 성향, 즉 타락한 인간 마음의 욕구들을 따른다. 피상성, 자기애, 위선, 기계적 종교, 거짓된 야망, 비판적 태도 같은 것들은 배우거나 계발할 필요가 없다. 그런 것들에 저항하기 위해서는 노력이 필요하나 그것들을 실천하기 위해서는 어떠한 노력도 할 필요가 없다. 그 때문에 넓은 길은 쉽다.

다른 한편, 좋은 길은 **협착**하다(hard). 그 경계선은 분명 표시가 되어 있다. 그것이 좁은 것은 '신적 계시'이기 때문이다. 그 계시는 순례자들을 참되고 선한 것이라고 성경에서 계시하신 경계 안에 제한한다.

C. S. 루이스는 자서전에서 자신이 열세 살 학생 시절에 어떻게 "마음을 넓히기" 시작했는지 묘사한다. "나는 곧 '내가 믿는다'는 말을 '사람들이 그렇게 생각한다'는 말로 바꾸었다. 그리고 그것은 얼마나 위안이 되었는지! 나는 계시라는 횡포한 한낮에서 더 고상한 사상이라는 서늘한 저녁의 석양으로 넘어갔는데, 거기에는 위로가 되거나 흥미진진한 것 외에 순종해야 할 것도, 믿어야 할 것도 전혀 없었다."[1]

계시가 된 진리가 그리스도인들이 무엇을 믿을 수 있는가에 한계를 부과하며, 계시가 된 선함은 우리가 어떻게 행동할 수 있는가에 한계를 부과하는 것은 사실이다. 그리고 어떤 의미에서 이것은 '힘들다'(hard). 하지만 다른 한편으로, 크리소스톰이 십수 세기 전에 지적했듯이, 그리스도의 힘들고 좁은 길은 또한 그분의 '쉬운' 멍에와 '가벼운 짐'으로 환영해야 한다(마 11:30).

둘째, 두 개의 문이 있다. 쉬운 길로 인도하는 문은 크다. 쉬운 길에 들어서기는 간단하기 때문이다. 분명 우리가 가지고 갈 짐에도 제한이 없다. 우리는 아무것도 뒤에 남겨 두고 갈 필요가 없다. 심지어 우리의 죄,

자기 의, 혹은 교만까지 말이다.

하지만 협착한 길로 이끄는 문은 **좁다**. 그 문을 발견하려면 잘 찾아보아야 한다. 놓치기가 쉽다. 예수님이 다른 맥락에서 말씀하셨던 것처럼, 그것은 바늘귀처럼 좁다. 게다가 그 문에 들어가려면 모든 것을 남겨 두고 가야 한다. 죄와 이기적인 야망과 탐욕과, 필요하다면 가족과 친구들까지도. 누구도 먼저 자신을 부인하지 않고서는 그리스도를 따를 수 없기 때문이다. 입구는 또한 한 사람씩 통과하게 되어 있는 문이다. 그 문으로는 한 사람씩만 들어갈 수 있다. 그 문을 어떻게 발견할 수 있는가? 그것은 예수 그리스도 자신이다. 그분은 "내가 문이니 누구든지 나로 말미암아 들어가면 구원을 받고"(요 10:9)라고 말씀하셨다.

셋째, 두 개의 목적지가 있다. 우리는 시편 1편에 이것이 예시되어 있다는 것을 이미 보았다. 거기 보면 '형통하는 것'과 '망하는 것' 둘 중 하나를 택하라고 나와 있다. 모세는 그것을 더욱 분명하게 했다. "보라 내가 오늘 생명과 복과 사망과 화…복과 저주를 네 앞에 두었은즉…생명을 택하고"(신 30:15, 19; 렘 21:8). 마찬가지로, 예수님은 큰 문으로 들어가는 넓은 길은 **멸망**으로 인도한다고 가르치셨다.

그분은 이 말씀이 무슨 의미인지 규정하지는 않으셨으며, 아마 지옥의 정확한 본질은 천국의 정확한 본질만큼이나 우리의 유한한 이해력으로는 도저히 파악할 수 없을 것이다. 하지만 '멸망'이라는 끔찍한 단어(하나님은 당연히 파괴자가 아니라 창조자이시며, 사람은 죽기 위해서가 아니라 살기 위해서 창조되었기 때문에 그 단어가 끔찍하다)를 볼 때 적어도 지옥에서는 모든 선한 것, 즉 사랑과 사랑스러움, 아름다움과 진리, 기쁨, 평화와 소망이 영원히 소멸하리라고 짐작할 수 있다. 그런 예상은 너무나 무시무시해서 눈물 없이는 깊이 생각해 볼 수가 없다. 넓은 길은 자살의 길이기 때문이다.

이에 반해, 좁은 문을 통해 들어가는 협착한 길은 생명으로 이끈다. 심지어 예수님이 하나님과의 교제라는 견지에서 설명하신 그 '영원한 생명'으로 이끈다. 그 생명은 여기에서 시작하지만 내세에서 완성되며, 그 안에서 우리는 그분의 영광을 보고 참여하고, 헌신적으로 하나님과 다른 사람들을 섬기는 것에서 인간으로서 완벽한 성취를 이룬다.

넷째, 두 무리가 있다. 많은 사람은 큰 문으로 들어가 멸망으로 이끄는 넓은 길을 간다. 넓고 쉬운 길은 온갖 종류의 보행자들이 떼를 지어 모여드는 분주한 통행로다. 하지만 생명으로 인도하는 좁고 협착한 길은 비교적 황무하다. "찾는 자가 적음이라."

예수님은 그분을 따르는 자들이 멸시받는 소수집단이 될 것이라고(혹은 적어도 그렇게 보이고 스스로 그렇게 느끼리라고) 예상하셨던 듯하다. 그분은 '자신들이 이르게 될 무서운 종착지에 대해서는 아무 생각도 없는 듯 태평한 많은 무리'가 넓은 길에 있고, '적은 무리의 행복한 순례자'가 좁은 길에서 손에 손을 잡으며, 죄를 등지고 천성을 향하는 것을 보신다.

'적은'과 '많은'이라는 대조를 근거로, 적은 수의 사람들만이 최종적으로 하나님의 구속을 받으리라고 추측할 수는 없다. 다른 성경과 대조해 본다면(우리는 언제나 그렇게 해야 한다), 예수님의 이 가르침을 하나님의 보좌 앞에 있는 구속받은 사람들의 수가 "아무라도 능히 셀 수 없는 큰 무리"(계 7:9)가 되리라는 요한의 환상과 함께 살펴볼 수 있다.

이 두 개념을 어떻게 조화시킬지는 모르겠다. 또한 이 본문이 복음을 한 번도 들어보지 못한 사람들에 대한 당혹스러운 문제와 어떻게 관련되어 있는지도 분명히 알 수가 없다. '적은' 무리와 '많은' 무리 둘 다에게 공통으로 해당하는 한 단어는 '들어가다'라는 동사다.

예수님이 그분의 청중들에게 "좁은 문으로 들어가라"고 촉구하시는 것은 많은 사람이 넓은 문으로 '들어가기' 때문이다. 이것은 양쪽 무리가 다 문제를 모르지 않음을 암시한다. 각 무리는 하나를 선택하라는 제시를 받았으며, 의도적으로 이 길 혹은 저 길로 '들어갔다.' 이러한 광경 전체는 그리스도를 찬성하거나 반대하는 결정을 내릴 기회를 가진 사람들과만 관련되어 있는 듯하다.

그러므로 다른 경우에 예수님 자신이 암시한 것처럼, 추측성 질문들에 마음을 빼앗기지 않는 것이 지혜로울 것이다. 어떤 사람이 예수님께 물었다. "주여, 구원을 받는 자가 적으니이까?" 하지만 그분은 그들의 호기심을 만족시키려 하시지 않고 대신 "좁은 문으로 들어가기를 힘쓰라"(눅 13:23-24)고 대답하셨다.

다시 말해 넓은 길과 협착한 길이라는 단 두 개의 길만 있다(중간 길은 없다). 그 길은 넓은 문과 좁은 문이라는 두 문으로 들어가며(다른 문은 없다), 많은 무리와 적은 무리라는 두 무리가 그 길을 밟고 지나간다(중립적 집단은 없다). 그리고 그 길은 멸망과 생명이라는 두 목적지에서 끝난다(제3의 대안은 없다).

이런 말이 오늘날 극히 유행에 뒤진 말임은 두말할 필요도 없다. 사람들은 헌신하는 것을 좋아하지 않는다. 모든 여론 조사를 보면 '그렇다', '아니다'라는 항목뿐 아니라 '모르겠다'라는 편리한 항목이 있다. 사람들은 아리스토텔레스가 말한 중용(中庸)을 좋아한다. 가장 인기 있는 길은 중도(中道)다. 중도에서 벗어나는 것은 '극단주의자' 혹은 '광신자'라고 불리는 위험을 감수하는 것이다. 모든 사람은 선택해야 한다는 사실에 분개한다. 하지만 예수님은 우리가 그것을 피하는 것을 허락하지 않으실 것이다.

거짓 교사의 위험
(15-20절)

가정들

예수님이 사람들에게 "거짓 선지자들을 삼가라"고 말씀하신 것은, 분명 그런 사람들이 있으리라고 생각하셨다는 의미다. 집안에 고양이 두 마리와 잉꼬 한 마리뿐인데 문 앞에 '개 조심'이라고 붙여 놓는 것은 말이 안 된다! 그렇다. 예수님이 그분의 제자들에게 거짓 선지자들을 조심하라고 경고하신 것은 그런 사람들이 이미 있었기 때문이다.

우리는 구약에서 수많은 경우에 그런 사람들을 만나며, 예수님은 바리새인들과 사두개인들도 같은 견지에서 보신 듯하다. 예수님은 그들을 '소경을 인도하는 소경 지도자'라고 불렀다. 그분은 또한 그런 사람들이 늘어날 것이라고, 그리고 종말이 오기 전의 특징은 전 세계에 복음이 전파될 뿐만 아니라 거짓 교사들이 일어나 많은 사람을 미혹할 것이라고 말씀하셨다(마 24:11-14).

우리는 거의 모든 신약 서신서에서 그들에 대해 듣는다. 그들은 여기에서처럼 '가짜 선지자'('선지자'라고 불린 것은 아마 그들이 신적 영감을 받았다고 주장했기 때문일 것이다), '가짜 사도'(그들이 사도적 권위를 주장했기 때문이다, 고후 11:13), 혹은 '가짜 교사'(벧후 2:1), 심지어 '가짜 그리스도'(자신들이 메시아라고 자임하고 예수님이 육신으로 오신 그리스도라는 것을 부인했기 때문에, 마 24:24; 막 13:22; 요일 2:18, 22)라고 불렸다. 하지만 전부 '가짜(pseudo)'였으며, '수도스(pseudos)'는 거짓말에 해당하는 헬라어다.

기독교 교회의 역사는 거짓 교사들과 길고도 지루한 논쟁 이야기였다. 하나님의 전반적 섭리에서 그들이 지닌 가치는 교회에 진리를 신중하게 생각하고 규정할 기회를 주었다는 것이다. 하지만 그들은 큰 손해를 유발했다. 오늘날 교회에도 여전히 그런 사람들이 많은 게 아닌가 하는 우려가 든다.

예수님은 우리에게 거짓 선지자를 조심하라고 말씀하시면서 또 다른 추정을 하셨다. 즉 거짓 선지자들의 거짓됨과 구별해야 할 객관적인 진리의 기준이 있다는 것이다. 그렇지 않으면 '거짓' 선지자라는 개념 자체가 의미가 없다. 성경 시대에 참된 선지자는 신적 영감에 의해 진리를 가르친 사람이었으며, 거짓 선지자는 똑같이 신적 영감을 받았다고 주장했지만, 실제로는 진리가 아닌 것을 전파한 사람들이었다.

예레미야는 그들을 이런 말로 대조시켰다. 즉 거짓 선지자들은 "그들이 말한 묵시는 자기 마음으로 말미암은 것"인 반면, 참된 선지자들은 "여호와의 회의에 참석하여" "그 말을 알아들었으며," "백성에게 그 말을 들려" 주고, "여호와의 입에서 나온" 것을 말했다는 것이다(렘 23:16, 18,

22). 또한 "꿈을 꾼 선지자는 꿈을 말할 것이요 내 말을 받은 자는 성실함으로 내 말을 말할 것이라 겨가 어찌 알곡과 같겠느냐"(렘 23:28).

그래서 특정한 교사들을 '거짓 선지자들'이라고 부르는 것으로 보아, 예수님이 혼합주의자, 곧 서로 모순된 견해들이 실제로는 동일한 진리에 대한 보완적 통찰이라고 가르치는 사람이 아니었음을 분명하게 알 수 있다. 그러나 주님은 진리와 거짓이 서로 배척한다고, 또 하나님의 이름으로 거짓을 전파하는 사람들은 거짓 선지자들이므로 제자들에게 그들을 주의하라고 말씀하셨다.

경고들

예수님의 이러한 전제들(거짓 선지자들이 있다는 것, 진리가 있는데 그들은 그 진리에서 벗어났다는 것)을 살펴보고 나서, 이제 그분의 경고를 보다 정확하게 살펴보아야 한다. "거짓 선지자들을 삼가라 양의 옷을 입고 너희에게 나아오나 속에는 노략질하는 이리라"(15절). 우리는 이 비유에서 가짜 선지자들이 위험하고 또 거짓되다는 것을 알게 된다.

그들의 위험은 실제로는 그들이 이리라는 것이다. 1세기 팔레스타인에서 이리는 양의 천적이었다. 양은 이리에 대해 전혀 무방비 상태였다. 그래서 예수님이 후에 가르치시는 것처럼 선한 목자는 언제나 자신의 양을 보호하기 위해 이리가 오는지 망을 보고 경계한다. 한편, 고용된 일꾼(그는 양 주인이 아니기 때문에 양들에 대해 신경을 쓰지 않는다)은 이리를 보면 양들을 버리고 달아날 것이다. 이리가 양을 공격하고 양 떼를 흩어놓도록 놔두는 것이다(요 10:11-13).

이처럼 그리스도의 양 떼는 선한 목자의 손에 좌우되거나 고용된 일꾼이나 이리에게 좌우된다. 선한 목자는 양 떼에게 진리로 먹이며, 거짓 교사는 이리처럼 오류로 양 떼를 분열시킨다. 한편 기회주의적인 직업적 목자는 양 떼를 보호하기 위해 아무것도 하지 않고 거짓 교사들에게 버려두고 가 버린다. 바울은 에베소 장로들에게 "내가 떠난 후에 사나운 이리가 여러분에게 들어와서 그 양 떼를 아끼지 아니하며 또한 여러분 중에서도 제자들을 끌어 자기를 따르게 하려고 어그러진 말을 하는 사람들이 일어날 줄을 내가 아노라"(행 20:29-30)라고 말했다.

교회를 소란스럽게 하고 위험에 빠뜨리는 이 '어그러진 말'이란 무엇인가? 구약에 나오는 거짓 선지자들의 주된 특징 중 하나는 그들의 도덕을 초월한 낙관주의, 하나님이 불변하는 사랑과 자비의 하나님이실 뿐 아니라 또한 심판의 하나님이시라는 것을 부인하는 것이었다. 예레미야는 백성에게 그들이 "헛된 것을 가르치나니…항상 그들이 나를 멸시하는 자에게 이르기를 너희가 평안하리라 여호와의 말씀이니라 하며 또 자기 마음이 완악한 대로 행하는 모든 사람에게 이르기를 재앙이 너희에게 임하지 아니하리라"(렘 23:16-17)고 말하는 죄를 지었다고 했다.

마찬가지로, 하나님은 "그들은 딸 내 백성의 상처를 가볍게 여기면서 말하기를 평강하다, 평강하다 하나 평강이 없도다"(렘 8:11)라고 불만을 토하신다. 그런 말은 아무리 과장하지 않고 말해도, 하나님의 백성에게 중대한 해를 끼쳤다. 그 말은 그들에게 그릇된 안전감을 주었다. 그들을 속여 죄 가운데 잠들게 했다. 그 어그러진 말은 하나님의 임박한 심판을 경고하거나 어떻게 그 심판을 면할지 말해 주지 않았다.

그러므로 산상수훈에서 거짓 선지자들에 대한 예수님의 경고가 두 개의 문, 길, 무리, 목적지에 대한 가르침 직후에 나오는 것은 분명 우연이 아니다. 거짓 선지자들은 구원 문제를 모호하게 만들어 버리는 데 선수이기 때문이다. 어떤 사람들은 복음을 너무 교란하거나 왜곡시켜서, 구도자들이 그 좁은 문을 찾기가 어렵게 만들어 놓는다. 또 어떤 사람들은 그 좁은 길이 실제로는 예수님이 암시하신 것보다 훨씬 더 넓다고, 그리고 그 길을 걷기 위해 믿음이나 행동에서 제한할 것은 거의 없다고 열심히 주장한다.

또 어떤 사람들, 어쩌면 가장 파괴적인 사람들은 감히 예수님의 말씀에 반박하여, 넓은 길은 멸망으로 인도하지 않으며, 사실상 모든 길은 하나님께로 인도한다고 주장한다. 그리고 심지어 넓은 길과 좁은 길은 반대 방향으로 갈라지지만, 궁극적으로는 둘 다 생명에서 끝난다고까지 주장한다.

예수님이 그런 거짓 교사들을 노략질하는 이리에 비유하신 것도 무리는 아니다. 그들이 이익이나 명성 혹은 권세를 얻기 위해 탐욕을 보이기 때문이기보다는(종종 그렇긴 하지만) 그들이 '흉포한'(NIV), 즉 극도로 위험한 존재이기 때문이다. 그들은 자신들이 존재하지 않는다고 말하는 바로 그 멸망으로 사람들을 인도한 책임이 있다.

그들은 위험한 것만이 아니라 사람들을 현혹한다. 6절에 나오는 '개'와 '돼지'는 더러운 습관을 갖고 있기 때문에 알아보기가 쉽다. 하지만 '이리'는 그렇지 않다. 그들은 양의 탈을 쓰고 양 떼 안에 몰래 들어오기 때문이다. 그 결과 주의하지 않으면 실제로 그들을 양으로 잘못 알고 아무

의심 없이 그들을 환영한다. 그들의 진짜 성품이 발견될 때는 이미 늦고 이미 손해를 끼치고 난 후다.

다시 말해, 거짓 교사는 자신이 거짓말을 퍼뜨리는 사람이라고 알리고 광고하지 않는다. 반대로 그는 자신이 진리의 교사라고 주장한다. 그는 경건을 가장할 뿐 아니라, 종종 역사적으로 정통적인 언어를 사용한다. 잘 속는 사람들에게 받아들여지기 위해서다.

그러나 사실은 상당히 다른 말로, 그들이 주장하는 체하는 바로 그 진리를 파괴한다. 그는 또한 어마어마한 직함과 인상적인 학위들 뒤에 숨어 있기도 한다.

그래서 예수님은 '삼가라(beware)!'고 경고하신다. 우리는 조심하고, 분별할 수 있도록 기도하며, 우리의 비판적 기능을 사용하고, 경계를 절대 늦추지 말아야 한다. 우리는 어떤 사람이 걸치고 있는 옷, 곧 그의 매력, 학식, 박사학위, 교회에서 받는 존경 등에 현혹되지 말아야 한다. 우리는 그가 박사이거나 교수이거나 감독이기 때문에 참되고 정통적인 그리스도의 사도임이 분명하다고 믿을 만큼 순진해서는 안 된다. 우리는 외관 밑에 있는 실상을 보아야 한다. 양털을 쓰고 있는 것이 누구인가? 양인가 이리인가?

시험 수단

예수님의 가정들과 경고들을 살펴보았으니, 이제 그분이 우리에게 적용하라고 말씀하신 시험 수단을 살펴볼 준비가 되었다. 예수님은 양과 이리의 비유에서 나무와 그 열매의 비유로, 이리가 입고 있는 양의 옷에서 나무가 맺어야 하는 열매로 비유를 바꾸신다. 그렇게 하면서 인식하지 못하는 것이 지닌 위험에서 인식의 수단으로 넘어가신다. 실제로는 때로 이리를 양으로 오인할 수는 있을지 모르지만, 나무를 가지고는 똑같은 실수를 저지를 수가 없다고 말씀하시는 듯하다. 어떤 나무도 자신의 정체를 오랫동안 숨길 수 없다. 조만간 그것은 열매에 의해서 자신을 나타낸다. 이리는 변장을 할 수도 있다. 나무는 그렇게 할 수 없다. 가시와 엉겅퀴 같은 해로운 잡초들이 포도와 무화과 같은 먹는 열매를 생산할 수는 없다.

열매의 특성이 나무에 의해 결정될 뿐 아니라(무화과나무는 무화과 열매를 맺으며, 포도나무는 포도 열매를 맺는다), 또한 그 조건에 의해서도 결정된다("좋은 나무마다 아름다운 열매를 맺고 못된 나무가 나쁜 열매를 맺나니", 17절). 실로 "좋은 나무가 나쁜 열매를 맺을 수 없고 못된 나무가 아름다운 열매를 맺을 수 없느니라"(18절). 그리고 심판의 날에는 그 차이가 완결될 것이다. 그때 열매를 맺지 못하는 나무들은 찍혀 불에 태워질 것이기 때문이다(19절). 그러므로 (이것이 예수님이 두 번 강조하시는 결론이므로) "그들의 열매로 그들을 알리라"(16, 20절). 이 열매들은 무엇인가?

거짓 선지자들이 그들의 참된 정체를 나타내는 첫 번째 종류의 '열매'는 성품과 행동의 영역에 있다. 포도나무에 대한 예수님 자신의 비유에서 열매를 잘 맺는 것은 분명 그리스도를 닮은 것을 의미한다. 사실상 바울이 후에 "성령의 열매"라고 말한 것이다. 그렇기 때문에 우리가 어떤 교사 안에서 그리스도의 온유함과 자비, 그분의 사랑, 인내, 인자함, 선하심, 절제를 볼 때마다, 우리는 그가 거짓 교사가 아니라 참된 교사라고 믿을 이유가 된다.

다른 한편, 이런 자질들이 없을 때, 그리고 '육신의 일', 특히 적의, 불순함, 시기 방종 등이 '성령의 열매'보다 더 명백하게 나타날 때, 그 선지자의 주장들이 아무리 당당하고 그의 가르침이 그럴듯하다 해도, 그들이 사기꾼이 아닌지 의심해 보아야 마땅하다.

하지만 선지자의 '열매'는 그의 성품과 삶의 방식뿐만이 아니다. 두 번째 '열매'는 그 사람의 실제 가르침이다. 이것은 예수님의 똑같은 과일나무 비유를 사용하셨던 다른 경우에 강력하게 시사되어 있다.

"그 열매로 나무를 아느니라 독사의 자식들아 너희는 악하니 어떻게 선한 말을 할 수 있느냐 이는 마음에 가득한 것을 입으로 말함이라 선한 사람은 그 쌓은 선에서 선한 것을 내고 악한 사람은 그 쌓은 악에서 악한 것을 내느니라 내가 너희에게 이르노니 사람이 무슨 무익한 말을 하든지 심판 날에 이에 대하여 심문을 받으리니 네 말로 의롭다 함을 받고 네 말로 정죄함을 받으리라"(마 12:33-37; 눅 6:45).

그 열매로 나무를 알듯이 어떤 사람의 마음을 그의 말로 알 수 있다면, 우리의 책임은 교사를 그의 가르침으로 시험해 보는 것이다. 사도 요한은 이에 대한 예를 하나 제시한다. 그가 편지를 쓴 아시아 교회들에는 거짓 교사들이 침입해 있었다. 예수님과 마찬가지로, 그는 그들에게 미혹당하지 말고 "오직 영들(즉, 영감을 받았다고 주장하는 교사들)이 하나님께 속하였나 분별하라"(요일 2:26; 4:1)고 경고했다. 그는 교사들에게서 의와 사랑을 찾아보라고, 그리고 불의한 사람들과 사랑이 없는 사람들은 가짜이니 거부하라고 권면했다.

하지만 그는 이 도덕적 시험 수단에 교리적 수단을 더했다. 일반적으로 그 교사들의 메시지가 원래 사도의 가르침과 조화를 이루는가 보라는 것이며(요일 2:24; 4:6), 특히 그것이 예수님을 육신을 입고 오신 그리스도로 고백하여 그분이 하나님의 아들이심을 인정하는가 보라는 것이었다(요일 2:22-23; 4:2, 3; 요이 7-9).

로마 교회에 의해 혁신자이자 거짓 교사들이라는 죄를 덮어썼던 16세기 개혁주의자들은 이러한 교리적 시험 수단으로 자신들을 변호했다. 그들은 성경에 호소했으며 그들의 가르침이 새로운 어떤 것을 소개하는 것이 아니라 예전의 어떤 것, 즉 그리스도와 그분의 사도들의 원래 복음을 되찾는 것이라고 주장했다. 오히려 믿음에서 떠나 오류에 빠진 것은 중세 가톨릭교도들이었다.

루터는 "순전한 하나님의 말씀에 매달리라"고 외쳤다.[2] 그렇다면 교사의 자격 증명서를 검토할 때, 우리는 그의 **성품**과 **메시지**를 모두 검토해야 한다.

교사들에게 적용해야 하는 세 번째 시험 수단이 있으며, 이것은 그들의 영향력과 관련되어 있다. 우리는 그들의 가르침이 따르는 자들에게 어떤 영향을 끼치는지 자문해 보아야 한다. 때로 어떤 교사의 행동과 방식을 살펴볼 때, 거짓 가르침의 허위성은 즉시 명백히 알 수는 없으나, 그 비참한 결과들에서 분명하게 볼 수 있다.

이것이 바로 바울이 오류의 경향은 "악성종양이 퍼져 나감"(딤후 2:17)과 같다고 한 말의 의미다. 그것이 악성 종양처럼 진행되는 것은 그것이 사람들의 믿음을 무너뜨리고(딤후 2:18), 불경함을 증진하고(딤후 2:16), 쓰라린 분열을 유발할 때(딤전 6:4-5; 딤후 2:23; 딛 1:11; 3:9) 볼 수 있다. 이에 반해 건전한 가르침은 믿음과 사랑과 경건함을 낳는다(딤전 1:4-5; 4:7; 6:4; 딤후 3:16-17; 딛 1:1).

물론 '열매'라는 시험수단을 적용하는 것은 전혀 쉽거나 간단한 일이 아니다. 열매는 자라고 익는 데 시간이 걸리기 때문이다. 우리는 참을성 있게 그것을 기다려야 한다.

우리는 또한 그것을 면밀히 검토할 기회가 필요하다. 멀리서는 나무와 그 열매를 인식하지 못할 수도 있기 때문이다. 심지어 아주 가까이에서도 처음에는 나무에 있는 질병의 증상들이나 열매에 구더기가 있는 것을 보지 못할 수가 있다. 이것을 교사에게 적용하면, 교회 안에서 그의 지위를 피상적으로 평가하는 것이 아니라, 그의 성품, 행동, 메시지, 동기, 영향력을 면밀히, 가까이에서 자세히 조사하는 것이 필요하다.

하지만 예수님의 이 경고는 모든 사람에게 의심의 눈초리를 보내라거나 '이단 사냥'이라는 수치스러운 스포츠를 취미로 삼으라고 권하는 것이 아니다. 오히려 그것은 교회 안에는 거짓 교사들이 있으며, 조심해서 경계해야 한다는 것을 엄숙하게 상기시켜 준다.

진리는 중요하다. 그것은 하나님의 진리이며 하나님의 교회를 세우는 반면, 오류는 마귀적이며 파괴적이기 때문이다.

우리가 하나님의 진리와 하나님의 교회에 관심을 갖고 신경을 쓴다면, 그리스도의 경고를 심각하게 받아들여야 한다. 그리스도와 그분의 사도들은 교회의 교리적 순결함을 부분적으로 그리스도인 지도자들(감독이건 다른 고위 목사건)의 책임이라고 보지만, 또한 특별히 각 회중의 책임이라고도 여긴다. 예수 그리스도의 "거짓 선지자들을 삼가라"는 말씀은 우리 모두에게 하신 것이다. 교회가 예수님의 경고에 주의를 기울이고 그분이 말씀하신 시험 수단들을 적용한다면, 오늘날과 같은 위험한 신학적 도덕적 혼란 상태에 빠지지 않을 것이다.

예수님은 이 단락으로 그리스도인의 관계에 대한 말씀을 마무리하신다. 돌이켜 그 가르침들을 결합해 볼 때, 그것이 얼마나 풍성하고 다양한지 보게 된다. 그분은 형제로서, 그리스도인의 위선을 싫어하시고, 다른 사람들에게 건설적인 도덕적 후원을 해주려 애쓰신다. 전도자로서, 그분은 복음이라는 진주를 매우 소중히 여기셔서, 그것을 마음이 굳어진 죄인들이 경멸하며 거부하도록 내버려두지 않으신다.

모든 사람을 사랑하는 사람으로서, 그분은 사람들이 자신에게 해 주었으면 하는 대로 그들에게 행동하기로 결심하신다. 자녀로서, 그분은 겸손하고 신뢰하는 마음으로 하늘 아버지께서 그분에게 필요한 모든 좋은 것을 주시기를 기대하신다. 협소하고 좁은 길을 따라가는 여행자로서, 그분은 다른 순례자들과의 교제를 누리며 삶의 목표에서 눈을 떼지 않으신다. 진리의 투사로서, 그분은 그 진리를 왜곡시키고 그리스도의 양 떼를 약탈하는 거짓 교사들을 경계하라는 그리스도의 경고에 주의를 기울이신다.

The Message of the Sermon on the Mount

Chapter. 12

그리스도인의 순종 (마 7:21-27)

아는 것을 행하는 자인가, 행하지 않는 자인가

예수님이 13절에서 결론에 해당하는 말씀을 시작하셨다는 생각이 맞건 틀리건 간에, 이제 분명 결론부에 이르렀다. 이 시점에서 예수님은 또 다른 교훈을 더하는 것이 아니라, 이미 주신 교훈들에 대한 적절한 반응을 확보하는 데 관심이 있으시다.

그래서 예수님은 우리에게 주님과 마주 대하게 하시고, 우리 앞에 순종과 불순종 가운데 근본적인 선택을 제시하시며, 우리가 마음과 뜻과 삶을 그분의 가르침에 무조건 헌신하도록 명하신다. 그러기 위해 그분은 두 가지 받아들일 수 없는 점을 경고하신다. 첫째는 순전히 말로만 신앙을 고백하는 것(21-23절)이며, 둘째는 순전히 지적으로만 아는 것(24-

27절)이다. 둘 중 어떤 것도 순종을 대신할 수 없다. 둘 다 순종을 위장하는 것일 뿐이다. 예수님은 우리의 영원한 운명은 철저한 순종에 달려 있다고 매우 엄숙하게 강조하신다.

이 점에서 산상수훈의 마지막 두 문단은 매우 흡사하다. 둘 다 그리스도의 가르침에 대한 잘못된 반응과 올바른 반응을 대조시킨다. 둘 다 중립은 불가능하며 명확한 결정이 내려져야 한다는 것을 보여 준다. 둘 다 어떤 것도 적극적이고 실제적인 순종을 대신할 수 없다는 것을 강조한다. 그리고 둘 다 심판 날에 생명을 얻을 것인가 죽음에 처할 것인가 하는 것은 이생에서 그리스도와 그의 가르침에 대해 우리가 도덕적으로 어떤 반응을 보였는가에 의해 결정될 것이라고 가르친다.

두 문단의 한 가지 차이점은 첫 번째 문단에서는 사람들이 순종에 대한 대안으로 입술로만 신앙을 고백한다는 것이고, 두 번째 문단에서는 귀로 듣기만 한다는 것이다.

단순히 말로만 하는
신앙 고백의 위험(21-23절)

예수님이 여기에서 설명하는 사람들은 그들의 구원이 교리적 주장, 곧 그들이 그리스도에게 혹은 그리스도에 대해 '말하는' 것에 달려 있다고 믿는 사람들이다. "나에게 주여 주여 **하는**(says) 자마다…할 것이 아니요"(21절). "그 날에 많은 사람이 나더러 **이르되**(say)"(22절). 하지만 예수님은 우리의 최종적 운명은 우리가 오늘 그분에게 말하는 것에 의해서도, 마지막 날에 우리가 말할 것에 의해서도 결정되는 것이 아니라, 말하는 것을 행하는가, 말로 하는 신앙 고백에 도덕적 순종이 수반되는가에 의해 결정된다고 단언하신다.

그리스도를 말로 고백하는 것은 반드시 필요하다. 바울은 우리가 구원받기 위해서는 입으로 고백하고 마음으로 믿어야 한다고 썼다(롬 10:9-10). 그리고 성령으로 아니 하고는 예수님을 주님이라고 참으로 고백하는 것이 불가능하다(고전 12:3). 게다가 예수님이 산상수훈 마지막에서 말씀하시는 그리스도인의 신앙고백은, 적어도 표면적으로는, 나무랄 데가 없다.

첫 번째, 정중하게 예수님을 '주님'이라고 부른다. 오늘날 예수님을 지칭하는 가장 공손하고 예의 바른 호칭은 여전히 '우리 주님'인 것과 마찬가지다.

두 번째, 그 고백은 정통적이다. 예수님을 '주님'으로 부르는 것이 존칭에 불과한 의미일 수도 있지만, 이 단락의 전후 문맥에는 그분의 아버지이신 하나님과 심판자이신 하나님께 대한 언급이 모두 포함되어 있으며, 그러므로 더 많은 것을 암시하고 있는 듯하다. 분명 초대 그리스도인들은 예수님의 죽으심과 부활 이후에 그들이 부르는 '주님'이 무엇을 의미하는지 알았다. 그것은 신적인 호칭으로, '여호와'에 해당하는 히브리어를 헬라어 구약에서 번역한 말이었다. 그러므로 후대에 사는 우리의 관점에서 보면, 이것이 예수 그리스도에 대한 정확하고 정통적인 고백이라고 말할 수 있을 것이다.

세 번째, 그것은 열렬하다. 그것은 냉랭하거나 형식적인 '주님'이 아니라 열정적인 '주여, 주여'이기 때문이다. 마치 그 말을 하는 사람이 자신의 힘과 열정에 주의를 끌고 싶어 하는 듯이 말이다.

네 번째, 요점은 그것이 공개적인 고백이었다는 것이다. 이것은 예수님께 대한 충성을 사적이고 개인적으로 주장하는 것이 아니었다. 어떤 사람들은 심지어 그리스도의 이름으로 '선지자 노릇'을 하기까지 했다. 그들이 어떤 경우 공적으로 설교할 때 예수님의 권위와 영감을 감히 주장했다는 것이다.

그뿐만 아니라, 그 고백은 심지어 굉장한 볼거리를 제시하기까지 했다. 예수님은 자신의 주장을 역설하기 위해, 말로 하는 신앙고백의 가장 극단적인 예들을 인용하신다. 즉 예언, 축사, 기적들을 포함하는 초자연적 사역을 시행하는 것이다. 이 사람들이 심판 날에 그리스도께 말할 때 강조하는 것은 그들이 누구의 이름으로 사역했는가 하는 것이다.

세 번에 걸쳐 그들은 그것을 사용하며, 매번 강조하기 위해 그것을 제일 앞에 둔다. 그들은 공개적으로, 공적으로 고백한 그리스도의 이름으로, 그들이 선지자 노릇을 했고, 귀신을 쫓아냈으며, 많은 권능을 행했다고 주장한다. 그리고 주장의 진실성을 의심할 필요는 없다. 심지어 거짓 그리스도와 거짓 선지자들조차 "큰 표적과 기사"를 행할 것이기 때문이다(마 24:24; 살후 2:9-10).

그리스도인이 할 수 있는 신앙고백 중 이보다 더 나은 것이 있을까? 여기 개인적 경건 시간에나 공적 사역에서나, 공손함과 정통성과 열심을 가지고 예수님을 '주'라고 부르는 사람들이 있다. 무엇이 잘못될 수 있단 말인가? 그 자체로는 아무것도 잘못된 것이 없다. 그럼에도 불구하고 모든 것이 잘못되었다. 그것은 진리 없는 이야기, 실체 없는 고백이기 때문이다. 그것은 심판 날에 그들을 구원하지 못할 것이다.

그래서 예수님은 그들이 자신에게 말하고 있는 것과 앞으로 말할 것에서, 그분이 그들에게 말씀하실 것으로 넘어간다. 그분 역시 엄숙한 고백을 하실 것이다. 23절에서 사용된 단어 '호몰로게소(homologēsō)'는 '내가 고백하리라'는 것이다.

그들에게 하시는 그리스도의 고백은 그들의 고백과 마찬가지로 공개적인 것이지만, 그들의 고백과는 달리 참된 것이다. 그분은 그들에게 소름 끼치는 말씀을 하신다. "내가 너희를 도무지 알지 못하니 불법을 행하는 자들아 내게서 떠나가라." 그들은 그분의 이름을 마음대로 사용했지만, 그분은 그들의 이름을 알지 못하셨다.

예수님이 그들을 거부하신 이유는 그들의 신앙고백이 도덕적인 것이 아니라 말로만 하는 것이었기 때문이다. 그것은 그들의 입술과만 관련되어 있었지 그들의 삶과는 관련되지 않았다. 그들은 예수님을 '주여, 주여' 하고 불렀지만, 절대 그분의 주권에 복종하거나, 하늘 아버지의 뜻에 순종하지 않았다. 누가복음에 나오는 말은 더욱 강력하다. "너희는 나를 불러 주여 주여 하면서도 어찌하여 내가 말하는 것을 행하지 아니하느냐"(눅 6:46). 중대한 차이는 '말하는 것'과 '행하는 것'에 있다.

심판자 그리스도가 그들을 내쫓으실 이유는 그들이 **불법을 행하는 자들**(evildoers)이기 때문이다. 그들은 사역에서 권능을 행했다고 주장할 수 있었다. 하지만 그들이 매일 행하는 일들은 선하지 않고 악했다. 그런 사람들이 입술에 그리스도의 이름을 올리는 것이 무슨 가치가 있는가? 바울이 몇 년 후에 표현했듯이, "주의 이름을 부르는 자마다 불의에서 떠날지어다"(딤후 2:19).

오늘날 그리스도인이라고 주장하는 우리들은 회심할 때 사적으로, 세례를 받을 때 공적으로 예수님에 대한 신앙을 고백했다. 우리는 예수님을 '주님' 혹은 '우리 주님'이라고 부르면서 예수님을 공경하는 것처럼 보인다. 우리는 교회에서 사도신경을 암송하고, 그리스도께 대한 헌신을 표현하는 찬송가를 노래한다. 우리는 심지어 그분의 이름으로 다양한 사역을 행하기까지 한다. 하지만 예수님은 우리의 경건하고 정통적인 말에 감명을 받지 않으신다. 그분은 여전히 선한 순종의 행위로 진지함을 보일 것을 요구하신다.

단순히 지적인 지식의 위험(24-27절)

앞 단락에서는 '말하는 것'과 '행하는 것'을 대조하시더니, 이제는 '듣는 것'과 '행하는 것'을 대조하신다. 예수님은 말씀하시기를, 한편으로는 "나의 이 말을 듣고 행하는"(24절) 사람이 있으며, 다른 한편으로는 "나의 이 말을 듣고 행하지 아니하는"(26절) 사람이 있다고 한다.

그리고 나서 두 명의 건축자, 곧 "깊이 파고"(눅 6:48) 그 집을 반석 위에 지은 지혜로운 사람과, 주 추를 놓는 것을 귀찮아하고 모래 위에 집을 짓는 것으로 만족한 어리석은 사람에 대한 잘 알려진 비유로, 그분을 순종하는 청중들과 불순종하는 청중들을 대조시킨다.

두 사람이 계속 집을 짓고 있을 때, 무심코 그것을 관찰하는 사람은 그들 간에 아무런 차이도 느끼지 못했을 것이다. 차이는 주 추에 있고 그것은 눈에 보이지 않기 때문이다. 폭풍우가 일어나, 두 집을 맹렬하게 타격했을 때 근본적이고 치명적인 차이가 드러났다. 반석 위에 세운 집은 강풍을 견뎌 낸 반면, 모래 위의 집은 무너져 돌이킬 수 없이 망가져 버렸기 때문이다.

마찬가지로 신앙을 고백하는 그리스도인들(진정한 고백자와 가짜 고백자 둘 다)은 거의 똑같이 보인다. 누가 누군지 쉽게 알아낼 수가 없다. 둘 다 그리스도인의 삶을 영위하고 있는 것처럼 보인다. 예수님은 신앙을 고백하는 그리스도인을 고백하지 않는 그리스도인과 대조하신 것이 아니기 때문이다.

반대로, 영적인 집을 짓는 그 두 사람 모두에게 공통적인 것은 그들이 말씀을 듣는다는 것이다. 그래서 둘 다 눈에 보이는 기독교 공동체의 일원이었다. 둘 다 성경을 읽고, 교회에 가며, 설교를 듣고, 기독교 서적을 산다. 그들의 차이를 알 수 없는 이유는 삶의 깊은 토대가 눈에 안 보이게 감춰져 있기 때문이다. 진짜 질문은 그들이 그리스도의 가르침을 **듣는가**의 여부가 아니라(심지어 그들이 그것을 존중하거나 믿는가의 여부도 아니라), 그들이 듣는 것을 **행하는가**의 여부다.

때로 위기나 재앙의 폭풍은 우리가 어떠한 사람인지 보여준다. 지금은 구분되지 않는다 해도, 심판의 날에 폭풍우가 그것을 구분해 줄 것이다.

예수님이 산상수훈의 이 마지막 두 단락에서 역설하고 계시는 진리는 그분을 지적으로 아는 것이나 입으로 고백하는 것은, 그 자체는 필수적인 것이지만, 절대 순종의 대체물이 될 수 없다는 것이다.

문제는 우리가 예수님께 혹은 예수님에 대해 점잖고, 예의 바르고, 정통적이고, 열정적인 것들을 **말하는가**의 여부가 아니다. 또한 우리 마음이 그분의 가르침으로 가득 찰 때까지 그의 말씀을 **듣고**, 귀를 기울이고, 연구하고, 숙고하고, 암송하는가도 아니다. 그것은 우리가 말하는 것을 **행하는가** 그리고 우리가 아는 것을 행하는가, 다른 말로 하면 우리가 고백하는 예수님의 주되심이 우리 삶의 주된 실상 중 하나인가 하는 것이다.

이것은 물론 구원의 길, 혹은 **천국에 들어가는**(21절) 길이 순종이라는 선행에 달려 있다고 가르치는 것은 아니다. 신약 전체는 믿음을 통해 하나님의 순전한 은혜에 의해서만 구원을 받는다고 말하기 때문이다. 하지만 예수님이 강조하시는 것은 참으로 복음을 듣고 신앙을 고백하는 사람들은 언제나 그분을 순종하고 행동으로 믿음을 표현하리라는 것이다. 예수님의 사도들은 이 가르침을 절대 잊지 않았다. 그것은 그들의 서신서에 두드러지게 등장한다.

예를 들어, 요한일서는 말로만 신앙을 고백하는 것의 위험들로 가득 차 있다. "만일 우리가 하나님과 사귐이 있다 하고 어둠에 행하면 거짓말을 하고 진리를 행하지 아니함이거니와…그를 아노라 하고 그의 계명을 지키지 아니하는 자는 거짓말하는 자요"(요일 1:6; 2:4).

다른 한편 야고보서에 따르면 지적으로만 아는 것이 지닌 위험들로 가득 차 있다. 그는 무미건조한 정통성은 구원할 수 없으며 선행을 낳는 믿음만이 구원한다고 쓴다. 그래서 우리는 "말씀을 행하는 자가 되고 듣기만 하는 자가 되지 말아야"(약 1:22-25; 2:14-20) 한다.

이 가르침을 우리 자신에게 적용할 때, 우리는 성경이 읽기에 위험한 책이라는 것, 그리고 교회가 가입하기에 위험한 집단이라는 것을 깊이 숙고할 필요가 있다. 우리는 성경을 읽으면서 그리스도의 말씀을 듣는다고, 교회에 참여하면서 그리스도를 믿는다고 말하기 때문이다. 그 결과 우리는 그분의 가르침을 듣고 그분을 주님이라고 부른다고 묘사하신 그 무리에 속한다. 우리가 거기 속한다는 것은 우리가 아는 것과 말하는 것을 행동으로 표현해야 하는 심각한 책임을 지게 된다는 의미다.

이처럼 산상수훈은 처음부터 끝까지 근본적 선택이라는 동일한 어조로 끝난다. 예수님은 제자들 앞에 쉬운 윤리적 규칙들을 죽 늘어놓기보다 오히려 세상의 방식과는 전적으로 다른 일련의 가치관들과 이상들을 제시하신다. 그분은 우리에게 기독교적 대항문화를 위해 세속 문화와 관계를 끊으라고 명하신다. 이 책을 읽으면서 우리는 예수님이 백성에게 다른 사람들과 다르게 되라고 명하시는 것을 반복해서 들었다.

그것이 처음으로 분명하게 나타났던 때는 그분이 우리에게 '세상의 소금'이자 '세상의 빛'이 되라고 명하신 때였다. 이 비유들은 기독교 공동체와 비기독교 공동체를 한눈에 알아볼 수 있을 만큼, 근본적으로, 서로 다른 존재로 대비시키기 때문이다.

세상은 썩어 가는 음식, 그것을 분해하는 박테리아로 가득한 음식과도 같다. 예수님의 제자들은 소금이 되어 음식이 부패하지 않게 해야 한다. 세상은 어둡고 음울한 장소이며, 햇빛도 없이, 깜깜하게 사는 곳이다. 예수님의 제자들은 그곳의 빛이 되어 그 어둠과 그 우울함을 쫓아내야 한다.

이때부터 산상수훈은 계속해서 서로 반대되는 기준들을 생생하게 묘사하고, 예수님의 길을 가도록 권한다. 우리의 의는 더 깊어야 한다. 그것은 우리의 마음에까지 이르기 때문이다. 그리고 우리의 사랑은 더 넓어야 한다. 그것은 우리 원수들까지 포용하기 때문이다. 경건에서는 위선자들의 허식을 피해야 하고 기도에서는 이교도들의 횡설수설을 피해야 한다.

그 대신 우리의 헌금, 기도, 금식은 그리스도인의 진실성으로 타협하지 않는 진정한 것이어야 한다. 재물에 대해서는 이 땅에서 분해되는 것이 아니라 영원토록 견디는 것을, 주인에 대해서는 돈이나 재물이 아니라 하나님을 선택해야 한다. 우리의 야망(우리 마음을 사로잡는 것)에 대해서는 우리의 물질적 안전함이 아니라, 이 세상에 하나님의 통치와 의를 전파하는 것이 되어야 한다.

예수님은 우리가 종교적 바리새인의 형태로든 비종교적 이교도들의 형태로든 세상을 본받는 대신, 하늘에 계신 우리 아버지를 본받도록 부르신다. 그리고 그 아버지는 감사하지 않는 사람들과 이기적인 사람들까지도 사랑하신다. 그러므로 우리는 사람들이 아니라 그분을 본받아야 한다. 그럴 때만 우리가 참으로 그분의 아들과 딸이라는 것을 보여 줄 것이다(마 5:9, 44-48).

그렇다면 우리는 선택해야 한다. 무리를 따를 것인가 하늘에 계신 우리 아버지를 따를 것인가, 여론이라는 바람에 흔들리는 갈대가 될 것인가 하나님의 말씀, 그분의 성품과 뜻의 계시의 지배를 받을 것인가.

그리고 산상수훈의 최우선적 목적은 우리에게 이러한 대안을 제시하는 것, 그래서 우리가 필수 불가결한 선택의 필요성에 직면하도록 하는 것이다. 이 때문에 예수님이 두 길(좁은 길과 넓은 길)과 두 집(반석 위와 모래 위의)을 묘사하신 것은 산상수훈의 결론으로 너무나 적절하다.

그중 하나를 선택하는 것이 얼마나 중요한지는 아무리 강조해도 지나치지 않을 것이다. 한 길은 생명으로 인도하는 반면 다른 길은 멸망으로 끝나며, 한 집은 안전한 반면 다른 집은 재난이 오면 무너져 버리기 때문이다. 필생의 일(life work)이나 평생의 동반자(life partner)를 선택하는 것보다 훨씬 더 중대한 것은 생명(life) 그 자체를 선택하는 것이다. 당신은 어떤 길로 향할 것인가? 어떤 토대 위에 집을 지을 것인가?

결론 The Message of the Sermon on the Mount

이 설교자는 누구인가? (마 7:28-29)

다른 종교를 신봉하는 사람들이나 아무 종교도 믿지 않는 사람들을 포함해서 많은 사람이 산상수훈이 자명한 진리를 포함한 것으로 기꺼이 받아들인다고 말한다. 그들은 거기에 "긍휼히 여기는 자는 복이 있나니 그들이 긍휼히 여김을 받을 것임이요", "너희 원수를 사랑하라", "한 사람이 두 주인을 섬기지 못할 것이니", "비판을 받지 아니하려거든 비판하지 말라", "무엇이든지 남에게 대접을 받고자 하는 대로 너희도 남을 대접하라" 등과 같은 말씀이 있다는 것을 안다. 훌륭하다! 여기에 가장 단순하고 가장 최고의 도덕 교사 나사렛 예수가 있다고 그들은 말한다.

여기에 해석자들이 쓸데없이 추가적인 것들로 도배해 놓지 않은 그 메시지의 핵심이 있다. 여기에 '원래의 예수', 명백한 윤리만 있고 교의는 전혀 없는, 단순하고 소박한 의의 선지자, 인간 교사에 불과하다고 주장하며, 우리에게 선을 행하고 서로 사랑하라고 말하는 분이 있다.

한 힌두교도 교수가 스탠리 존스(Stanley Jones)에게 이렇게 말한 적이 있다. "나는 교리의 예수는 이해하지 못하겠습니다. 하지만 산상수훈과 십자가의 예수는 좋아하고 끌립니다." 마찬가지로, 한 무슬림 수피교도 교사는 그에게 "산상수훈을 읽을 때 눈물을 참을 수가 없었다"고 말했다.[1]

하지만 산상수훈에 대한 이러한 대중적 설명은 진지하게 검토해 보면 맞지 않다는 것이 드러난다. 그것은 두 가지 점에서 잘못이다. 첫째로는 교사에 대한 견해에서, 그리고 둘째로는 그분의 가르침에 대한 진술에서 잘못된 것이다. 둘 다 더 면밀히 살펴보면, 전혀 다른 것이 드러난다.

우리는 바로 앞 장에서 예수님의 가르침의 독특성, 기독교적 대항문화에 대한 그분의 설명, 급진적 제자도에 대한 그분의 요구에 대해 살펴보았다. 이제 교사로서의 독특함을 살펴보는 일이 남았다.

우리는 산상수훈의 예수님과 신약 나머지 부분의 예수님을 분리시킬 수 없다는 사실을 발견한다. 오히려 산상수훈의 설교자는 다른 모든 곳에서 발견되는 분과 동일한 초자연적이고, 교의적이며, 신적인 예수님이다. 그래서 산상수훈이 우리로 하여금 묻지 않을 수 없게 만드는 질문은 "이 가르침을 어떻게 이해할 것인가?" 하는 것이기보다는 "도대체 이 교사는 누구인가?" 하는 것이다. 이것이 분명 당시 산상수훈을 들었던 사람들의 반응이었다.

산상수훈을 처음 들은 사람들(**무리**, 그리고 또한 **제자들**, 마 5:1)이 받은 인상은 그 설교자가 비범한 권위를 가지고 있다는 것이었다. 그분은 더듬거리거나 머뭇거리지 않았다. 그리고 주저하지도 변명하지도 않았다. 또한 그분은 절대 과장하지도 현란하지도 않았다.

대신 조용하고 겸손한 확신으로 하나님 나라 시민을 위한 율법을 규정하셨다. 이에 **무리가 놀랐다**. 심지어 (그 헬라어 동사는 강력한 의미이므로) "아연실색했다."[2] 헌터는 "1900년이 지난 지금 우리도 역시 놀란다"[3]고 말한다.

그렇다면 산상수훈에 나타난 예수님의 이 '권위'를 분석해 보는 것이 유익할 것이다. 그것은 어디에 근거하고 있었는가? 도대체 그분은 자신에 대해 어떤 인식을 갖고 있기에 이런 식으로 말씀하시는가? 산상수훈은 그분이 자신의 정체성과 자신의 사명을 이해하는 방식에 대해 어떤 단서를 제공해 주는가? 이 질문들에 대한 대답은 바로 찾을 수 있다.

교사로서
예수님의 권위

무리는 예수님의 **가르치심**에 놀랐다. 권위 있게 그들을 **가르치셨기** 때문이다. 그렇다. 그분은 무엇보다도 자신을 교사로 제시하셨다. 그리고 가르침의 내용, 질, 방식에 의해 듣는 사람들을 놀라게 하셨다. 물론 유대 사회와 다른 곳에도 수많은 다른 교사가 있었는데 많은 사람이 그분과 동시대 사람들이었다. 그렇다면 그분의 특별한 점은 무엇이었는가?

예수님은 절대적 진리를 가르칠 권리를 지니고 계셨다. 그분은 유대인이었지만, 그분의 메시지는 유대적인 것이 아니었다. 그분은 모세 율법을 해석하셨지만, 그것이 하나님의 것임을 보여 주도록 해석하셨다. 그분이 말씀하신 것은 문화적으로 조건이 지어진 것이 아니었다. 특정 민족(유대인들)이나 특정 장소(팔레스타인)에 국한되었다는 의미에서 말이다. 그것은 절대적인 것이어서 보편적이었다. 그래서 그분은 자신이 이야기하는 것이 무엇인지 알고 말씀하셨다. 그분은 다른 곳에서 "우리는 아는 것을 말하고"라고 말씀하셨다(요 3:11).

그분은 하나님 나라에서 누가 가장 크고 누가 가장 작을지, 하나님이 보시기에 누가 '복된지' 누가 그렇지 않은지, 어떤 길이 생명으로 이끌고 어떤 길이 멸망으로 이끌지 알고 계셨다. 그분은 완전히 자신만만하게 누가 하늘나라를 유업으로 받을 것인지, 누가 땅을 유업으로 받을 것인지, 누가 긍휼을 얻고, 하나님을 보며, 하나님의 자녀라 불리기에 적합할 것인지 선언하셨다. 어떻게 그렇게 확신하실 수 있을까?

주석가들은 예수님의 가르침이 지닌 이 특별한 분위기를 묘사하기에 적절한 말을 찾아보았다. 그들이 찾아본 것을 몇 가지 모아 보면 이렇다. 그들은 예수님을 왕이나 입법자로 묘사하는 경향이 있었다.

스펄전은 "예수님은 왕답게 말씀하셨다"[4]고 썼다. "왕적 확신"[5] 혹은 "주권"[6]을 가지고 그렇게 하신 것이다.

그레샴 메이첸(Gresham Machen)은 "그분은 하나님 나라의 법률을 제정할 권리를 갖고 있다고 주장하셨다"[7]고 말했고, 칼빈은 무리가 놀란 것은 "이상하고 뭐라 형언할 수 없고 이례적인 위엄이 사람들의 마음을 그분에게로 이끌었기 때문"[8]이라고 말했다.

예수님의 말씀을 듣는 사람들은 자연히 그분을 일반적인 교사들, 특히 서기관들과 비교 대조했다. 그들에게 가장 깊은 인상을 준 것은 그분이 **권위 있는 자로서** 그들을 가르쳤으며 전혀 **서기관과 같지** 않았다는 것이었다. 서기관들은 그들 자신의 권위를 전혀 주장하지 않았기 때문이다. 그들은 자신들이 받은 전통에 신실한 것이 자신들의 의무라고 생각했는데 그래서 그들은 골동품 연구가와 같았다. 주석들을 탐구하고, 선례들을 찾으며, 유명한 랍비들이 자신의 가르침을 입증해 준다고 주장했다. 그들의 유일한 권위는 그들이 끊임없이 인용하는 그 권위에 있다.

다른 한편, 예수님은 서기관 교육을 받지 않으셨고(요 7:15), 장로들의 유전을 일소하여 기존 체제를 분개하게 했고, 사회적 관습을 특별히 존중하지 않으셨으며, 어떤 사람들은 매료시키고 어떤 사람들은 격노케 한 신선함으로 말씀하셨다.

브루스(A. B. Bruce)는 서기관들은 "권위에 의해(by authority)" 말하지만, 예수님은 "권위를 갖고(with authority)" 말씀하셨다는 말로 그 차이를 요약했다.[9]

그분이 서기관들처럼 가르치지 않았다면, 또한 구약 선지자들처럼 가르치지도 않으셨다. 선지자들은 서기관들처럼 과거에 탐닉하지 않았고 현재에 살았다. 그들은 여호와의 이름으로 말하고 있다고 주장했기 때문이다. 그들의 입술을 통해 살아 계신 하나님의 살아 있는 음성이 들리도록 하기 위해서였다. 예수님 역시 자신의 말씀은 하나님의 말씀이라고 주장하셨다. "내 교훈은 내 것이 아니요 나를 보내신 이의 것이니라"(요 7:16).

하지만 거기에는 차이가 있었다. 선지자들이 그들이 받은 말씀을 소개할 때 가장 흔하게 사용하던 표현, 곧 "여호와께서 이같이 말씀하시니라"는 표현을 예수님은 한 번도 사용하지 않으셨다. 대신 "진실로 진실로 내가 너희에게 이르노니"라는 말로 시작하곤 하셨다. 그럼으로써 대담하게 자신의 이름으로 그리고 자신의 권위를 갖고 말씀하셨다. 그분은 그 권위가 하나님 아버지의 권위와 똑같은 것임을 알고 계셨다(요

14:8-11).

"진실로 내가 너희에게 이르노니(아멘 레고 후민, amēn legō humin)" 혹은 "너희에게 이르노니(레고 후민, legō humin)"라는 말은 산상수훈에서 여섯 번 나온다(마 5:18; 6:2, 5, 16, 25, 29). 여섯 번 더, 즉 5장에 나오는 여섯 개의 대조에서, 우리는 강조의 '에고(egō)'와 함께 훨씬 더 강한 주장이 나오는 것을 볼 수 있다. "그러나 나는 너희에게 이르노니(에고 데 레고 후민, egō de legō humin)."

앞에서 본 것처럼 그분이 모세의 말을 반박한다는 것이 아니라, 서기관들이 모세의 말을 변형시킨 것을 반박하신다는 것이다. 하지만 이렇게 하면서 그분은 오랜 세월 이어져 내려온 전승들에 도전하고, 그것을 하나님의 율법에 대한 자신의 정확하고 권위 있는 해석으로 대체한다고 주장하신 것이다.

예수님은 자신의 가르침이 진실하며 타당하다고 확신하셨기 때문에, 인간의 지혜와 어리석음은 그분에 대한 사람들의 반응으로 평가되어야 한다고 말했다.

그분은 자신의 말씀에 순종함으로 말씀 위에 자신들의 삶을 건축하는 사람들만이 지혜로운 사람들이라고 암시한다. 다른 모든 사람은 그분의 가르침을 거부함으로 어리석은 자들이다. 심지어 잠언 1장 33절에 나오는 의인화된 지혜에 대한 말씀들을(오직 내 말을 듣는 자는 평안히 살며) 자신에게 적용하시기까지 했다. 사람들은 하나님의 지혜이신 주님께 주의를 기울임으로써 지혜롭게 되는 것이다.

그리스도로서
예수님의 권위

예수님의 다른 많은 가르침에서와 마찬가지로, 산상수훈에는 예수님께서 자신이 사명을 띠고 세상에 오셨음을 알고 계셨다는 증거가 있다. 그분은 "내가 온 것"이라고 말씀하실 수 있었다(마 5:17; 9:13; 10:34; 11:3, 19; 20:28). 마태복음 다른 곳에서 자신이 "보냄 받았다"(마 10:40; 15:24; 21:37)고 말씀하셨던 것과 마찬가지다. 특히 그분은 "율법이나 선지자를 폐하러 온" 것이 아니라 "완전하게 하려(플레로사이, plērōsai)" 왔다고 주장하셨다.

그 말씀의 의미를 곰곰이 생각해 보기 전에는 그것이 매우 순진무구하게 들린다. 그분이 주장하신 것은 율법과 선지자들의 모든 예시와 예언이 그분에게서 성취되었으며, 그러므로 구약의 모든 증언이 다 그분에게서 수렴된다는 것이었다.

예수님은 자신을 또 다른 선지자나 혹은 심지어 선지자 중 가장 위대한 분으로 생각하지 않으셨고, 오히려 모든 예언의 성취자로 보셨다. 대망의 날들이 이제 끝나고 그분의 성취의 때가 이르렀음을 알렸다는 믿음이 예수님의 의식 안에 깊이 새겨져 있었다.

그분의 공생애에 대해 기록된 첫마디는 "때가 찼고(페플레로타이, pepllērōtai) 하나님의 나라가 가까이 왔으니"(막 1:15; 마 4:17)라는 것이었다. 산상수훈에는 하나님의 나라가 다섯 번 언급된다(마 5:3, 10; 6:10, 33; 7:21). 어떤 것은 더 명확하고 어떤 것은 덜 명확하긴 하지만, 그 말들은 그분이 그것을 시작하셨으며, 사람들을 그 안에 들어가게 하고 그들에게 그 나라의 축복을 줄 수 있는 권위가 있음을 암시한다. 이 모든 것은 한 마디로, 그분 자신이 그리스도, 구약에서 기다리던 하나님의 메시아임을 아셨다는 것이다.

주님으로서 예수님의 권위

예수님을 '주님'이라는 호칭으로 부른다 해서 반드시 그분을 신적 주님으로 인식한다는 의미가 아니라는 점은 이미 살펴보았다. 스톤하우스가 말하듯, "헬라어 '주'라는 말이 매우 융통성 있는 말임을 인식해야 한다. 그 말은 항상 신적 권위를 의식하는 말로 사용된 것은 아니다. 예수님을 주님이라고 부른 사람들이 다 명확하게 신성과 같은 의미로 사용한 것은 아니다. 그저 공손한 호칭으로 '선생님(sir)' 정도의 의미로 사용되었을 수도 있다."[10]

그럼에도 불구하고, 어떤 경우엔 예수님이 의도적으로 그 호칭이 지닌 가장 완전한 함축들을 받아들이신 것처럼 보인다. 그것을 예수님이 좋아하시는 다른 호칭인 '인자'(단 7:14)라는 말과 또 하나님 우편에 앉을 다윗의 '주'(막 12:35-37)와 연관시킨 경우가 그랬다.

'주님'이라는 말 안에 얼마나 많은 주권과 신성이 제대로 포함되어 있는지 판단하는 데 도움을 줄 수 있는 것은 전후 문맥뿐이다. 예를 들어,

산상수훈에서 예수님이 그를 '주여, 주여'(마 7:21-23)라고 부른 사람들에게 말씀하신 부분을 보자. 예수님은 그들이 이 호칭을 택한 것을 나무라신 것이 아니다. 그것을 적절한 호칭으로 받아들이셨기 때문이다. 그분의 요점은 그들이 그 호칭을 말로만 입에 올렸지, 그 말에 참된 의미를 부여하지 않았다는 것이었다. 예수님은 그저 존경을 받을 '선생님'이 아니라 순종을 받을 '주님'이셨다.

앞에서 보았듯이, 이에 해당하는 누가의 본문을 보면 이것이 분명하게 나와 있다. "너희는 나를 불러 주여 주여 하면서도 어찌하여 내가 말하는 것을 행하지 아니하느냐"(눅 6:46). 이처럼 예수님은 자신을 선생 이상의 존재라고 보셨다. 선생은 사람들이 마음대로 주의를 기울일 수도 있고 기울이지 않을 수도 있는 조언을 해줄 뿐이다.

그러나 그분은 그들의 주인으로서, 명령을 내리시고, 순종을 기대하시며, 그들의 영원한 행복이 걸려 있다고 경고하시는 분이었다. 분명 이 모든 것으로 볼 때 예수님은 절대 평범한 랍비가 아니었다. 유대인 랍비의 학생들은 그 발아래 앉아 토라를 연구했다. 예수님 역시 어떤 의미에서는 랍비였다. 그분도 제자들에게 토라의 참된 의미를 가르쳤기 때문이다.

하지만 예수님이 기대하시는 것은 단지 그들이 그분의 가르침을 흡수하는 것만이 아니라 그들이 그분에게 인격적으로 헌신하는 것이었다. 이런 이유 때문에 '랍비'라는 호칭만으로 만족하지 않으셨다. 사실상 그분은 그들의 "선생이요 주"(요 13:13)이셨기 때문이다.

또한 바로 이 때문에 그들 역시 단지 그분의 가르침의 전통을 지니고

전달해 주는 '랍비'가 아니었다. 그들은 그분의 '증인'이었다.

구세주로서
예수님의 권위

산상수훈을 보면 예수님이 구원의 길을 아시고 그것을 가르치셨다는 것이 분명히 나와 있다. 그분은 또한 누가 복을 받고 누가 그렇지 않은지 단언하실 수 있었다. 그리고 생명으로 끝나는 힘든 길로 인도하는 좁은 문을 가리키실 수 있었다. 또 그분은 어떤 집이 심판의 폭풍우를 견딜지, 그리고 어떤 집이 침수될지를 분명히 밝히셨다.

그런데 예수님의 메시지를 더 깊이 파고 들어가면, 그분이 구원을 가르치시는 데 그치지 않았다는 것을 알게 된다. 그분은 실제로 구원을 주셨다. 심지어 팔복에서도 사실상 그분이 복을 나누어 주시고 하나님 나라를 주신다.

예수님이 어떻게 그분의 말을 듣는 사람들, 그 적은 무리에게 '세상의 소금'이 되고 '세상의 빛'이 되라고 명하셨는지 생각해 보라. 도대체 어떻게 그들이 세상을 억제하고 밝히는 영향력을 지닐 수가 있단 말인가? 그것은 오직 그들이 예수님을 따르기 때문에 그렇다.

그분은 다른 사람들처럼 '악하지' 않았기 때문에(마 7:11) 그들에게 자신의 선함을 나눠 주고 그들을 '소금'으로 만드실 수 있었다. 또 그분은 보편적 어둠에 참여하지 않았고 그 자신이 "세상의 빛"(요 8:12)이셨기 때문에, 그들에게 빛을 나눠 주고 그들이 빛나게 만드실 수 있었다.

마태복음에서 예수님의 말씀을 상징하는 산상수훈(마 5-7장) 다음에 그분의 역사를 상징하는 실제적 사역에 대한 기사(마 8-9장)가 나오는 것은 더욱 의미심장하다. 여기에서 그분은 죄를 사하실 권세가 있다고 주장하시고, 실제로 중풍병자의 죄를 사해 주시고(마 9:2-6) 그다음에는 죄인들의 구세주인 자신을 병든 자의 의사에 비유하셨다(마 9:12).

심판자로서 예수님의 권위

산상수훈 전체는 다가오는 심판의 날이라는 음울한 배경을 바탕으로 한 설교다. 예수님은 그것이 현실임을 아셨으며 그분을 따르는 자들의 마음과 삶 속에서 그것이 현실이 되기를 바라셨다. 그래서 그분은 구원의 조건을 단언하셨으며 멸망의 원인들을, 특히 두 길과 그 길들의 두 목적지에 대한 생생한 묘사에서 경고하셨다.

미래의 심판이 확실하다는 것에 대한 이러한 강조보다 훨씬 더 인상적인 것은 그분 자신이 심판관이 되시리라는 주장이다(마 7:22-23). 그분의 자기중심적 묘사는 의외다. 그분은 세 번에 걸쳐 "내가(I)", "나를(me)"이라는 말을 사용하셨다.

첫째, 예수님은 증거를 듣고 판결을 내리는 재판관이 되실 것이다. 그분은 그 엄숙한 날에 밝히 말씀하실 것이다. "많은 사람이 나더러 이르되 주여 주여 하리니…그때에 **내가** 그들에게 밝히 말하되." 이처럼 피고인들은 사건을 그분에게 제출하고 그분이 그 사건에 대답하실 것이다. 그 외에는 누구도 그들의 운명을 결정하고 선포하지 않을 것이다.

둘째, 예수님이 친히 심판의 기준이 될 것이다. 사람들은 자신들이 사역하면서 그분의 이름을 사용한 것을 증거로 제시할 것이지만, 이것은 증거로 받아들일 수 없다. 그분은 "**내가** 너희를 도무지 알지 못하니"라고 말씀하실 것이다. 인간들의 운명은 그분의 이름을 알고 그것을 사용한 것에 달려 있는 것이 아니라, 그분을 인격적으로 아는 것에 달려 있다. 그리스도를 위한 섬김이 아니라, 그리스도와의 관계가 문제의 핵심이 될 것이다.

셋째, 예수님이 내리시는 판결은 그분과도 연관되어 있을 것이다. "불법을 행하는 자들아 **내게서** 떠나가라." 그분이 예언하는 "멸망"(마 7:13)과 "무너짐"(마 7:27)의 무서움은 그것이 그분의 임재로부터 추방되는 것을 포함하리라는 것이다. 그분에게서 영원히 분리되는 것만큼 나쁜 운명은 상상할 수 없을 것이라고 암시하신다.

이처럼 나사렛의 목수는 자신을 심판 날의 중심인물로 만든다. 그분이 친히 재판관의 역할을 맡으실 것이다. 그리고 마태복음 뒷부분에서 그분은 어떻게 자신이 인류를 심판하기 위해 "자기 영광의 보좌에 앉"을 것인지 말씀하신다(마 25:31 이하). 게다가 심판의 기초는 그분에 대한 사람들의 태도가 될 것이며, 심판의 본질은 그분의 임재에서 배제되는 것이 될 것이다. 이러한 주장들이 지닌 어마어마한 자기중심성은 아무리 강조해도 지나치지 않을 것이다.

하나님의 아들로서
예수님의 권위

산상수훈에서 예수님은 우리에게 하나님의 포괄적인 교리를 제시하신다. 그분은 자연 질서의 창조자, 살아 계신 하나님으로, 해와 비를 주시고, 새에게 먹을 것을, 꽃에 입을 것을, 인간에게 살아가는 데 필요한 것들을 주신다. 그분은 또한 왕이시며 하나님의 의와 구원하는 통치는 예수님을 통해 인간의 삶에 들어왔다.

하지만 무엇보다도, 예수님을 통해 하나님은 우리 아버지가 되셨다. 예수님은 자기 제자들에게 말씀하시면서, 계속해서 하나님을 '하늘에 계신 너희 아버지'라고 칭하신다. 그들은 하나님의 자녀들이며, 하나님의 자비를 본받아야 하고, 그분의 사랑의 섭리를 신뢰해야 하며, 그들에게 오직 '좋은 것'만을 주신다는 것을 알고 기도 가운데 신뢰하는 마음으로 하나님께 나아가야 한다.

이 모든 말씀에서 예수님은 하나님을 "**너희** 아버지"라고 부르셨다. 그리고 "**내** 아버지의 뜻"이라고 한 번 말씀하셨다(마 7:21). 하지만 그분은 절대 자신을 제자들에게 포함해서 하나님을 "우리 아버지"라고 부르지는 않으셨다. 물론 "우리 아버지"(마 6:9)께 기도하라고 **그들에게** 가르치셨다. 그런데 자신을 그들과 연관시키지는 않으셨다.

사실 예수님은 그렇게 하실 수가 없었다. 그분을 따르는 사람들도 그분과 똑같이 하나님을 친밀한 호칭(아빠, 아버지)으로 부르는 특권을 주시긴 했지만, 여전히 그분은 완전히 다르시고 실로 유일무이한 의미에서 하나님이 자기 아버지시라는 것을 깊이 인식하고 계셨다.

예수님은 후에 마태가 기록한 글에서 이렇게 표현하셨다. "내 아버지께서 모든 것을 내게 주셨으니 아버지 외에는 아들을 아는 자가 없고 아들과 또 아들의 소원대로 계시를 받는 자 외에는 아버지를 아는 자가 없느니라"(마 11:27). 예수님은 산상수훈에서는 이러한 배타적 아들 됨을 명확하게 주장하거나 진술하지 않으셨다. 하지만 그분이 "내 아버지", "우리 아버지", "너희 아버지"라는 인칭 소유격을 정확하게 사용하시는 것에 그것이 이미 암시되어 있다.

하나님으로서 예수님의 권위

나는 예수님의 신적 자의식을 과감하게 탐구할 때마다 우리가 헤아리기엔 너무 깊은 물의 수심을 잰다는 사실을 깨닫는다. 그분이 하나님을 '내 아버지'로 아셨다는 것과 또한 하나님의 아들 됨이 유일무이한 것이었음을 아셨다는 것은 분명하다.

이제 우리는 조심스럽게나마 한 걸음 더 나아갈 수 있다. 그분이 자신을 하나님과 동등한 존재, 심지어 하나님과 하나라고 생각하셨다는 증거가 있기 때문이다. 산상수훈에서 이것을 말로 하신 적이 있다는 것이 아니라, 그분이 신적 특전들을 행사하신다는 주장과, 자신에 대해 말씀하시는 방식이 그것을 암시한다는 것이다. 세 가지 예를 들 수 있다.

첫 번째 예는 팔복 중 마지막 복과 관련되어 있다. 팔복은 3인칭으로 일반화되어 있었으나("온유한 자는, 긍휼히 여기는 자는, 화평하게 하는 자는 복이 있나니" 등등), 반면 아홉 번째 복은 예수님이 제자들에게 말씀하시면서 2인칭으로 바뀐다는 것을 기억할 것이다. "나로 말미암아 너희를 욕하고 박해하고 거짓으로 너희를 거슬러 모든 악한 말을 할 때에는 너희에게 복이 있나니 기뻐하고 즐거워하라 하늘에서 너희 상이 큼이라 너희 전에 있던 선지자들도 이같이 박해하였느니라"(마 5:11-12). 흥미로운 것은 이같은 선지자와의 유사성이다. 논리는 이렇다. 즉, 예수님은 자신을 따르는 자들이 자신을 위해 ("나로 말미암아") 고난받아야 할 것을 예상하시며, 그들이 받을 박해를 구약 선지자들의 박해에 비유하신다.

그 선지자들은 하나님께 대한 그들의 신실함 때문에 고난을 받았듯이, 예수님의 제자들은 그분에 대한 신실함 때문에 고난을 받을 것이다. 그것이 함축하는 바는 피할 수 없다. 예수님이 제자들을 하나님의 선지자들에 비유하고 있다면(그리고 그분은 후에 선지자들이 '보냄 받은' 것처럼 제자들을 '보내셨다; 마 10:1 이하), 자신을 하나님에 비유하고 계신 것이다.

다른 두 예에도 이와 비슷한 동등함이 암시되어 있다. 자신을 단순히 '주여, 주여' 하고 부르는 사람은 하늘나라에 들어가지 못할 것이라고 경고하셨을 때, 우리는 이어서 '하지만 나의 주권에 복종하는 자' 혹은 '하지만 나를 주님으로 순종하는 자'라는 말이 나오리라 예상했을 것이다. 그리고 누가복음의 산상수훈에서는 실제로 그렇게 나온다. 거기 보면, 예수님을 '주여, 주여' 하고 부르는 것과 그분이 말씀하시는 것을 행하는 것이 대조되어 있다.

하지만 마태복음 7장 21절에 따르면, 그분은 "다만 하늘에 계신 내 아버지의 뜻대로 행하는 자"라고 말씀하셨다. 그렇다면 예수님이 자신을 주님으로 순종하는 것과 하나님 아버지의 뜻을 행하는 것을 동등하게 여기신다면, 그분은 자신을 하나님과 같은 수준에 놓고 계시는 것이다. 그것이 더욱더 인상적인 이유는 예수님은 자신에 대한 주장을 펴기 위해 별 노력을 하고 계시지 않기 때문이다. 전후 문맥을 보면, 그것은 예수님의 목적이 아니었다. 예수님의 신적 자의식에 대한 이러한 묘사는 완전히 다른 주제인 참된 제자도의 의미에 대해 말씀하실 때 무심코 튀어 나온 것이다.

세 번째 예에서도 마찬가지다. 심판 날에 대한 예인데, 앞에서 이미 언급한 바 있는 다음 구절들에 나온다. 모든 사람은 하나님이 재판관이심을 알았다. 예수님도 마찬가지였다. 그분은 여기에서 하나님이 세상을 심판하는 일을 자신에게 맡기셨다고 직접 구체적으로 주장하지는 않으셨다. 마지막 날에 사람들이 그분에게 상고할 것이며, 그분이 판결을 내려 줄 책임이 있으리라는 것을 아셨을 뿐이다. 그렇게 하면서 그분은 또다시 자신을 하나님과 동일시하셨다.

여기 산상수훈에 "원래의 예수", "단순하고 무해한 의의 교사", "명백한 윤리들만 있고 교의가 없는" 분이 계신다! 그분은 하나님의 권위를 갖고 가르치시며 하나님의 율법들을 규정하신다. 그리고 사람들이 자신의 말씀 위에 그들의 삶이라는 집을 짓기를 기대하시며, 그렇게 하는 사람들만이 지혜롭고 안전할 것이라고 덧붙이신다. 또 자신이 율법과 선지자를 완전하게 하러 오셨다고 말씀하신다. 그리고 우리가 순종해야 하는 주님이시면서 복을 주시는 구세주이시다. 또 심판 날에 드라마 주인공이시다. 그분은 특별한 의미에서 하나님을 자기 아버지시라고 말하며, 결정적으로 자신이 하는 것은 하나님이 하시는 것이고 사람들이 그분에게 하는 것이 곧 하나님께 하는 것이라고 암시하신다.

우리는 이 모든 것의 함축된 의미에서 벗어날 수 없다. 예수님의 주장들은 사실 매우 자연스럽게, 조심성 있게, 간접적으로 제기되어서, 많은 사람은 심지어 그것을 인식조차 하지 못했다. 하지만 그러한 주장들은 거기 있었다. 우리는 그런 주장들을 무시하면서 여전히 진실성을 유지할 수는 없다. 그런 주장들이 사실이든가, C. S. 루이스가 말한 대로 예수님이 "엄청난 과대망상증"으로 고생하고 계셨든가 둘 중 하나다.

그런데 산상수훈의 고상한 윤리가 비정상인 사람에게서 나온 것이라고 진지하게 주장할 수 있는가? 그런 결론에 도달하려면 고도의 냉소주의가 필요하다.

유일한 대안은 예수님의 말씀과 그분의 주장들을 있는 그대로 받아들이는 것이다. 이 경우 우리는 그분의 산상수훈에 진지하게 반응해야 한다. 여기에 하나님의 대안적 사회에 대한 그분의 묘사가 나와 있기 때문이다. 이러한 것들이 하나님 나라의 기준, 가치관, 우선순위들이다.

교회는 이 도전을 외면하고 부르주아적이며 체제 순응적인 체면만 차리려 드는 경우가 너무 많다. 그런 교회는 세상과 전혀 구별할 수 없어서, 그 짠맛을 잃어버리고 빛은 꺼지며, 그럼으로써 모든 이상주의자에게 실망을 안겨 준다. 앞으로 올 시대의 기쁨과 권능을 이미 맛보고 있는 하나님의 새로운 사회라는 증거를 교회가 전혀 제시하지 못하기 때문이다.

오직 기독교 공동체가 그리스도의 선언에 따라 살 때만 세상은 교회에 이끌릴 것이고 하나님이 영광을 받으실 것이다. 그래서 예수님이 우리를 부르신다면, 바로 이 소명으로 우리를 부르시는 것이다. 그분은 세상에 대항하는 교회의 주님이시기 때문이다.

스터디 가이드
STUDY GUIDE

스터디 가이드 사용법

총 여섯 과로 구성된 이 스터디 가이드의 목적은
산상수훈의 메시지와 진지하게 씨름하며 그 가르침이
오늘날 당신과 어떤 관련이 있는지 생각하도록 돕는 것이다.

이 질문들은 개인이나 소그룹이 한두 시간 정도 모여서
함께 공부하고 토론하며 기도하도록 도움을 주기 위해 고안되었다.

시간이 제한된 그룹 모임에서 이 가이드를 사용할 경우,
먼저 리더는 제한 시간 내 토론하기 가장 적합한 질문들과
구성원들이 주중에 혼자 또는 소그룹으로 다뤄야 할 질문들을
선별해야 한다.

미리 보기 스터디 가이드와 목차를 지도 삼아 이 책을 읽는 여정에 동참하라.

읽기 본문의 성경 구절을 찾아보라.

답 찾기 읽으면서 가이드에 있는 질문에 대한 답을 찾아보라.

토론하기 스터디 가이드를 혼자 하고 있더라도 생각을 나눌 사람을 찾기를 권한다.

복습하기 학습한 내용을 상기시키는 도구로 이 가이드를 적극 활용하라. 배운 내용을 기억하는 가장 좋은 방법은 노트나 일기에 기록하는 것이다.

적용하기 하나님과의 관계, 개인 생활, 가정 생활, 직장 생활, 교회 생활 그리고 시민으로서의 역할과 세계관을 고려하여, 배운 내용을 자기 태도와 행동에 적용해 보라.

1과

마태복음 5:1-16 (8-91쪽)

1. 5:1-16 읽기

1. 저자는 젊은 세대의 '대항문화'에 대해 이야기하는 것으로 시작한다. 당신이 사는 곳에서 이에 대한 어떤 증거가 있나? 당신은 이에 대해 어떻게 반응하나? 예수님이라면 어떻게 반응하셨을까?

2. 이 설교의 핵심 본문은 마태복음 6장 8절의 "그들을 본받지 말라"다. 비그리스도인들 대부분은 그리스도인들이 다른 사람들과 다르다고 생각한다. 그들은 그리스도인의 특징이 무엇이라고 생각하나? 왜 그렇게 생각할까?

3. 마태복음에서 전하는 설교가 진정성이 있는지 아닌지에 대해 토론해 보라. 각자의 입장을 지지하는 이유는 무엇인가? 저자의 결론(19, 20쪽)에 대해 어떻게 생각하는가?

4. 마태복음에는 "심령이 가난한 자는 복이 있나니(5:3)"라고 기록되어 있고 누가복음에는 간단하게 "가난한 자는 복이 있나니(6:20)"라고 기록되어 있다. 이런 불일치에 대해 제시된 답들은 무엇인가? 그중에서 가장 설득력 있는 답은 무엇이며, 왜 그렇게 생각하나?

5. 산상수훈의 요구는 실천이 가능한 것일까, 아니면 비현실적인 걸까? 이를 해결하기 위한 다양한 제안들이 있다.

   1) 산상수훈이 '슈퍼 성도들'만을 위한 것이라서 일반 성도들은 높은 기준을 신경 쓰지 않아도 된다고 말하는 사람에게 어떻게 답하면 좋을까?

2) 산상수훈이 '구약 성경의 율법을 그저 기독교적으로 짧게 변형한 것'이라고 하면서, 은혜로 구원받은 그리스도인들은 안심하고 그것을 무시해도 된다고 말하는 사람에게 어떻게 대답하면 좋을까?

3) 산상수훈을 단지 미래의 이상으로만 보는 사람들에게 뭐라고 말하면 좋을까?

6. 저자는 이 설교의 두 가지 목적이 무엇이라고 보는가?(85쪽) 이 설교는 당신에게 어떤 영향을 주는가?

7. '축복을 받았다'는 것은 무슨 뜻일까? 당신은 이 책에서 설명하는 축복을 어떤 방식으로 경험했나? 예수님은 우리가 지금 받는 복을 말씀하시는 걸까, 아니면 미래의 어떤 보상을 말씀하시는 걸까? 아니면 둘 다를 말씀하시는 걸까?

* 나눔을 마친 후에, 개인적으로 팔복(마 5:3-12)을 묵상한 뒤, 다음 시간에 함께 토론하는 시간을 가져보라. 8-11번 질문까지는 시작을 위한 것이고 12번 질문으로 이동하여 모임 나눔을 이어가라.

8. 저자는 팔복을 무슨 항목들로 분류하나(42쪽)? 이 항목들이 어떤 도움을 주나?

9. 구체적인 상황을 팔복에 적용하여 다시 써보라. 예를 들어, "화평케 하는 자는 복이 있나니"는 "요한과 마리아가 다시 대화할 수 있도록 도와주는 사람은 복이 있나니"로 써볼 수 있다. 어떻게 하면 삶에 적용해서 지금보다 더 많이 실천할 수 있을까?

10. 이 모든 특성을 고려할 때 박해가 불가피한 이유는 무엇인가? 당신은 어떤 핍박을 받고 있나? 그에 어떻게 대응하나? 예수님은 당신의 반응이 어떠해야 한다고 말씀하시는가?

11. 성경에 기록된 하나님의 방법들은 사람들에게 다소 엉뚱해 보일 때가 있다. 최근에 이와 같은 경험이 어떻게 일어났는지 나누어 보라.

12. 일반적으로 사람들의 권력과 영향력에 필요한 몇 가지 자질 목록을 만들어 보라. 그다음 마 5:3-12에서 예수님이 열거하신 자질 목록을 적어보라. 무엇이 다른지 설명해 보라.

13. 당신은 개인으로서 그리고 기독교 공동체 일원으로서 어떤 방식으로 '세상의 소금'(마 5:13)의 역할을 감당하고 있는가? 그리스도인을 덜 '짠맛' 나게 하는 것들은 무엇일까? 당신이 사회에 더 큰 영향을 미칠 수 있는 실제적인 방법을 생각해 보라.

14. 당신은 개인으로서 그리고 기독교 공동체 일원으로서 어떤 면에서 '세상의 빛'(마 5:14)인가? 무엇이 빛을 가로막고 있나? 당신이 더 밝게 '빛낼' 수 있는 실제적인 방법을 생각해 보라.

15. 13번과 14번 질문에 대한 답변을 실천하기로 결심하라. 실천을 시작할 때 서로를 위해 기도하라. 다음 모임에서 어떻게 지냈는지를 나누어 보라.

2과

마태복음 5:17-30 (93-127쪽)

1. 5:17-20 읽기

1. 사람들은 예수님이 왜 '율법이나 선지자를 폐하러' 오셨다고 생각했을까?

2. 구약 성경에는 어떤 세 가지 가르침이 있는가? 예수님은 그 가르침들을 어떻게 성취하셨나?

3. 예수님은 제자들에게 구약 성경을 가지고 무엇을 해야 한다고 말씀하셨는가? 당신은 이 분야에서 그분의 기준에 어떻게 부합하는가?

4. 서기관과 바리새인들이 율법을 지키는 데 열의를 보인 것을 생각해 보면, 어떻게 그리스도인의 의가 그들의 의를 능가할 수 있을까?

5. 예수님은 계속해서 '율법의 요구사항에 대한 그분의 해석'과 대조되는 서기관들과 바리새인들의 왜곡에 대한 여섯 가지 예를 들어 의미를 설명하신다. 그를 뒷받침하는 증거를 마 5:21-48에서 찾아보라.

2. 5:21-26 읽기

1. 어떤 사람들은 예수님이 모든 종류의 살인을 금지한다고 주장한다. 당신은 어떻게 생각하나?

2. 예수님이 다른 관점을 제시하고 계시는데, 단순히 살인뿐 아니라 분노와 모욕처럼 덜 심각한 것도 살인이라고 하신다. 왜 이런 것들도 하나님이 보시기에 '살인'에 해당할까?

3. 예수님은 어떤 실제적인 가르침을 주셨나? 당신 삶에서 깨어진 관계를 회복할 방법을 생각해 보라. 이 말씀에 비추어 당신이 지금 해야 할 일이 있는가?

3. 5:27-30 읽기

1. 서기관들과 바리새인들이 간음에 대한 계명을 어떤 방식으로 왜곡하고 있나?

2. 예수님은 제자들이 성적 순결을 유지하도록 어떤 명령을 했나? 당신은 '도덕적 보초 근무'를 실제로 어떻게 실천하고 있나?

3과

마태복음 5:31-48 (129-181쪽)

1. 5:31-32, 19:3-9 함께 읽기

1. 예수님의 가르침이 서기관과 바리새인의 가르침과 다른 점이 무엇인가?

2. 마 5:32와 19:9에 나오는 '예외 조항'의 진위에 대한 찬반 논거를 토론해 보라. 어느 쪽이 가장 설득력이 있다고 생각하나?

3. 저자는 이혼 문제에 어떻게 접근하나(139쪽)? 이것은 성경의 가르침과 어떤 점에서 일치하나?

2. 5:33-37, 23:16-22 함께 읽기

1. 서기관과 바리새인들은 약속을 어기는 것에 대한 계명을 어떻게 왜곡하고 있었나?

2. 예수님은 이러한 왜곡을 피하기 위해 제자들에게 어떻게 하라고 말씀하셨나? 당신에게 어떻게 적용될까?

3. 여기서 예수님이 말씀하신 것이 성경에서 하나님이 직접 맹세를 사용하신다는 사실과 어떻게 조화를 이룰 수 있을까? 그리고 이 말씀은 기독교인이 법정에서 맹세에 대한 증거를 제시하는 것을 금지하는가?

3. 5:38-42 읽기

1. 모세의 율법에는 실제로 '눈에는 눈, 이에는 이'라는 형벌이 있다(출 21:24). 그런데 서기관들과 바리새인들은 분명히 이 계명을 왜곡하고 있었다. 어떻게 하고 있나?

2. 예수님은 분명히 개인적인 복수를 금하셨다. 그러나 더 나아가서 이 구절에 근거하여 그리스도인은 누구에게도 무력을 사용해서는 안 된다고 주장하는 사람에게 어떻게 대답하면 좋을까?

4. 5:43-48 읽기

1. 서기관과 바리새인들은 이 사건에서 어떻게 율법을 왜곡했나?

2. 구약에서 하나님도 원수를 싫어하셨는데, 왜 우리도 원수를 미워하면 안 될까? 이 질문에 어떻게 대답하면 좋을까?

5. 5:44, 눅 6:27-28 함께 읽기

1. 구체적으로 어떤 세 가지 방법으로 '원수를 사랑'해야 할까? 이런 종류의 행동을 취해야 할 특정한 '원수나 적'이 누구일까?

2. 하나님의 백성은 다른 사람들보다 하나님을 본받아야 한다. 그런데 명백히 불완전한 인간인 우리는 이것이 어떻게 가능할까?

3. 예수님은 다른 사람들이 누구에게도 합리적으로 기대할 수 없다고 생각하는 바로 그 일을 제자들에게 기대하신다. 당신은 이 말씀에 어떻게 반응하는가? 당신이 살아가는 방식에 어떤 의미가 있는지 함께 기도해 보라.

4과

마태복음 6:1-18 (183-208쪽)

1. 6:1-4 읽기

1. 참된 도덕적 의에 대해 말씀하신 예수님은 이제 제자들이 종교 활동에서 보여 주어야 할 의에 대해 말씀하신다. 6:1과 5:16 사이의 명백한 모순을 어떻게 생각하나?

2. 이 구절에서 '보상'이라는 개념이 여러 번 등장한다. 이것이 기독교 제자도의 합당하지 않은 동기라고 제안하는 사람에게 어떻게 대답하면 좋을까?

3. 자선을 베푸는 것과 같은 종교적 의무와 관련된 큰 위험은 무엇인가? 예수님은 제자들에게 이를 피하라고 어떻게 가르치셨나? 이것이 당신에게는 어떻게 적용되나?

2. 6:5-6 읽기

1. 위선자는 왜 기도할까? 예수님은 제자들에게 같은 함정에 빠지지 않도록 어떻게 가르치시는가? 당신의 개인적인 기도에는 어떻게 적용될 수 있나?

3. 6:16-18 읽기

1. 사람들은 보통 금식을 꺼려한다. 그런데 저자가 금식을 칭찬하는 이유는 무엇인가?

2. 다른 사람에게 보이기 위해 어떤 일을 하는 것은 그것을 타락시킬 수밖에 없지만, 하나님께 보이기 위해 하는 것은 똑같이 존엄성을 부여할 수밖에 없다. 이 말씀에 비추어 당신의 종교 활동에 대해 생각해 보라. 변화가 필요한 부분이 있나?

4. 6:7-15 읽기

1. 기도할 때 '공허한 문구를 사용하는' 방법을 생각해 볼 수 있나? 예수님은 제자들이 그렇게 해서는 안 되는 주된 이유로 무엇을 제시하셨는가?

2. 하나님이 우리가 '구하기 전에 필요한 것을 아신다'(6:8)면, 우리는 왜 기도해야 하는가?

3. 그리스도인이 하는 기도의 독특한 점은 하나님에 관한 것이다. 주기도문은 하나님에 대해 우리에게 무엇을 말해 주고 있나? 당신의 기도에는 이런 면이 어떻게 반영되어 있나?

4. 이 모범적인 기도는 우리 자신의 명성, 영향력, 욕망보다는 하나님의 이름과

그분의 나라, 그분의 뜻에 주의를 집중하는 것으로 시작된다. 당신의 기도에서 이 기도가 얼마나 우선순위가 되나?

5. 6:11에서 '빵'은 무엇을 의미하나? 왜 예수님은 '일용할 양식'을 명시하셨나?

6. 하나님께서 우리를 용서하시는 것과 우리에게 잘못한 사람을 우리가 용서하는 것이 무슨 연관이 있나? 당신이 원한이나 괴로움을 품고 있는 사람을 떠올릴 수 있는가? 하나님은 이것을 어떻게 보실 거라고 생각하는가?

7. '우리를 유혹에 빠지지 않게 하소서'는 어떤 문제를 일으킬까? 저자는 이에 대해 어떻게 대답하나? 당신은 어떻게 생각하나?

8. 주기도문에서 그리스도인들은 하나님께 매달린다. 이러한 태도는 바리새인이나, 이교도들의 기도와 무엇이 다른가?

5과

마태복음 6:19-34 (229-260쪽)

6장 전반부에서 예수님은 제자들에게 종교적 위선을 버리고
하늘에 계신 아버지의 자녀로 살라고 당부하셨다.
이제 예수님은 물질적 필요와 야망이라는 주제로 전환하신다.

1. 6:19-21 읽기

1. 이 구절은 그리스도인은 저축하지 말라고 하는 뜻일까? 그렇지 않다면 예수님은 여기서 무엇을 말씀하시는 것일까?

2. 예수님께서 '하늘에 있는 보물'이란 무엇을 의미한다고 생각하나? '땅의 보물'과 구별되는 점은 무엇인가?

2. 6:22-23 읽기

1. 앞의 구절을 염두에 두고 여기서 말하는 '눈'은 무엇을 의미할까? 어떤 것들이 시야를 왜곡하나? 눈을 '건강하게' 만들기 위해 무엇을 할 수 있을까?

3. 6:24 읽기

1. 예수님은 하나님과 돈을 섬기는(문자 그대로 '노예가 되는') 것이 가능하다고 말하는 사람에게 어떻게 대답하실까?

4. 6:25-34 읽기

1. 6:25의 시작 부분에 있는 '그러므로'의 의미는 무엇인가?

2. 예수님은 이방인의 야망(6:32)과 제자들이 추구해야 할 것(6:33)을 대조하신다. 당신의 야망은 무엇인가? 이 구절들은 그것과 어떤 관련이 있나?

3. 예수님께서 의식주에 집착하지 말라고 하신 이유를 나열하신다. 물질에 대한 염려가 당신의 삶에 얼마나 영향을 미치는가? 이 구절들은 이런 것들에 대한 염려를 줄이기 위해 당신이 무엇을 할 수 있다고 제안하는가?

4. 저자는 이 구절을 근거로 일부 사람들이 잘못 추론하는 세 가지를(247-251쪽) 언급한다. 그것들은 무엇이며 어떻게 대답하면 좋을까?

5. 이교도들의 부적절하고 합당하지 않은 야망과 대조적으로, 예수님은 그리스도인이 추구해야 할 더 높은 목표를 제시하신다. '먼저 하나님의 나라를 구하라'는 것은 무엇을 의미할까? 이것이 여러분에게는 어떻게 적용될까? 내일은 어떤 면이 달라져야 할까?

6. '먼저 하나님의 의를 구한다'는 것이 무엇을 의미하는지에 대한 저자의 해석에 동의하는가? 동의하지 않는다면 그 이유는 무엇인가? 어느 쪽이든, 이 명령에 비추어 당신의 삶에는 어떤 변화가 필요하나?

7. '작은 야망은 그 자체가 목적이 아니라(즉, 우리 자신) 더 큰 목적(하나님의 나라와 의의 확산)을 위한 수단이라면 안전하고 옳다'는 말이 있다. 이 말에 비추어 인생의 목표에 대해 생각하고 기도하는 시간을 가져보라.

6과

마태복음 7:1-12 (263-291쪽)

예수님은 그리스도인이 개인으로서 어떻게 살아야 하는지를 살펴보신 후, 이제 동료 신자들을 대하는 태도부터 시작하여 우리의 관계로 눈을 돌리신다.

1. 7:1-5 읽기

1. 예수님이 하신 비판에 대한 말씀은 많은 오해를(265쪽) 받는다. 예수님이 진정으로 말씀하시는 것은 무슨 뜻일까?

2. 판단하는 것은 하나님의 역할을 하는 것이다. 당신은 이런 일을 한 적이 있는가? 예수님은 그 결과에 대해 무엇이라고 경고하셨나?

3. 얼룩에 대한 이야기는 무엇을 설명하기 위한 것인가? 이것이 당신에게 어떻게 적용될 수 있는지 생각해 보라. 그에 대한 해결책은 무엇인가?

4. 예수님은 실제로 우리에게 형제나 자매를 책망하고 바로잡으라고 명령하신다. 하지만 그렇게 하기 전에 어떤 예방 조치를 취해야 할까? 이런 조치를 취해야 할 상황을 알고 있는가?

2. 7:6 읽기

1. 저자가 말하는 '개'와 '돼지'는 무엇을 의미하나? 이 범주에 속할 만한 사람을 알고 있나? 왜 그렇게 이 금지를 준수하는 것이 중요한가?

3. 7:7-11 읽기

1. 예수님은 이제 우리와 하늘에 계신 아버지와의 관계로 돌아가서 기도에 대한 가르침을 이어가신다. 예수님은 제자들에게 어떤 근거로 기도하라고 격려하셨나?

2. "기도는 신이 무지하거나 우리에게 필요한 것을 달라고 떼쓰는 것을 의미하기 때문에 기도는 보기 좋지 않다"고 말하는 사람에게 어떤 말을 하면 좋을까?

3. 기도 없이도 필요한 것을 얻는 경우가 많아서 기도가 불필요하다고 말하는 사람에게는 어떻게 대답하면 좋을까?

4. 기도는 비생산적이며 항상 효과가 없다고 말하는 사람에게 어떻게 대답하면 좋을까?

5. 기도는 '지식, 믿음, 욕구(소망)'을 전제로 한다. 이 세 가지 면에서 우리는 어떻게 성장할 수 있을까?

4. 7:12 읽기

1. 이러한 사랑은 하나님의 은혜 없이는 불가능하다. 이 높은 기준에 부응하지 못했던 상황을 생각해 보고 하나님의 사랑처럼 사랑할 수 있는 은혜를 주시도록 함께 기도하자.

7과

마태복음 7:13-29 (293-339쪽)

1. 7:13-14 읽기

1. 예수님은 두 가지 방법을 설명하신다. 각 방법의 네 가지 특징은 무엇인가? 당신은 예수님이 여기서 말씀하신 것이 어느 정도 사실임을 경험한 적이 있나?

2. "제3의 대안은 없다"(298쪽)는 말을 믿는다면 우리에게 어떤 의미가 있을까?

2. 7:15-20 읽기

1. 거짓 선지자는 왜 그렇게 위험한가?

2. 거짓 선지자는 어떤 방식으로 기만하나? 예수님은 제자들에게 참과 거짓을 구별하라고 어떻게 가르치셨나? 당신의 삶에서 어떻게 적용할 수 있을까?

3. 7:21-23 읽기

1. 예수님은 이제 결론을 내리신다. 예수님이 '악한 자'라고 부르는 사람들에게서 어떤 긍정적인 특징을 발견할 수 있나? 반대로 그들의 치명적인 약점이 무엇인가?

4. 7:24-27 읽기

1. 궁극적으로 말씀에 대한 가능한 반응은 두 가지뿐이다. 그것들은 무엇인가?

2. 예수님의 말씀은 듣지만 실천하지 않았던 적을 떠올려 보라. 그렇게 하면 어떤 위험이 따르나?

3. '성경은 읽기에 위험한 책이고 교회는 가입하기에 위험한 사회다'(319쪽). 왜 그럴까?

5. 7:28-29 읽기

1. 산상수훈은 불필요한 초자연적인 교리를 제외한 예수님의 윤리적 가르침을 간단히 설명한 것뿐이라고 말하는 사람에게 뭐라고 대답하면 좋을까?

2. 예수님의 가르침에 대한 사람들의 반응은 어땠나? 예수님은 서기관들과 어떻게 달랐나? 그 이유는 무엇인가?

3. 저자는 계속해서 산상수훈은 예수님과 그분의 권위에 대한 근본적인 기독교 주장을 뒷받침한다고 제안한다. 예수님이 그리스도라는 어떤 증거가 있나? 주님, 구세주, 심판자, 하나님의 아들, 하나님 자신이라는 증거는 무엇인가?

4. '기독교 공동체가 그리스도의 말씀에 따라 살아갈 때만 세상이 매력을 느끼고

하나님께 영광을 돌릴 수 있다'(339쪽). 이 설교에 나오는 예수님의 가르침에 당신의 삶을 더 가깝게 맞추기 위해 어떤 조치를 취해야 할까? 이를 실천하면서 서로를 위해 기도해 보라.

주

서론:
다르게 살라는 가르침

1) p.23.
2) B. W. Bacon의 이론은 W. D. Davies, pp.15-25에서 요약하고 비판한다.
3) Austin Farrer의 이론은 W. D. Davies, pp.9-13에서 비판한다.
4) Davies, p.108.
5) pp.1, 5.
6) p.94.
7) p.95.
8) 이 표현은 Jeremias의 표현이다.
9) Penguin Classics, 1966, pp.566-568.

Chapter. 01
그리스도인이 지녀야 할 성품:
역설의 신비, 팔복

1) Macmillan, 1935; paperback, 1961.
2) p.24.
3) p.27.
4) p.91.
5) p.18.
6) pp.332, 333.
7) p.61.
8) p.291.
9) p.24.
10) p.30.
11) p.32.
12) p.110.
13) p.21.
14) Lenski, p.187.
15) p.65.
16) pp.68, 69.
17) p.191.
18) p.33.
19) p.34.
20) pp. 35 이하.
21) Calvin, p.267.
22) Lenski, p.197.
23) Bonhoeffer, pp.80, 81.
24) 1895년에 처음 발간됨; Penguin Classics 1968.
25) p.15.
26) p.116.
27) pp.118-119.
28) pp.127-128.
29) p.162.
30) pp.168, 169.
31) p.186.
32) p.187.
33) p.77.
34) pp.93, 98.

Chapter. 02
그리스도인의 선한 영향력:
맛을 잃고 밖에 버려져 밟히는 소금

1) Natural History, xxxi, 102.
2) Lloyd-Jones, p.164.
3) p.41.
4) p.102.
5) p.66.
6) Bonhoeffer, p.106.
7) p.55.
8) Thielicke, p.33.
9) pp.55, 56, 59.
10) p.28.
11) Brian Griffiths가 편집함(IVP 1972), p.35.

Chapter. 03
**그리스도인의 의, 완전한 율법:
너희 의가 바리새인보다 낫지 못하면
결코 천국에 들어가지 못하리라**

1) p.229.
2) p.38.
3) 1:22; 2:23; 3:3; 4:14, 11:13 참조. 거기에서는 선지자들뿐 아니라 율법도 "예언한 것은 요한까지"라고 말했다. 둘 다 그리스도를 가리켰으며 둘 다 그분 안에서 성취되었다.
4) p.278; 눅 22:16 참조.
5) p.111.
6) McNeile, p.58.
7) Stonehouse, p.209.
8) Tertullian의 Against Marcion, iv. 7을 보라.
9) p.25.
10) Davies, p.216.
11) p.55-60.
12) p.45.
13) p.282.
14) p.290.
15) Institutes, I, viii 7.

Chapter. 04
**그리스도인의 의, 분노와 음욕:
노하지 말라, 보지 말라, 가지 말라**

1) p.76.
2) p.69.
3) p.107.
4) 거짓 교사들이 "음심이 가득한 눈을 가지고 범죄하기를 그치지 아니"한다고 나와 있는 벧후 2:14와 대조해 보라.

Chapter. 05
**그리스도인의 의, 결혼과 말:
완악한 이혼과 진실하지 못한 맹세는 기만이다**

1) Antiquities, IV. viii. 23.
2) p.82.
3) 신 22:22; 요 8:1-11. G. E. Ladd는 이렇게 쓴다. "구약은 간음을 사형으로 다스렸다. 신약은 간음하는 자는 죽은 자로 여겨야 하며, 무죄한 쪽은 마치 배우자가 죽은 것처럼 그의 결혼 서약에서 자유한다고 말한다"(The Gospel of the kingdom, Eerdmans, 1959, p.85).
4) p.184.
5) p.203.
6) p.260.
7) War, II. viii. 6.

Chapter. 06
**그리스도인의 의, 궁극의 사랑:
가장 큰 도전, 원수를 친구로 변화시키는 사랑**

1) 그분의 뜻에 저항하는 것에 대해서는 롬 9:19; 그분의 진리에 대해서는 딤후 3:8; 4:15; 눅 21:15; 행 6:10; 13:8, 국가에 위임된 그분의 권위에 대해서는 롬 13:2를 참고하라.
2) Allen, p.54.
3) Jeremias, pp.27, 28.
4) p.130.
5) p.30.
6) p.110.
7) Tolstoy, pp.315-319.
8) p.323.
9) p.331.
10) p.406.

11) pp. 535, 536.
12) 대부분의 인용문들은 George Woodstock, Gandhi(Fontana 'Modern Masters'series, 1972)에서 나온 것이다.
13) Gandhi의 호소에 대한 Reuter의 본문은 F. W. Dillistone, Charles Raven(Hodder, 1975), pp.230 이하에 인용되어 있다.
14) Jacques Ellul, Violence(SCM, 1970), p.15.
15) p.83.
16) pp.113-114.
17) Coretta Scott King, My life with Martin Luther King Jr(Hodder & Stoughton, 1970), pp.365-369.
18) Strength to love(1963; Fontana, 1969), pp.47-55.
19) p.132.
20) 시 139:19-24. 참고. Homilies, p.404.
21) p.281.
22) pp.276f
23) p.134.
24) pp.135f
25) pp.136f
26) p.137.
27) p.58.

Chapter. 07
그리스도인의 종교 행위, 구제와 기도와 금식:
위선자가 되지 말라, 보시는 분도
갚으시는 분도 하나님이시다

1) p.116.
2) AG
3) JBP.
4) They asked for a paper(Bles, 1962),

p.198.
5) p.73.
6) Homilies, pp.301-303.
7) AG.
8) JBP.

Chapter. 08
그리스도인의 기도:
기계적이고 무의미한 기도를 멈추라

1) p.314.
2) p.144.
3) pp.316, 321.
4) 이것은 Augustine의 표현이다. 그는 먼저 이것을 세 가지로 해석할 수 있다고 말한다. "이생의 필요를 채워주는 모든 것", "그리스도의 몸의 성례", 그리고 "영적 양식" 즉, "우리가 날마다 묵상해야 하고 그것을 위해 애써야 하는 신적 교훈들"이다. 그 자신은 후자의 설명을 더 좋아한다. 하지만 그는 어떤 사람이 "일용할 양식"을 또한 '몸을 위해 필요한 음식' 혹은 '주님의 몸의 성례'를 언급하는 것으로 이해하고자 한다면, "세 가지 의미가 모두 결합된 것으로 여겨야 한다." 즉, "모든 것을 동시에 일용할 양식으로 구해야 한다. 몸을 위해 필요한 떡, 눈에 보이는 거룩하게 된 떡(즉, 성만찬), 그리고 하나님의 말씀이라는 눈에 보이지 않는 떡이다(VI, 25, 27).
5) p.322.
6) p.147.
7) AG.

Chapter. 09
그리스도인의 야망:
자신을 위한 야망인가, 하나님을 위한 야망인가

1) p.85.
2) Tasker, p.76.
3) Spurgeon, p.39.
4) Tasker, p.77.
5) Bruce, p.125.
6) pp.197f
7) p.209.
8) Marshall Broomhall, The man who believed God(China Inland Mission, 1929), p.53.
9) pp.124, 134.

Chapter. 10
그리스도인의 관계:
아버지, 형제자매, 바깥에 있는 사람들을 향한 태도

1) p.331.
2) 예를 들어, 아마 2세기 초의 문서일 Didache의 IX 장에는 이러한 교훈이 포함되어 있다. "주님의 이름으로 세례를 받은 사람을 제외하고는 아무도 너희의 성찬을 먹거나 마시지 않도록 하라. 이것에 대해서도 역시 주님은 '거룩한 것을 개에게 주지 말라'고 말씀하셨기 때문이다."
3) p.349.
4) Luther, p.234.
5) Joachim, Jeremias, The Prayer of Jesus (SCM, 1967), pp.96. 97.
6) Alec Motyer, Studies in the Epistle of James(New Mildway Press, 1968), p.88.
7) Tobit 4:15, NEB.
8) Talmud: Shabbath 31a에 기록됨.

9) p.10.
10) Alfred Edersheim, The Life and Times of Jesus the Messiah, I(Longmans, 1883), pp.525, 526.

Chapter. 11
그리스도인의 선택:
넓은 길과 양털을 쓴 이리를 경계하라

1) Surprised by Joy(Bles, 1955), p.63.
2) p.263.

결론:
이 설교자는 누구인가?

1) Stanley Jones, Christ at the Round Table (Abingdon, 1928), pp.38, 60.
2) Lenski, p.314.
3) p.96.
4) p.46.
5) Plummer, p.117.
6) Stonehouse, p.199.
7) Christianity and Liberalism(1923; Eerdmans, n.d.), p.36.
8) p.371.
9) p.136.
10) p.254.

약어

- AG   *A Greek-English lexicon of the New Testament and other early Christian literature* by William F. Arndt and F. Wilbur Gingrich(University of Chicago Press and Cambridge University Press, 1957).
- Allen   *A critical and exegetical commentary on Gospel according to St Matthew* by W. C. Allen(International critical commentary, 1907 : T. and T. Clark, 3rd edition, 1912).
- Antiquities *The antiquities of the Jews in The works of Flavius Josephus*, c. AD 75–79, translated by William Whiston(London, n.d.).
- Augustine *Our Lord's Sermon on the Mount*, an exposition by Augustine of Hippo, Early fifth century AD. Translated by William Findlay, in the Library of Nicene and Post-Nicene Fathers, vol. Ⅵ, edited by Philip Schaff, 1887.(Eerdmans, 1974).
- AV   The Authorized (King James') Version of the Bible, 1611.
- Bonhoeffer *The cost of discipleship* by Dietrich Bonhoeffer(1937: 6th and complete English edition, SCM, 1959).
- Bruce   *Commentary on the synoptic Gospels* by A. B. Bruce, in The expositor's Greek Testament, edited by W. Robertson Nicholl(Hodder, 1897).
- Calvin   *Commentary on a harmony of the evangelists, Matthew, Mark and Luke, I*, by John Calvin(1558: translated by William Pringles, 1845: Eerdmans, n.d.).
- Chrysostom *Homilies on the Gospel of St Matthew*, Part I, by John Chrysostom(n.d. translated by George Prevost, Oxford, 1843).
- Daube   *The New Testament and rabbinic Judaism* by David Daube(University of London, Athlone Press, 1956).
- Davies   *The setting of the Sermon on the Mount* by W. D. Davies(Cambridge University Press, 1964).
- Glover   *A teacher's commentary on the Gospel of St Mattew* by Richard Glover (Marshall, Morgan and Scott, 1956).
- GNB   The Good News Bible(Today's English Version), NT 1966, 4th edition 1976; OT 1976: The bible societies and Collins).
- Homilies   *The second book of Homilies*(1571) in *Homilies and canons*(SPCK, 1914).
- Hunter   *Design for life: and exposition of the Sermon on the Mount* by A. M. Hunter(SCM, 1953; revised edition 1965).
- JB   The Jerusalem Bible(Darton, Longman and Todd, 1966).
- JBP   *The New Testament in Modern English* by J. B. Phillips(Collins, 1958).
- Jeremias   *The Sermon on the Mount* by Joachim Jeremias(the Ethel M. Wood Lecture delivered before the University of London on 7 March 1961: University of London, Athlone Press, 1961).

· Lenski	*The interpretation of St Matthew's Gospel* by R. C. H. Lenski(1943: Augsburg, 1964).
· Lloyd-Jones	*Studies in the Sermon on the Mount* by D. Martyn Lloyd-Jones(IVP: vol. I, 1959, vol. II, 1960. References are to the combined edition, 1977).
· Luther	*The Sermon on the Mount* by Martin Luther(1521: translated by Jaroslav Pelikan : in vol. 21 of Luther's works, Concordia, 1956).
· McArthur	*Understanding the Sermon on the Mount* by Harvey McArthur(Harper, 1960; Epworth, 1961).
· McNeile	*The Gospel according to St Matthew: the Greek text with introduction, notes and indexes* by A. H. McNeile(1915: Macmillan, 1965).
· NEB	The New English Bible(NT 1961, 2nd edition 1970; OT 1970).
· NIV	New International Version(NT: Hodder, 1974).
· Plummer	*An exegetical commentary on the Gospel according to St Matthew* by Alfred Plummer(Elliot Stock, 1910).
· RSV	The Revised Standard Version of the Bible(NT, 1946, 2nd edition 1971; OT 1952).
· Ryle	*Expository thoughts on the Gospel* by J. C. Ryle(1856: anniversary edition of Matthew and Mark, Zondervan).
· Spurgeon	*The Gospel of the kingdom* by C. H. Spurgeon(Passmore and Alabaster, 1893).
· Stier	*The words of the Lord Jesus, I,* by Rudolf Stier, translated by William B. Pope, 1855(T. and T. Clark, 1874).
· Stonehouse	*The witness of Matthew and Mark to Christ* by N. B. Stonehouse(Tyndale Press, 1944; 2nd edition 1958).
· Tasker	*The Gospel according to St Matthew* by R. V. G. Tasker(Tyndale New Testament Commentary; IVP, 1961).
· Thielicke	*Life can begin again; sermons on the Sermon on the Mount* by Helmut Thielicke(1956: translated by John W. Doberstein, Fortress, 1963).
· Tolstoy	*A confession, The Gospel in brief and What I believe* by Leo Tolstoy(1882-1884: translated by Aylmer Maude in the World's Classics series, no 229; Oxford University Press, new edition 1940).
· War	*The Jewish war in The works of Flavius Josephus*, c. AD 75-95, translated by William Whiston(London, n.d.).
· Windisch	*The meaning of the Sermon on the Mount* by Hans Windisch(1929: 2nd edition 1937: English translation, Westminster, 1941).

사명선언문

너희가 흠이 없고 순전하여……세상에서 그들 가운데 빛들로
나타내며 생명의 말씀을 밝혀 _ 빌 2:15-16

1. 생명을 담겠습니다
만드는 책에 주님 주신 생명을 담겠습니다.
그 책으로 복음을 선포하겠습니다.

2. 말씀을 밝히겠습니다
생명의 근본은 말씀입니다.
말씀을 밝혀 성도와 교회의 성장을 돕겠습니다.

3. 빛이 되겠습니다
시대와 영혼의 어두움을 밝혀 주님 앞으로 이끄는
빛이 되는 책을 만들겠습니다.

4. 순전히 행하겠습니다
책을 만들고 전하는 일과 경영하는 일에 부끄러움이 없는
정직함으로 행하겠습니다.

5. 끝까지 전파하겠습니다
모든 사람에게, 땅 끝까지, 주님 오시는 그날까지
복음을 전하는 사명을 다하겠습니다.

서점 안내

광화문점	서울시 종로구 새문안로 69 구세군회관 1층 02)737-2288 / 02)737-4623(F)
강남점	서울시 서초구 신반포로 177 반포쇼핑타운 3동 2층 02)595-1211 / 02)595-3549(F)
구로점	서울시 동작구 시흥대로 602, 3층 302호 02)858-8744 / 02)838-0653(F)
노원점	서울시 노원구 동일로 1366 삼봉빌딩 지하 1층 02)938-7979 / 02)3391-6169(F)
일산점	경기도 고양시 일산서구 중앙로 1391 레이크타운 지하 1층 031)916-8787 / 031)916-8788(F)
의정부점	경기도 의정부시 청사로47번길 12 성산타워 3층 031)845-0600 / 031)852-6930(F)
인터넷서점	www.lifebook.co.kr